中東欧体制移行諸国における
金融システムの構築

—— 銀行民営化と外国銀行の役割を中心に ——

高田　公

時　潮　社

目　次

序　章

　現代の先進諸国の経済システムにおいて金融システムは重要な一部をなして
いる。また金融システムが経済発展に重要な役割を果たすことが近年の金
融に関する理論研究および実証研究において示されてきている。

　社会主義・計画経済体制下での典型的な金融システムは、「モノバンク
（単一銀行）・システム」の存在と、金融市場が存在しないという2点で、資
本主義諸国の金融システムとは大きく異なっていた。モノバンク・システム
とは、国立銀行が中央銀行と商業銀行を兼務し、国営企業への国家資金の移
転や融資を実行する銀行システムである。資金配分の意思決定は中央計画当
局が集権的に行っており、国立銀行はその指示にしたがう受身の存在にすぎ
なかった。また貸出先は国営企業で倒産の恐れがなく、その意味で金融シス
テムはきわめて安定的であった。一方で資本主義諸国における金融システム
では、銀行部門は「二層式システム」とよばれるように、中央銀行と商業銀
行が組織として完全に分離している。銀行などの金融機関と証券市場などの
金融市場が資金配分と金融仲介の中心的な役割を果たし、それらを通じて家
計部門など資金余剰主体から資金を集め、資金不足主体である企業部門など
に資金を供給する。資金配分は各経済主体の個別的な意思決定にしたがって
行われるという分権的な特徴を持つ。銀行は金融システムのなかでも重要な
構成要素であり、特にガーシェンクロン（A. Gerschenkron）などは後発国
経済のキャッチアップ過程における銀行の役割の重要性を強調している。

　1989年から1990年代初頭にかけて社会主義・計画経済体制が崩壊し、東欧
諸国および旧ソ連諸国（以下、体制移行諸国）では西側先進諸国のような資
本主義・市場経済の確立を目標とした経済体制の移行が開始された。社会主
義期の金融システムは資本主義経済のものとはまったく異なるものであった
ために、体制移行諸国では新たな金融システムの制度設計を行い、それを実
際に構築するという政策課題が生じることとなった。体制移行諸国の政府も、
また移行を支援した国際通貨基金（IMF）、世界銀行（World Bank）などの
国際金融機関および西側諸国も、当初は金融システムの構築を緊急の問題と
して考慮しておらず、移行初期には銀行部門の再編もそれほど重要視されて

いなかった。しかし体制移行を開始した後に発生した国内資金の不足や金融危機の経験、金融と成長に関する研究の進展などにより、市場経済化における金融システムの重要性についての認識は徐々に高まることとなった。

　また体制移行諸国が模範とした現代の西側先進諸国の金融システムはその特徴が多様となっており、体制移行諸国はどのようなタイプの金融システムを設計すべきかという課題が生じることとなった。銀行が重要な役割を果たす日本やドイツなどの「銀行中心型」の金融システムと、証券市場が重要な役割を果たすアメリカなどの「市場中心型」の金融システムのうち、どちらがより望ましいのかについては議論があるが、現時点では銀行中心型と市場中心型のどちらが望ましいかは一般的にはいえないとの見解が優勢となっている。ただし体制移行を行った中東欧諸国[1]においては、どの国においても実際に金融システムのなかで重要な位置を占めたのは銀行部門であった。

　経済体制の移行が行われた1990年代は、情報通信技術の発達と各国の規制緩和の拡大とともに、ヒト・モノ・カネが国境を越えて移動するグローバリゼーションが進展した時期でもあった。体制移行は、グローバリゼーションと地域経済統合という世界的な状況の影響を受けながら進展した。中東欧諸国の貿易関係においては、それまでの旧社会主義諸国間の貿易関係が急速に解体した一方で、西欧諸国との貿易関係が緊密になった。さらに中東欧諸国では、欧州連合（EU）への新規加盟を目指した取り組みが急速に進められ、その結果、経済体制の移行と同時に貿易・金融面での対外的な開放を迫られることとなった。またEUは経済面での統合から通貨統合、さらには社会面での統合へと加盟国間の「統合の深化」を続けており、EUの制度が変化し続けるなかで中東欧諸国は加盟のための制度の整備を進めることとなった。

　体制移行の開始から20年が経過した現在、中東欧諸国の金融システムにおいては、銀行部門の大部分を外資系銀行[2]が占める「外国銀行による銀行部門の支配」という共通の特徴が生じている。外資系銀行が銀行部門の資産に占める割合は、中東欧諸国16カ国の平均で8割を超えている。また6カ国では外資系銀行が資産の9割以上を占めている。体制移行諸国では、体制移行の

開始時点での外資系銀行の進出はハンガリーでわずかにみられたのみで、それを除くとほぼ皆無であった。中東欧諸国の銀行部門では、なぜこれほど極端な外国銀行の支配が急速に生じたのであろうか。

　多国籍銀行（外国銀行）の海外進出に関してはいくつかの理論がある。まず海外に進出した顧客企業に銀行が追随するという「フォロワー説」がある。また多国籍企業論を多国籍銀行の海外進出に適用する議論がある。企業の所有する独占的な優位性を不完全市場である世界市場で発揮すること（産業組織論にもとづく企業の「優位性理論」）、また市場取引で発生している取引費用を企業組織内の取引とすることにより削減すること（「内部化理論」）が、それぞれ多国籍銀行の海外進出を説明する要因とされる。また優位性理論と内部化理論を包摂し、企業の所有優位性、立地優位性、内部化の要因を組み合わせた多国籍企業論における「折衷理論」（OLIパラダイム）を多国籍銀行に適用した議論がある。[3]

　また、かつては多国籍銀行の活動は先進国間の進出がその多くを占めていたが、1990年代後半以降、発展途上国における銀行部門の対外自由化により、多国籍銀行の進出は世界的に拡大している。近年の多国籍銀行の活動は、新興市場諸国の銀行部門に子会社形態で進出して、現地でリテール業務を行うことを特徴としている。このような状況を背景に、発展途上国および体制移行国における「外国銀行の参入」に関する実証研究が近年大きく発展している。これらの研究では、外国銀行はなぜ海外に進出するのか、どのような理由で受入国を選ぶのか、また外国銀行の参入は国内銀行部門にどのような影響を与えるのかなどが考察されている。

　しかし、外国銀行の参入の原因に関する先行研究は、外国銀行の側の意思決定を中心とした視点で検討されている。つまり、受入国の視点はまったく欠如しているか、あるいは外国銀行の意思決定の一要因として立地の要因、受入国の制度などを導入するにとどまる。しかし外国銀行の意思決定を中心としたこのような視点からは、なぜ中東欧諸国では他の地域と比較して銀行部門における外資系銀行の占有割合が著しく高く、銀行部門の大部分を外資

系銀行が占めるまでに至っているのかということについて、十分に説明することができない。

　また外国銀行の参入が国内銀行部門に与える影響についての研究では、国内の銀行部門の貸出の成長に外国銀行が安定性をもたらすという主張と、逆に条件次第では不安定性をもたらすという主張がある。しかしこの外国銀行の役割にかんする議論は、中東欧諸国のように銀行部門の大部分を外資系銀行が占めており、さらに少数の西欧銀行のグループの集中的な進出により中東欧地域全体が西欧銀行の寡占ともいえるような形で西欧に統合されることは想定外といえる。このような地域における外国銀行の各国の銀行部門の安定性に与える影響はどのようなものであろうか。

　特にこの点で2008－2009年に中東欧地域で生じた金融危機は考察の格好の材料を提供している。この金融危機においては、中東欧諸国と同時に、中東欧諸国に進出している外国銀行の本国である西欧諸国も危機にさらされることとなった。このような形での金融危機は先行研究ではみられたことのないものであった。この金融危機において、外国銀行は各国の銀行部門に、また金融危機の進行にどのような影響を及ぼしたのであろうか。

　本書の目的は、経済体制の移行を行った中東欧諸国における金融システムの発展の方向性について、特に体制移行期の中東欧諸国の金融システムのなかで重要な位置を占めた銀行部門について考察することにある。なかでも中東欧諸国の銀行部門に共通して生じた顕著な特徴といえる銀行部門の大部分が外資系銀行によって占められるという現象に関して、中東欧諸国の特殊性を考慮し、銀行民営化と外国銀行の役割を中心に、その原因と影響について解明することを特に狙っている。

　中東欧地域における外国銀行の支配は、各国政府による国有銀行の民営化[4]に端を発している。体制移行諸国が移行を開始した時点で銀行部門はほぼ完全に国家所有となっており、その銀行民営化プロセスで国家持分を外国資本に売却することが、外国銀行の参入に直結していた。そして最終的に主要銀行を外国銀行に売却することとなった。

　したがって、本書において中東欧諸国の銀行部門における外国銀行の支配の理由を解明するにあたっては、外国銀行の意思決定だけでなく、受入国の銀行民営化政策における意思決定の視点も必要となっている。また受入国の銀行民営化政策における意思決定の視点から論理を組み立てるにあたり、銀行民営化および外国銀行の役割に関する議論を参考にしつつ、国有銀行の問題、EU加盟交渉、政治経済的要因、外国銀行の経営戦略の4つの観点からの検討が欠かせない。

　また中東欧地域のなかでスロヴェニアは他の諸国に比べて銀行部門における外国銀行の占める割合が一国だけ低い。なぜスロヴェニアにおいては外国銀行の支配がみられないのかは興味深い問題といえる。この点についても、スロヴェニアの国有大銀行の民営化の過程を検討する必要がある。スロヴェニアの銀行民営化政策において外国銀行への売却が方法として選択されなかった原因として、主に政治経済的要因とEU加盟交渉の2点を中心に考察する。

　また、中東欧地域全体の外国銀行による銀行部門の支配は、各国にどのような影響を及ぼしているのであろうか。この点を考察する必要性がある。本論文では、特に銀行部門における外国銀行の支配、さらに少数の西欧諸国の銀行グループが中東欧諸国の銀行部門を支配している状況が金融危機においてどのような影響を及ぼしたのかを、中東欧諸国における金融危機の過程の分析から検討する。

　本書は以下のような課題を解明する。第1に、体制移行開始以降の中東欧諸国の銀行民営化の過程を整理して、その特徴を明らかにするとともに、銀行部門における外国銀行の支配をもたらした外国資本への売却による銀行民営化方式について、その要因の分析を国有銀行の問題、EU加盟交渉、政治経済的要因、外国銀行の経営戦略の4つの観点から行い、なぜ中東欧諸国の銀行部門において外国銀行の支配が発生したのかを明らかにする。第2に、2008－2009年に中東欧地域で生じた金融危機の過程と中東欧地域における外国銀行進出の状況を整理し、金融危機において外国銀行の存在が及ぼした影

響について検討する。

　本書での事例研究の対象国は、ハンガリー、チェコ、ポーランド（以上、第2章）、スロヴェニア（第3章）である。これら4カ国は、2004年時点において、銀行民営化政策における意思決定にかかる上記の4つの観点（国有銀行の問題、EU加盟交渉、政治経済的要因、外国銀行の経営戦略）を考えるうえで最も適した国である。ハンガリー・ポーランド・チェコの3カ国は中東欧諸国のなかでは比較的規模が大きく、また市場経済への移行の改革において先進的な国であることがみとめられてきており、これら3カ国を比較分析することは、中東欧諸国全体に対する含意も大きい。またこれら3カ国はこれまでの中東欧諸国の銀行部門の政策に関する比較研究においても代表的な研究対象国となっている。一方でスロヴェニアは、独自の政策による改革を進めてきており、中東欧諸国のなかでは例外的に外資系銀行の資産シェアが低い事例となっている。このスロヴェニアの国有銀行民営化過程の分析により、外国銀行による銀行部門の支配の発生条件をより明確にすることができる。また体制移行諸国のなかでもロシアなど独立国家共同体（CIS）諸国はEUへの加盟交渉という要素がないため、今回の比較に含めることには適さない。

　本書の研究方法の特徴は事例研究を通じてこれらの研究を行う点にある。銀行部門民営化の過程を事例研究として分析するのは、さまざまな要因について、各国の具体的・個別的な状況でどのような力学が働いたのかを理解することがより容易になるからである。なぜハンガリー、ポーランド、チェコで外国戦略投資家への売却方式が採用された一方で、スロヴェニアではそれが採用されなかったのかについても検討できる。事例研究の有効性については、例えば奥田・三重野（2008）は次のような意義を主張している。経済発展に成功した国々が行ってきたそれぞれ固有の金融制度には統一的な統計処理に向かない複雑な要素が含まれている。歴史的事例研究は、金融と経済発展との複雑な相互関係を包括的に捉える1つの有効な研究方法であり、分析対象を特定化することにより、理論分析が示唆する金融と経済発展の有機的な相互関連を包括的に捉えることが可能になる。また体制移行諸国の市場経

済化の過程の観察において、市場経済として知られているものがきわめて複雑で制度的に豊かなものであることが指摘されており[5]、市場経済化の過程における民営化などのさまざまな要因の複雑かつ有機的な相互関連を包括的に捉えるためには、事例研究が最も有効な研究方法のひとつとなると思われる。

　本書の意義は、第1に、これまで別々に研究されていた外国銀行参入の研究と銀行民営化政策研究を橋渡しすることにより、外国銀行の参入理由および銀行部門における外国銀行の役割に関する理論的成果をあげることである。また第2に、体制移行における市場経済の構築において銀行部門が与える影響、銀行部門に外国銀行の支配をもたらした要因などについて考察することにより、CIS諸国など他の諸国への含意を得ることである。

　本書の構成は、以下のようになっている。第1章では、本論文の議論の背景となる中東欧諸国の移行に関する議論を概観するとともに、銀行民営化と外国銀行参入に関するこれまでの研究とその議論の整理を行う。第2章では、市場経済化の改革の先進国であるハンガリー、チェコ、ポーランドの銀行部門民営化過程の比較分析を行うとともに、外国資本家への売却方式が民営化方法としてとられることになった理由について、国有銀行の問題、EU加盟交渉、外国銀行の経営戦略の3点から考察している。第3章では、中東欧諸国で唯一、外国銀行の支配となっていないスロヴェニアについて、銀行民営化の過程を分析するとともに、主に政治経済的要因とEU加盟交渉の2点から政府の国有大銀行の民営化政策上の選択について考察している。第4章では、2008－2009年の欧州新興国の金融危機の展開および危機の救済策と、外国銀行の役割の関係について考察している。終章では、上記の考察の結果をまとめるとともに、総括として、理論に対するいくつかの含意と中東欧諸国における外国銀行に対する国内銀行（地場銀行）の可能性について検討している。

　本書は2011年に京都大学に提出した博士論文「中東欧体制移行諸国における金融システムの構築―銀行民営化と外国銀行の役割を中心に―」に加筆お

よび修正を加えたものである。執筆に際し、直接的・間接的に大変多くの方にお世話になったことにお礼申し上げる。なお本刊行物はJSPS科研費JP16HP5149の助成を受けたものである。

注

1）本稿で「中東欧諸国」とは、バルト諸国（エストニア、ラトヴィア、リトアニアの3カ国）、中欧諸国（ハンガリー、ポーランド、チェコ、スロヴァキア、スロヴェニアの5カ国）、南東欧諸国（ルーマニア、ブルガリア、クロアチア、ボスニア・ヘルツェゴヴィナ、セルビア、モンテネグロ、旧ユーゴスラヴィア・マケドニア、アルバニアの8カ国。またコソボを含む場合もある）を指す。またEUに関係して中東欧諸国という場合、2004年以降に中東欧地域からEUに新規加盟した11カ国（エストニア、ラトヴィア、リトアニア、ハンガリー、ポーランド、チェコ、スロヴァキア、スロヴェニア、ルーマニア、ブルガリア、クロアチア）のことを特に指すことがある。また本稿で「欧州新興国」とは、中東欧地域および独立国家共同体（CIS）の欧州地域の諸国を指す。ただし用いる資料の定義によっては、カフカス地方など他のCIS諸国、トルコを含むことがある。なお本稿で「CISの欧州地域」とは、ウクライナ、ロシア、ベラルーシ、モルドヴァの4カ国を指すが、場合によってはカザフスタンを含む。

2）本稿で「外資系銀行」とは、外国資本（外国銀行や国際機関など）の持分が50％以上の銀行を指す。また「外国銀行」とは当該国以外に本店（本社）を持つ銀行を指す。また「多国籍銀行」とは複数の国で支店や子会社を所有し、活動する銀行を指す（多国籍銀行を定義する場合に進出先国数の要件を設ける場合があるが、本稿では特に設けない）。中東欧諸国を中心とした視点でみると、外国銀行を親会社とする銀行グループは、多国籍銀行とほぼ同義となる。またある外国銀行グループ（多国籍銀行）の活動で、当該国のみでの活動（当該国子会社・支店の活動）を表す場合には「外資系銀行」、本国および当該国以外での活動や銀行グループ全体の活動を表す場合には「外国銀行」と表記する。例えばイタリアの銀行ウニクレディトは、イタリア国内からみれば国内銀行であるが、複数の国で活動する多国籍銀行でもある。ポーランド国内からみれば、ウニクレディトは外国銀行であり、ウニクレディトの子会社Pekao銀行は外資系銀行である。

3）以上は川本（1995）を参考にしている。

4）本稿で「国有銀行」とは、国家持分が過半数である銀行を指す。また「民営化」とは、国有企業・銀行の国家持分の比率を所有権でみて半数以下にすることを指す。

5）フィトッシ（2001）p.217。

第 1 章
中東欧諸国の銀行部門の発展：
移行、銀行民営化、外国銀行参入

　各国の体制移行の初期の改革のなかでは、金融システムの移行の問題は、自由化・安定化など当初重要視された他の政策に比べてあまり注目されていなかった。しかし体制移行諸国では銀行・金融危機が頻発し、また金融と経済成長の関係に関する研究などが進展するにつれて、体制移行における金融システム構築の重要性についての認識は高まってきている。また中東欧地域の体制移行諸国では、銀行民営化が進展するとともに、外国銀行のプレゼンスが高まっている。このような状況を踏まえ、本章ではまず中東欧体制移行諸国の銀行部門に関して、1）移行と金融システムの構築と銀行部門改革、2）銀行民営化、3）外国銀行参入の3点を中心に、既存の研究のレビューを行う。

第1節　移行と金融システムの構築、銀行部門改革

　本節では中東欧諸国の体制移行における金融システムおよび銀行部門の形成について、概観する。

1．移行と金融システムの構築

（1）金融システム

　金融とは、資金の貸し借りのことである。金融は経済の"血液"、"潤滑油"と例えられるように、金融取引を通じて資金が供給されることにより、企業が購買力を増し、経済全体として活動が活発化する。金融を円滑に行うために、さまざまな仕組みやルール（金融制度）が存在している。

　金融システム[1]とは、Bodie and Merton (1999) の定義によれば、金融（時間軸上での希少な資源の配分）に関する契約ならびに資産およびリスクの交換を行う一連の市場およびその他の制度で、金融市場（株式市場、社債市場等）、金融仲介機関（銀行、保険会社等）、金融サービス会社（投資顧問会社等）、規制当局を含む概念である（Bodie and Merton, 1999; ボディ・マートン, 2001）。日本銀行 (1986) における定義では、金融システムとは、1）金融に関わる

法律・規制・慣行等、金融取引の前提となっている金融の枠組み（広義の金融制度）、2）その金融制度の下で、金融機関、個人、企業等、各経済主体の金融取引行動のパターンないし傾向（金融の充足形態）の二つを合わせたものとしている。随（2008）は、上記の日本銀行の定義には金融機関、金融組織などの「構成要素」に関する部分が抜け落ちていると指摘し、「ゲームのルール（制度）」（法律・規制・慣行等）、「構成要素」（金融機関、金融組織）、「パフォーマンス」（経済主体の金融取引行動のパターン、傾向）を合わせて金融システムと定義している。またSchmidt（2001）は、金融システムを、金融サービスを供給する金融部門だけではなく、金融サービスを需要する家計、企業なども金融システムに含まれることを強調している[2]。

　本書では、金融システムとして、1）金融機関（銀行など）、金融市場、家計、企業、政府を「構成要素」として、2）構成要素間の相互関係として生じる「パフォーマンス」（構成要素の金融取引行動のパターン、傾向）、3）それらの前提となっている法律・規制・慣行等の「制度」、これらを合わせたものを金融システムとする。そして各構成要素が、金融環境（金融システム外の技術的要因、経済的要因）および制度の制約のもとで、利益を求めて行動をとった結果として、パフォーマンスが形成されると考える。また政府は、金融取引に参加するだけではなく、金融に関する規制や制度の構築を行う主体となる。また通常、金融システムは一国の内部が範囲として想定されているが、近年のグローバル化に伴い、外国の金融部門（外国金融機関、外国金融市場）が企業および金融機関の重要な資金調達源となっていることから、これらを検討に含める場合がある。

（2）金融システムの移行

　資本主義・市場経済諸国において、金融システムが非常に重要な役割を果たすことは広く認められている。Stiglitz（1992）は、「資本が資本主義の心臓部であるならば、十分に機能する資本市場は十分に機能する資本主義経済の心臓部である[3]」と述べ、資本主義・市場経済における金融システムの中心

的役割を強調している。Allen and Gale（2000）は、金融システムが近代的市場経済の資源配分において重要であることを指摘している。Stiglitz（1998）も金融システムには貯蓄を集めて生産的にそれを利用する主体に配分するという経済の「脳」としての重要な役割があると指摘し、十分に機能する金融システムは最も生産的な資源の受け手（投資家）を選別し、生産的な利用に資金が利用されているかを監視するほか、リスクの低減、流動性の増加、情報の伝達など、多くの機能を果たすとしている[4]。

　また金融システムは経済成長に影響を与えることが多くの研究で示されてきている。1980年代以降に発展した「新しい金融理論」は、情報の経済学と内生的成長理論の研究を発展させて、銀行が非対称情報の下で投資プロジェクトの審査・評価、リスク管理による預金者への安全資産の提供、経営者の監視、流動性の提供などの役割を果たすとともに、これらの役割をとおして経済発展に寄与していることを理論的に示している（櫻川・浜田, 1992; 櫻川, 2000）。また1990年代以降、銀行部門と資本市場の発展が長期的な経済成長に重要であることが、多くの実証研究で示されている[5]（King and Levine, 1993; Levine, 1997; Levine and Zervos, 1998; 櫻川, 2000; Levine, 2005）。

　資本主義諸国の金融システムでは、金融機関と金融市場が資金配分と金融仲介において中心的な役割を果たしている。また金融機関のなかでも特に銀行が、また金融市場のなかでは株式・債券などの証券市場が中核となっている。銀行部門は「二層式システム」とよばれるように、中央銀行と商業銀行が組織として完全に分離している。またこの金融システムは、資金配分が経済主体の個別的な意思決定にしたがうという意味で分権的な特徴をもつ。すなわち銀行部門および金融市場参加者は主体的に投融資先を決定する。

　社会主義期の金融システムは、資本主義諸国のそれとはまったく異なる特徴をもっていた。ひとつは銀行部門における「モノバンク・システム」である。つまり「モノバンク」とよばれる中央銀行と商業銀行を兼務する国立銀行が、中央計画当局の指示に基づき、国営企業にたいして国家資金の移転や融資を実行する。このシステムでは、資金配分が中央計画当局の指示にした

がって行われるという意味で、全体として集権的であり、銀行部門は受動的存在であった。また国家の完全な保証下にあるという意味できわめて安定的であった。またもうひとつの特徴として、金融市場は存在していなかった。

　このように社会主義期には西側の資本主義経済とは異なる金融システムが存在していたため、体制移行においては新たな金融システムの制度設計を行い、実際にそれを構築するという政策課題が生じることとなった[6]。金融システム構築の最初の段階は、銀行部門では中央銀行と商業銀行を分離した二層式システムの構築であった。二層式システムの導入に伴い、中央銀行となった国立銀行から商業銀行業務が分離されて、国有商業銀行が設立された。また民間銀行の新規参入が認められるようになった。また金融に関する法的枠組みと銀行監督システムが整備された。また社会主義時代に存在しなかった金融市場を一から構築する必要があった。

　市場経済化を目指す初期の移行の改革では、「ワシントン・コンセンサス[7]」とよばれる自由化、安定化、民営化を重視する政策が多くの国で用いられた。一方で金融システムの構築は、安定化、自由化などの"消防的仕事"の後で行えば十分に間に合うものと思われており[8]、移行当初に検討された移行過程のモデルでは、一部の例外を除き[9]、緊急の問題としては重視されていなかった。例えばHausner *et al.*（1993）の移行モデルでは、市場経済化をもたらすものは、民営化、規制緩和、自由化、営利化とされており、金融システムの構築については特段の考慮はなかった。またSummers（1992）の改革における順序（シークエンシング）では、「自立した銀行部門の設置」は3年間の準備期間の後、4－6年目に実施されることがコンセンサスとして示されており（Summers, 1992: pp.32-33）、改革の実施のタイムテーブルにおいて金融システムの構築は早期の達成は必要のないものと考えられていた。このように金融システムの構築の問題は、体制移行における緊急の問題としては考慮されていなかったが、移行開始後の国内資金の不足や度々発生した金融危機の経験、また金融と成長に関する研究の進展などにより、金融システムが市場経済化において重要であるとの認識は高まってきている。例えば、移

行諸国の10年間を総括したHavrylyshyn and Nsouli（2001）では、移行に必要な改革として、政府の役割、民営化、不平等の改善、マクロ安定化に加えて金融改革が挙げられており、これらが経済成長の基礎と述べられている。

（3）金融システムの多様性

　先進国の金融システムを比較した諸研究では、金融システムの特徴が国や時代により大きく異なること、すなわち「金融システムの多様性」が観察されている。金融システムを比較する際には、通常は2つの類型を用いて対比されることが多い。ひとつは銀行を中心とした「銀行中心型システム」（bank-based system）であり、日本および大陸欧州諸国（ドイツなど）がその代表例である。またもうひとつが、証券市場を中心とした「市場中心型システム」（market-based system）であり、アングロサクソン諸国（アメリカ、イギリスなど）がその代表例である。[10]また近年、先進諸国の金融システムは、これまで銀行中心型であった諸国も市場中心型の金融システムに近づく傾向があることが指摘されている。

　銀行中心型、市場中心型という2つの金融システムの類型の特徴をまとめると、次のようになる（岡部, 1999；Byrne and Davis, 2003）。銀行中心型の金融システムでは、金融取引の形態は、特定の取引相手との間で交渉を通じた資金移転を行う「相対型」が中心となる。経済主体は銀行を通じて資金の調達・供給を行う。企業は短期資金だけではなく長期資金の調達も銀行からの借入に依存する。銀行は企業と継続的に取引を行うほか、企業の株式を所有する場合もあり、銀行と企業は緊密な関係を維持する。家計は銀行への預金により資産運用を行う。市場中心型の金融システムでは、金融取引の形態は、不特定多数の相手からなる公開市場において規格化された金融資産（証券）の売買を行う「市場型」が中心となる。経済主体は市場における証券の発行、売買を通じて資金の調達・供給を行う。企業は短期資金については銀行借入で調達するが、長期資金は株式、社債などの証券の発行により調達する。家計は株式、社債や投資信託など、直接・間接的な証券の保有により資

産運用を行う。

　銀行中心型と市場中心型の金融システムのどちらが高い経済成長をもたらすのかについては議論がある。理論研究においては銀行部門および資本市場のそれぞれの優位性を示す理論が存在しており、また多くの実証研究において銀行部門の発展と資本市場の発展がそれぞれ経済成長をもたらすことが示されている。現時点では、銀行部門と資本市場の相対的な重要性と経済成長の間には因果関係はみられず、銀行中心型と市場中心型のうちどちらか一方の類型がもう一方よりも経済成長を促進するということは一概にはいえないとする議論が優勢となっている。さらに市場と銀行の補完的な関係のため、銀行か市場かではなく両方の発展、すなわち金融システム全体の発展が重要であるとする議論があり、さらには金融システムの発展の基礎となる実効的な法システムの構築こそが重要であるとする議論がある（「法と金融アプローチ」）(Levine, 2005: pp.886-887; 櫻川, 2000)。

　一方で、時と状況に依存して望ましい金融システムに違いがあるとの見方もある。Tadesse（2002）は、金融システムの発展した国では市場中心型システムが、金融システムが発展途上の国では銀行中心型システムが高い経済成長をもたらすと主張している。またイノベーションのタイプと金融システムの型について、市場型の金融システムは、経済の与件変化に順応的に対応できるシステムであり、新産業の育成や新技術の開発（「製品の革新」）に適している。一方、銀行型の金融システムは、資金の提供および調達において利害関係者間の調整をするうえで優れたシステムであり、既存の製品についての製造工程の改善や、技術についての効率性の改善（「工程の革新」）にとって適している（岡部, 2002）。このように、市場中心型システムは、金融システムが発展した国、経済が成熟して新産業の育成や新企業の育成を行う必要がある国に適しており、銀行中心型システムは、金融システムが発展途上の国、経済が発展途上で既存の製品・技術の改善などを行う国に適しているということになる。

　体制移行期の中東欧諸国において、金融システムのなかで実際に重要な位

置を占めたのは銀行部門であった。Wagner and Iakova（2001）によれば、中東欧諸国5カ国（ポーランド、ハンガリー、チェコ、スロヴァキア、スロヴェニア）の金融システム全体の資産のうち、銀行資産が85－95％を占めており、金融サービスの供給においては銀行部門が支配的となっている（Wagner and Iakova, 2001: pp.5-6）。社会主義から資本主義への転換のなかでは、銀行型の金融システムの構築には、既存の制度を利用できるという利点があった一方で、株式市場などの証券市場の発展には新しい制度を創設する必要があり、市場中心型の金融システムを発展させるにはさまざまな不利な点があった（Anderson and Kegels, 1998: pp.24-26）。

　経済体制の移行において金融システムに求められた主な課題は、西側諸国のような分権的なシステムの導入であり、さらに競争原理の導入により企業部門に効率的な資金配分を行うことであった。市場経済のシステムとはまったくかけ離れた状態から出発した移行諸国の新しい金融システムのなかで、既存組織の再編から出発した銀行部門は市場経済への移行で中核的役割を果たすこととなった。

2．移行期の金融システムの構成要素としての銀行部門の役割
（1）銀行部門の再編

　上述のように、金融システム構築の最初の段階において、銀行部門では中央銀行と商業銀行を分離した二層式システムの構築が行われた。国立銀行から商業銀行業務が分離されて国有商業銀行が設立されるとともに、国立銀行傘下の専門銀行（貯蓄銀行、農業銀行など）も国有商業銀行に再編された。また民間銀行の新規参入が認められるようになり、外国銀行の参入も一部で認められるようになった。また金融に関する法的枠組みと銀行監督の仕組みが整備された。中東欧諸国の移行初期の銀行部門は、国有銀行が大部分を占める寡占的構造であった。またそれまで集権的・受動的であった銀行部門を、いかに分権的・主体的なものに変えていくか、という課題が生じていた。

　銀行部門の再編は、金融システムの構築と同様に移行初期にはそれほど重

要視されていなかった（ECE/UN, 1998）。しかし移行が進行するとともに、銀行部門の再編は移行の結果を大きく左右する問題として認識されるようになっている。1990年代半ば以降に、銀行システムがうまく機能しないために体制転換のプロセス全体の進展が阻害されることが明白になり、銀行改革の議論の波が高まった（ラヴィーニュ, 2001）。とりわけ中東欧諸国においては、銀行再編の問題は、1）1997年のアジア金融危機で、国内金融システムの脆弱性が重要な要因とされたこと、2）EU加盟へむけて必要とされる企業部門再編において鍵となる要因であること、などの理由から重要性があらためて認識されるようになった（ECE/UN, 1998）。

（2）銀行部門の改革へのアプローチ

　世界銀行（World Bank）は、体制移行諸国の初期の金融システム改革の政策に関して、各国の移行の開始当初には銀行部門は脆弱かつ受身の存在で信用リスクを評価する能力も低く、また資本市場は存在していなかったために、金融システムの構築のためには銀行改革が必要であるとしている[11]（World Bank, 1996: Ch.6）。体制移行諸国の銀行改革のアプローチには、新規参入アプローチと再建アプローチの2種類がある。新規参入アプローチとは、多数の銀行の新規参入を重視し、既存の国有銀行は自然発生的に解体・民営化するというものである。エストニア、ロシアなどの旧ソ連諸国では新規参入アプローチが選択された。新規参入アプローチは、参入が比較的自由である時期には分権的に制度構築が促進されるという利点があるが、経営が悪化した銀行が続出すると金融システム全体に対する信頼性が損なわれるという難点がある。一方、再建アプローチとは、既存の国有銀行を発展させることを重視し、不良債権処理、資本注入を行うとともに、最終的にはその民営化を図るというものである。ハンガリーやポーランドなど、旧東欧諸国では再建アプローチが選択された。再建アプローチは、金融システムの安定性と高い信頼性を維持できるという利点があるが、一方で政府による救済はさらなる救済への期待から「ソフトな予算制約」につながる危険性がある[12]（World Bank,

1996)。

　Matoušek and Taci（2000）によれば、銀行部門における市場経済への移行の達成にむけて、4 つの段階が存在している。第 1 段階では、二層式銀行システムの導入と制度的枠組みの構築が行われる。第 2 段階では、自由化・競争政策のほか、規制監督の枠組みの設定などが行われる。そして第 3 段階では、第 1・第 2 段階で生じた諸問題を処理することを目的とした政策の実施が行われる。そしてこの段階を終えた最終段階で、銀行部門は市場原理にしたがって活動し、規制監督の基準も市場経済諸国の基準に適合したものになる。体制移行諸国の銀行部門の第 1・第 2 段階で生じた諸問題は、Doukas *et al.*（1998）の要約をもとに整理すると、1）破産関連制度の整備、2）不良債権処理、3）銀行民営化、の 3 点に分けられる。

　破産関連制度の整備とは、破産法、会計法、商法、司法制度など、破産手続きの実行に関連した制度をいう。具体的には破産法における破産手続きの設定、商法による所有権の設定、法を執行する司法制度の確立などを指している。破産手続きの実行はコーポレート・ガバナンスにおいて経営者の金融規律を確立する前提となる。また、破産制度の不備・不徹底は、銀行が債務不履行の債権を不良債権として処理するかどうかの行動の前提となっている。

　不良債権処理政策とは、利子支払いの遅れている、あるいは回収の見込めない銀行部門の債権が累積して、銀行自身での処理の限界を超えている場合、銀行部門全体の健全性維持のために、政府の介入により処理を行うことである。またその前段階としての、債権分類基準と自己資本比率規制の導入もここに含めて考えることとする。

　移行諸国の不良債権は、大きく分けて、移行前の社会主義期に発生した「古い」不良債権と、移行期に発生した「新しい」不良債権の 2 つに分けられる。「古い」不良債権とは、市場経済とは違う条件下で形成されたことで、移行後の状況下で銀行に逆鞘などの負担をもたらした旧国有企業向け債権である。「新しい」不良債権については、主に移行後の銀行の審査・監視などの経営技術の未熟さに起因するものである。

中東欧移行諸国の不良債権処理方法としては、主に債権移転と資本注入の2つの政策がとられている。負債の移転では、不良債権が銀行のバランスシートから専門の債権処理機関に移される。資本注入では、株式や資産などを国家が買い取ることにより銀行に資本を注入する。

　民営化とは、国有企業・銀行の国家所有の比率を、所有権でみて50%以下にすることをいう。銀行部門の効率性のためには、銀行自体が効率性を高めるインセンティブをもつことが必要である。そのためには利潤最大化を目的として行動できるように、銀行部門への国家の介入を最小限にする必要があり、このことから国家所有から切り離すために民営化の必要性があるといえよう。

　また民営化方法は、入札による直接有償売却方式、経営者・従業員への売却方式、民営化の特殊な証券であるバウチャー（クーポン）を利用したバウチャー方式、旧所有者への返還などがある（溝端, 1999）。民営化後の所有は、入札による売却方式では外資を含めたアウトサイダー、バウチャー方式では国内のアウトサイダー、経営者・従業員への売却ではインサイダーが中心となる。

（3）中東欧諸国の銀行部門の特徴

　中東欧諸国で構築された金融システムについて、いくつかの研究で共通の特徴が指摘されている。

　Caviglia *et al.*（2002）は、2004年にEUに新規加盟した中東欧諸国8カ国について、1）金融部門の金融仲介水準の低さ、2）金融システムにおける銀行部門の支配、3）外国資本・投資家の強い関与の3点を金融システムの共通の特徴として挙げている。

　Wagner and Iakova（2001）は、中東欧諸国の銀行部門における次のような特徴を指摘している。1）銀行部門の対民間信用のGDP比は40－50%程度である（先進国は60%程度）。2）銀行部門の集中度は高い。3）純利子マージンはEU平均より高く、金融仲介の効率性は改善の余地がある。4）純利

子マージンの低下、政府債から民間貸出へのポートフォリオのシフト、銀行の収益の低下がみられており、競争は拡大している。５）スロヴェニアを例外として、銀行部門の資産の過半数は外資系銀行が占めている（Wagner and Iakova, 2001: pp.6-9）。

　またBerglof and Bolton（2002）は、政策の相違にも関わらず、成功している体制移行諸国では金融アーキテクチャが収斂したとしている。また体制移行における先進国が共有している３つの特徴を指摘している。１）成功した体制移行諸国の金融部門は銀行が支配している。銀行は主に政府と他の金融機関に対して貸出を行い、企業の投資に対する金融には限定した役割しか果たしていない。企業の投資はほとんどが内部留保、または外国直接投資によってファイナンスされている。２）個々の企業の所有構造は集中しており、チェコ、ハンガリー、ポーランドなどでは株式市場の時価総額のGDP比が高いが、ほとんどの株式市場は流動性が低い。３）中東欧諸国の多くでは、銀行の利鞘は大きく縮小している。

　表１－１は、欧州復興開発銀行（EBRD）が作成している移行指標のなかの1989年から2010年までの銀行部門に関する指標である。これは体制移行諸国の銀行部門に関する移行の改革の進展度についての評価を表している。指標は１から４＋までの尺度で示されている。先進諸国経済と同程度の４＋の段階にまで到達した国はないが、中東欧諸国に関してはEU加盟後にはほとんどの国が４かそれに近い段階まで改革が進んでいることが示されている。ただしスロヴェニアとルーマニア、それに金融危機後の2010年のハンガリーは比較的低い評価に留まっている。

表 1 − 1　　EBRD移行指標：銀行改革及び利子率自由化

	1989	1990	1991	1992	1993	1994	1995	1996	1997	1998
現EU加盟国										
HUNGARY	1	1	2	2	3	3	3	3	4	4
CZECH REP.	1	1	2	3	3	3	3	3	3	3
POLAND	1	2	2	2	3	3	3	3	3	3 +
SLOVAK REP.	1	1	2	3 −	3 −	3 −	3 −	3 −	3 −	3 −
SLOVENIA	1	1	1	2	3	3	3	3	3	3
ESTONIA	1	1	1	2	3	3	3	3	3 +	3 +
LATVIA	1	1	1	2	2	3	3	3	3	3 −
LITHUANIA	1	1	1	1	2	2	3	3	3	3
BULGARIA	1	1	1	2 −	2	2	2	2	3 −	3 −
ROMANIA	1	1	1	1	1	2	3	3	3 −	2 +
CROATIA	1	1	1	1	2	3 −	3 −	3 −	3 −	3 −
その他中東欧諸国										
ALBANIA	1	1	1	1	1 +	2	2	2	2	2
BOSNIA AND HERZEGOVINA	1	1	1	1	1	1	1	1	1	2 +
FYR MACEDONIA	1	1	1	1	1 +	2	3 −	3 −	3 −	3 −
MONTENEGRO	1	1	1	1	1	1	1	1	1	1
SERBIA	1	1	1	1	1	1	1	1	1	1

注：指標は1から4＋までの尺度であらわされている。　1：二層式システムの構築を超える進
利子率上限規制の限定的な利用。　3：銀行健全性およびプルーデンシャル監督・規制の枠組み
完全な利子率自由化。民間企業への貸出が大きく、かつ民間銀行の存在が大きい。　4：銀行の
よび実効的なプルーデンシャル監督。民間企業への長期貸出が大きい。金融進化が大きい。　4
供給がなされているなど、先進諸国経済の標準および行動規範と同程度である。
出所：EBRD

（1989－2010年）

1999	2000	2001	2002	2003	2004	2005	2006	2007	2008	2009	2010
4	4	4	4	4	4	4	4	4	4	4	3 +
3 +	3 +	4 −	4 −	4 −	4 −	4	4	4	NA	NA	NA
3 +	3 +	3 +	3 +	3 +	3 +	4 −	4 −	4 −	4 −	4 −	4 −
3 −	3	3 +	3 +	3 +	4 −	4 −	4 −	4 −	4 −	4 −	4 −
3 +	3 +	3 +	3 +	3 +	3 +	3 +	3 +	3 +	3 +	3 +	3 +
4 −	4 −	4 −	4 −	4 −	4	4	4	4	4	4	4
3	3	3 +	4 −	4 −	4 −	4 −	4 −	4	4	4 −	4 −
3	3	3	3	3 +	3 +	4 −	4 −	4 −	4 −	4 −	4 −
3 −	3	3	3 +	3 +	4 −	4 −	4 −	4 −	4 −	4 −	4 −
3 −	3 −	3 −	3 −	3 −	3	3	3	3 +	3 +	3 +	3 +
3	3 +	3 +	4 −	4 −	4	4	4	4	4	4	4
2	2 +	2 +	2 +	2 +	3 −	3 −	3 −	3 −	3	3	3
2 +	2 +	2 +	2 +	2 +	3 −	3 −	3 −	3 −	3	3	3
3 −	3 −	3 −	3 −	3 −	3 −	3 −	3 −	3 −	3	3	3
2 −	2 −	2 −	2	2	2 +	2 +	3 −	3 −	3	3	3
1	1	1	2 +	2 +	2 +	3 −	3 −	3 −	3	3	3

展がほとんどない程度である。 2：利子率と信用配分の重大な自由化。直接信用または
の構築における重大な進展。安価なリファイナンスへのわずかな優先的アクセスを伴う
法規制の国際決済銀行（BIS）の基準に向けての大きな動き。十分に機能する銀行競争お
＋：銀行の法規制がBIS基準と完全に収斂し、また完全な一連の競争的な銀行サービスの

（4）中東欧諸国の銀行危機

　発展途上国および体制移行諸国では銀行危機が頻発し、場合によっては銀行救済に巨額の財政負担が生じている。このような銀行危機の発生自体が、銀行部門における安定性の構築に失敗していることを表しているといえる。世界では1970年から2007年までに124件の銀行危機が発生したが、危機の発生時期は1990年代（74件）が圧倒的に多い（Laeven and Valencia, 2008）。Barth *et al.*（2005）によれば、1980年代から1990年代にかけて銀行危機から生じた財政コストは、発展途上国だけの総計で現在の価値で１兆米ドルを超えており、これは現在価値に直すと発展途上国への1950年から2001年の間の海外からの援助の総額にほぼ匹敵する（Barth *et al.*, 2005: p.2）。

　1990年代の体制移行諸国の銀行部門では、銀行危機が頻発し、それにより銀行部門の発展が遅れることとなった。銀行危機とは、ある国の企業部門、金融部門において多数の債務不履行が発生し、企業が契約の期日通りに支払いを行うことが困難になる状態のことである（Laeven and Valencia, 2008）。その結果として不良債権が急増し、銀行部門の資本の大部分が枯渇することとなる。またこの状況は同時に、資産価格の下落、実質利子率の急上昇、そして資本流入の逆転または鈍化を伴う。銀行危機は、預金者による銀行取付がきっかけとなる場合もあるが、多くの場合は銀行部門のなかで重要な金融機関が経営不安に陥ることから発生する（Laeven and Valencia 2008: p.5）。Laeven and Valencia（2008）のデータによれば、中東欧地域ではほぼすべての国が銀行危機を経験している（*ibid.*, pp.50-55）。危機の救済のために投入された財政資金は、GDP比でみて、ブルガリアで14％、ハンガリーで10％、クロアチアで6.9％、チェコで6.8％、ポーランドで3.5％、リトアニアで3.1％、ラトヴィアで３％などであった（*ibid.*, pp.32-49）。

　Tang *et al.*（2000）は、1990年代の体制移行諸国の銀行危機をその原因から２つのタイプに分類している。１つは、社会主義時代から国有銀行または旧国有銀行が継承した不良債権に関連した危機であり、ブルガリア（1991-1994）、チェコ（1991-1993）、ハンガリー（1992-1994）の事例がそれに相当する。

　もう 1 つは、体制移行の開始後に銀行の不健全な実践の結果として生じた不良債権に関連した危機であり、中東欧諸国では、ブルガリア（1996-1997）、ハンガリー（1995-1997）、マケドニア（1994）、ポーランド（1993-1994）、エストニア（1992-1994）、ラトヴィア（1995）、リトアニア（1995-1996）、チェコ（1996-1997）で発生している[13]。

（5）中東欧諸国の銀行部門の効率性

　Fries *et al.*（2006）によれば、銀行部門の移行に関する実証研究では、3 つの流れがある。第 1 に、銀行部門の競争度を測るものである。第 2 に、銀行部門の効率性（費用効率性、収益効率性）に関する研究である。第 3 に、銀行部門の利子マージンに関するものである。ここでは特に研究の多い銀行部門の効率性に関する研究を取り上げることとする。

　費用効率性の指標は、同じ外生的条件のもとで同じ生産物の組み合わせを生産したとき、最小費用で生産している最優良事例（ベストプラクティス）に費用がどれだけ近いかによって効率性を測定する。また収益効率性の指標は、生産要素および生産物の価格、その他の外生的な市場条件を所与として、最高の収益をあげている最優良事例に収益がどれだけ近いかによって効率性を測定する（Berger and Mester, 1997）。体制移行諸国を対象として銀行部門の費用効率性および収益効率性に関する国際比較[14]を行った研究として、Grigorian and Manole（2006）、Yildrim and Philippatos（2007）、Fries and Taci（2005）、Brissimis *et al.*（2008）、Rossi *et al.*（2005）、Weill（2003）などがある[15]。これらの比較研究では各国の銀行部門が効率性において多様であることが示されている[16]。

　Grigorian and Manole（2006）は、体制移行諸国17カ国の1995－1998年の銀行部門の効率性を比較しており[17]、1998年では中欧 5 カ国のグループではチェコとスロヴェニアがもっとも効率的で、次いでポーランド、ハンガリー、スロヴァキアの順となっている[18]。また銀行の特殊要因として、市場シェアの大きい銀行、総資産に対する資本の比率が大きい銀行ほどより効率的であっ

た。規制に関する要因では、3つの健全性規制に関する指標は、効率性に関してそれぞれ異なる結果をみせた。また制度要因のなかでは企業の再編成の進展が、マクロ経済要因のなかでは一人当たりGDPの大きさが、効率性に影響していた。

　Yildrim and Philippatos（2007）は、体制移行諸国12カ国（中東欧11カ国およびロシア、325銀行）の1993－2000年の銀行部門の効率性を比較したところ、ポーランドとスロヴェニアがもっとも費用効率性が高く、ロシアとバルト三国がもっとも費用効率性が低かった。規模が大きく、総資産に対して資本が大きな銀行はより費用効率的であった。競争度が高いほど費用効率性が高く、一方で収益効率性は低くなった。また市場の集中度が高いほど収益効率性は低くなった。また実質GDP成長率と費用効率性の高さに正の相関が示されている。

　Fries and Taci（2005）は、東欧15カ国（225銀行）の1994－2001年の銀行部門の費用効率性を比較し、各国の銀行を平均すると、最も効率性の高いグループが、エストニア、カザフスタン、ラトヴィア、リトアニア、スロヴァキア、スロヴェニアの6カ国、次いでクロアチア、ハンガリー、ポーランドの3カ国、そして最も低いグループが、ブルガリア、チェコ、FYRマケドニア、ルーマニア、ロシア、ウクライナの6カ国であった。費用効率性と国家特殊的要因との関係では、名目利子率が低いほど、外国所有銀行の市場シェアが高いほど、金融仲介比率が高いほど、費用効率性が高くなった。また銀行部門改革の実施により費用効率性は向上するが、その効果は時間とともに減少することが示されている。一方で、銀行の集中度（5大銀行の市場シェア）、一人当たりGDPと費用効率性の間には相関がみられていない。

　これらの研究では、銀行部門の効率性に影響を及ぼしている要因を説明するのにあたり、いくつかの異なる結果が生じている。経済規模・経済成長に関していえば、Grigorian and Manole（2006）では費用効率性と一人当たりGDPとの間に正の相関が示されているが、Fries and Taci（2005）ではそのような相関はみられていない。なおYildrim and Philippatos（2007）

では費用効率性と実質GDP成長率との間に正の相関が示されている。

　また銀行部門の競争度（集中度）と効率性の関係では、Yildrim and Philippatos（2007）では各国の銀行部門の競争度（Panzer-RosseのH統計量[19]）と費用効率性の間に正の相関がみられる一方、競争度と収益効率性の間には負の相関がみられている。Fries and Taci（2005）では集中度（5大銀行の市場シェア）と費用効率性の間には相関がみられていない。上記以外では、Koutsomanoli-Filippaki *et al.*（2009）は集中度（5大銀行の市場シェア）と費用効率性の間には正の相関がみられている。

　銀行部門改革と費用効率性について、Fries and Taci（2005）は、銀行部門の改革の実施により費用効率性は向上するが、その効果は時間とともに減少することを示している。Brissimis *et al.*（2008）は、中東欧諸国10カ国の銀行364行の1994－2005年のデータから、銀行部門改革は、競争度の上昇とリスク管理の向上などを通じて、銀行部門の効率性の向上に効果があることを示している。

　また体制移行諸国における銀行部門の費用効率性の継時的な変化について、Rossi *et al.*（2005）は中東欧諸国9カ国の銀行278行の1995－2002年のデータから、一般に体制移行諸国の銀行部門の効率性の水準は低いが、時間とともに向上していることを示している。さらに西欧と東欧の銀行の費用効率性の格差について、Weill（2007）は西欧諸国および中東欧諸国を含む17カ国の銀行955行の1996－2000年のデータから、西欧と東欧の銀行には効率性の格差が存在しているが、東欧諸国の多くの国ではこの期間に格差が縮小していることを示している（ただしポーランドとスロヴェニアのみ、格差が拡大している）。

　体制移行諸国を対象とした銀行部門の効率性に関する上記の3つの国際比較研究では、期間・対象国の相違もあり、結果には必ずしも一貫性はみられないが、スロヴェニアは最も効率性の高いグループに位置している。また中東欧諸国全体として銀行部門の効率性が向上していることを示す結果もある。

　これまでみてきたように社会主義期の金融システムは、資本主義とはまっ

たく異なっており、移行経済では金融システムの構築の課題が生じた。中東欧諸国の金融システムの中心となったのは、社会主義期の遺産を継承した銀行部門であった。中東欧諸国は既存の国有銀行を発展させることを重視する再建アプローチをとり、不良債権処理、銀行民営化が行われた。中東欧諸国では大部分の国が銀行危機を経験したが、改革の進展とともに銀行部門において効率性の改善もみられており、またEUに加盟した国は銀行部門における市場経済化の改革をほぼ完了させている。

第2節　体制移行諸国における銀行部門民営化

　既述のように、社会主義体制下では国立銀行が中央銀行業務と商業銀行業務を兼ねるモノバンク制度がとられており、二層式システムの導入に伴い、国立銀行から商業銀行業務が分離されて国有商業銀行が設立された。中東欧諸国の銀行部門構造は、移行初期には国有銀行が市場の大部分を占める寡占的構造であった。また国有銀行の民営化は、多くの国では企業民営化とは別に実施された。本節では、体制転換諸国の銀行民営化を中心に、民営化に関するレビューを行う。

1．民営化
（1）民営化と体制移行諸国
　「民営化」（privatization）は、狭義では、国家から民間への国有企業の所有権の移転という意味で用いられるが、広義では、体制移行諸国におけるように、「経済活動の脱国家化に役立つすべての措置」（ラヴィーニュ，2001）、あるいは国有企業部門全体の民間所有への転換（Clague, 1992）の意味で用いられる場合がある。[20)21)]

　近年の世界的な民営化の実施のさきがけとなったのが、1979年以降のサッチャー保守党政権下の英国における大規模な民営化プログラムである。[22)] British Petroleum（石油）、British Telecom（通信）など、幅広い産業に

おける大小さまざまな国有企業が、株式市場での売却方式などにより民営化された。英国の成功により、民営化の動きはフランス、イタリアなど他の西欧諸国や日本に拡大した。また1990年代にはラテンアメリカ諸国とアジア諸国にも民営化の動きは拡大した（Megginson, 2005a）。1980年代から1990年代にかけて、世界の100カ国以上で、7万5千社の中規模・大規模企業と、数十万社の小規模企業の民営化が行われたと推計されている（Nellis, 2000: p.1）。

　そのなかでも旧ソ連・東欧諸国では、前例のない規模で多数の企業の民営化が実施された[23]。社会主義体制下においては、生産手段の大部分は国家が所有しており、規模の大きな企業はほぼすべてが国営であった。標準的な新古典派理論では、市場経済がうまく機能するためには、競争と並んで民間所有が不可欠のものとされており（Stiglitz, 1998）、国有企業の民営化は1980年代末以降に旧ソ連・東欧諸国で開始された計画経済から市場経済への転換にあたり、ミクロ経済レベルの改革のなかでは最重要要素として広く認識されていた（Estrin, 2002）。

（2）民営化の目的と方法

　民営化が実施される目的にはさまざまなものがある。体制移行諸国の民営化の目的として、企業の効率性の改善、競争の導入・促進、財政的目的、資本市場の発展、政治的目的、国富の公正な分配などがあげられる[24]（EBRD, 1999: p.33; ラヴィーニュ, 2001: pp.186-189）。

　国有企業の効率性の改善については、国有企業の所有を民間所有にすることによって、企業は目標が明確になり、経営者と従業員にはよりよいインセンティブ構造がもたらされるとともに、民間企業として市場の競争と倒産の可能性にさらされることになり、これらが企業の効率性の改善につながると考えられている。競争の導入・促進に関しては、国家独占の状態にある市場について、民営化は政府が市場の再構築を行う機会を与えることとなる。政府は独占企業の複数の競争的企業への分割や、競争の規則の導入などにより、競争を導入する。財政的目的には、一時的な政府収入の獲得と、政府支出の

削減がある。厳しい財政状況のもとでは、国家資産の売却による民営化における収入は、政府にとって貴重な臨時収入となる。また国有企業が民間企業となることで、国有企業に対する補助金が減少することにより政府の支出が削減されるとともに、潜在的な将来の税収を生み出す企業が出現することになる。また民営化において、株式発行による民営化やバウチャー方式の民営化を実施し、株式市場における発行高と流動性が拡大することにより、資本市場の発展が促進される。

　民営化の目的において体制移行諸国で特に特徴的となるのが、政治的目的と国富の公正な分配である。政治的目的とは、市場志向経済の支持者を増加させることである。特に体制移行諸国で計画経済から市場経済への転換に際して、私的所有に基づく市場経済を構築するために、国家の経済への関与を制限し、国家を企業の所有と意思決定から撤退させることである。国富の公正な分配とは、かつて社会主義政権下の国有化の過程で強制収用された資産の元の所有者への返還、民営化での従業員への自社株購入における優先権の付与、国有資産の国民への譲渡、などを意味することになる。

　これらの民営化の目的の達成には、どのような民営化を行うかという民営化方法の選択が影響することとなる。上記の民営化の目的のいくつかは相互に関連しており、また時として互いに対立することもある。このため民営化方法の選択は重要となる（Megginson and Netter, 2001; OECD, 2003）。

　Megginson（2005a）は、政府が通常用いる民営化方法として、1）資産売却、2）株式発行による民営化、3）バウチャー民営化をあげている。資産売却は、入札を通じて、あるいは直接民間投資家に売却する。株式発行による民営化では、公開資本市場を通じて機関投資家あるいは一般投資家に株式を売却する。バウチャー民営化では、政府は旧国有企業の所有権との交換券であるバウチャーを各国民に配布する。バウチャーは通常、無料か非常に低価格である。

（3）国有企業・国有銀行の問題点

　上記の民営化の目的のうち、国有企業の効率性については、多くの論者によって国有企業・国有銀行に問題点があることが指摘されている。

　Zinnes *et al.* (2001) によれば、民営化が必要とされた最大の理由は、国家所有が企業に重大なインセンティブの問題を引き起こし、効率性の低下につながるという、情報の非対称性の存在と不完全契約の問題であった。民営化の文脈においてインセンティブと効率性の関係（エージェンシー問題）には2つの流れがある。経営的な見方は、国家が企業の経営者を監視できないことに関するものである。政治的な見方は、経営者の目的を利潤最大化以外に歪めさせる政治的介入の衝動に関するものであり、またこの介入が経営者に損失が発生した場合の事後的な救済を期待させる「ソフトな予算制約」の結果となることに関するものである（Zinnes *et al.*, 2001: p.149）。

　Clarke *et al.* (2005c) は、一般に国有企業が民間企業に実績で劣る主な理由として、次の3点にまとめて挙げている。1）政府からの介入の問題：政治家や官僚が経営に介入して自らの政治的または個人的目的のために利用しようとするのに対して、国有企業はそれに従う傾向がある。2）コーポレート・ガバナンスの問題：国有企業の経営に対しては政府以外に実効的な監視を行う主体がいない。また経営が悪化しても、国有企業は破産や敵対的買収の恐れがなく、また経営者は責任をとらされることはほとんどない。3）競争と関連する問題：政府は国有企業に市場独占力を与え、競争制限的な政策で保護し、補助金を与え、債務保証と損失補填を行う。競争に直面することのない国有企業は、対等な競争条件のもとにおかれた場合には、民間企業に対抗する力がない。このように政府の介入が強く、コーポレート・ガバナンスが弱く、競争に直面しないことが、国有企業が実績で劣る原因となっている。

　またMegginson and Netter (2001) は、国有企業の問題点と民営化に関する理論を次のようにまとめている。1）民営化の効果は「市場の失敗」の程度に影響を受ける。政府が「市場の失敗」を減少させる役割が最小の場合

に、民営化の効果が最大となる（たとえば競争市場における国有企業の民営化）。2）国有企業は、最大の所有者である政府が利益や株主価値の最大化以外に目標を持っているため、その目標の設定に問題が生じる。3）国有企業は、政府による介入を受けやすい。政府は民間企業の経営にも介入を行う場合があるが、民間の所有者が反発するため、このような介入は国有企業への介入よりも困難となる。4）国有企業の非効率性の主因は、業績がよくない企業が政府資金に頼ることが許されていることにあり、これは「ソフトな予算制約」につながっている。5）民営化は政府の財政条件への効果を通じて、政府の効率性に影響を与えうる。6）民営化は生産要素市場および生産物市場、証券市場と制度を発展させる（Megginson and Netter, 2001: pp.329-331）。

Sheri *et al.*（2003）は、体制移行諸国で国有銀行が存在しつづけることの影響を次のようにまとめている。1）国有銀行が非商業的な目的に利用されることは、マクロ経済と金融部門の安定性に対するリスクとなる。2）銀行部門改革の遅れと経済実績の不振は一般に相関している。3）国有銀行が破綻したり経営実績が悪化したりすると、国民の銀行部門に対する信頼が損なわれる。4）国有銀行の存在により、金融部門と経済の発展が大きく制約される。5）（改革の）遅れにより発生するコストは大きいため、政府はただちに残った国有銀行の改革、民営化、あるいは清算に移るほうがよい（Sheri *et al.*, 2003: pp.77-78）。

2．企業民営化とその効果

先進国および発展途上国の企業の民営化の効果に関する実証分析では、国有企業と民間企業の業績の比較と民営化の前後の業績の比較という2つの流れがあり、[25]国有企業よりも民間企業の方が、また民営化前よりも民営化後の方が、効率性、収益率などにおいて上回ることが示されている。これにより通常は企業の民営化は効率性を向上させることが示唆されているといえる（Boardman and Vining, 1989; Megginson *et al.*, 1994; Boubakri and Cosset, 1998; Megginson and Netter, 2001）。

　先進国および発展途上国と同じく、体制移行諸国の企業民営化の効果に関する実証分析においても、民営化は通常は業績を向上させているが、例外もみられている[26]（Megginson and Netter, 2001; Clarke *et al.*, 2005c）。Frydman *et al.* (1999) は、チェコ、ハンガリー、ポーランドの中規模企業218社について、民営化された企業と国有企業の1990年から1993年までの業績を比較して、民営化は平均的にみて効果があることを示した。ただし収入面で効果がみられたが、費用面では効果がみられなかった。また民営化後の企業の所有のタイプと業績の改善についてみると、最大所有者が外部者の場合には収入面で効果がみられたが、最大所有者が内部者（経営者および従業員）の場合にはその効果がみられなかった。Djankov and Murrel (2002) は、体制移行諸国の民営化と企業再構築についての実証研究をレビューしたメタ分析により、大部分の体制移行諸国において民間所有の方が国家所有よりもより企業再構築を行っていることを示した。ただし民営化による企業再構築への効果には地域差があり、CIS諸国では効果がみられず、中東欧諸国はCIS諸国の2倍以上の効果があった。また民営化後の企業の所有のタイプ別では、内部者の所有では外部者の所有よりも企業再構築への効果が小さく、さらに従業員への民営化の場合にはマイナスの効果がみられた。

　このように企業の民営化は通常は業績を向上させるとみられているものの、体制移行諸国においては民営化の効果があまりみられない場合があった。特に民営化後の企業の所有のタイプが内部者となるときには民営化による業績改善の効果はみられなかった。

3．銀行民営化とその効果

（1）先進国・途上国の国有銀行の民営化

　La Porta *et al.* (2002) によれば、国有銀行の存在（政府の金融市場への参加）について、経済学者の間では2つの異なる見解がある。一方の見解は、Gerschenkron (1962) に代表される「開発的」見解で、制度の問題により民間銀行が開発に十分な役割を果たせない状況で、政府が国有銀行を通じて

それを克服して、金融および経済の発展に弾みをつけるという見方である。もう一方の見解は、Kornai（1979）に代表される「政治的」見解で、政府が企業・銀行の支配を獲得するのは、支持者に雇用、補助金等の便宜を与えて、その見返りに投票、政治的貢献、賄賂などを得るためであるという見方である。この見方では国有銀行は非効率性であるが政治的には好ましいプロジェクトに融資を行う。どちらの見方でも政府は民間では融資されないプロジェクトへの融資を行うが、「開発的」見解では社会的にみて望ましいプロジェクトが融資を受けるのに対して、「政治的」見解では社会的に望ましいプロジェクトではない（La Porta *et al.*, 2002）。

　La Porta *et al.*（2002）は、92カ国（旧社会主義諸国12カ国を含む）の各国の10大銀行について所有構造とそのマクロ経済への影響についての実証分析を行い、銀行の国家所有の割合が大きい国ほど、一人当たり所得の成長率と、生産性成長率が鈍化することを示した。また銀行の国家所有の割合が大きい国ほど、一人当たり所得水準が低く、金融システムが未発達で、介入主義かつ非効率な政府であった。また1970年時点の銀行の国家所有の割合が大きい国ほど、その後の金融の発展が遅れた。そしてこれらの結果は、銀行の国家所有について楽観的な評価をしている「開発的」見解よりも、国家所有が資源配分を政治化し、経済効率性を減少させるという「政治的」見解と一致するとしている[27]（La Porta *et al.*, 2002）。またBarth *et al.*（2000）も、国有銀行の資産シェアが大きいほど、金融システムがより非効率となり、金融システムの発展が遅れることを示している。

　また国有銀行と金融危機の関係については議論がある。国有銀行は銀行部門の不安定性を増大させる可能性があることが指摘されている（Clarke *et al.*, 2005c）。またLaeven and Valencia（2008）は、国有銀行がその資産の質の低さのために危機の原因になる可能性があるとしている（ウルグアイ、トルコ、インドネシアの危機の例）。ただし一方でKikeri and Nellis（2004）は、弱い制度環境のもとで、下手に設計され、実行される銀行民営化は金融危機を引き起こすことがあることを指摘している（1970年代末のチリや1990年

代初のメキシコの例）。またAndrianova *et al.*（2010）も銀行民営化におけ
る制度の重要性を指摘し、実効的な規制のシステムが存在しない状況下で国
有銀行の民営化が実施された場合には、預金者の信任が失われ、銀行取付や
金融不安の引き金となる可能性があるとしている。

　このように国有銀行の存在がマクロ経済にマイナスの影響をもたらすこと
が指摘されているが、その一方で、国有銀行の民営化も場合によっては銀行
部門に不安定性を引き起こす可能性が指摘されている。

（2）体制移行諸国の銀行民営化

　体制移行諸国の国有銀行と民間銀行の業績を比較する研究では、結果は混
在している。Fries and Taci（2005）は、中東欧15カ国の銀行289行の1994－
2001年のデータにより銀行の所有タイプ別の費用効率性を比較したところ、
民間銀行は国有銀行よりも効率的であった。一方でFries and Taci（2005）
は、民間銀行のなかでも効率性に相違がみられており、最も効率がよいのは
外国所有の民営化銀行で、次いで外国所有と国内所有の新規設立銀行であり、
国内所有の民営化銀行は国有銀行よりは効率的であるものの民間銀行のなか
で最も効率性が悪かったとしている。Bonin *et al.*（2005a）は、中東欧11カ
国の銀行225行の1996－2000年のデータにより銀行の所有タイプ[28]別の効率性
を比較したところ、国有銀行と国内民間銀行の間に効率性に明確な差はない
こと、すなわち民営化によって国有銀行から国内民間銀行になったとしても、
それだけでは銀行の効率性の改善に十分とはいえないとしている。

　一方で、外国所有と国内所有の銀行の業績を比較する研究では、外国所有
の銀行が相対的に国内所有の銀行よりも費用効率的であることが一致して示
されている。Grigorian and Manole（2006）、Yildrim and Philippatos
（2007）によれば、外国所有の銀行[29]はそうでない銀行（国内民間銀行および国
有銀行）と比べて効率的であった[30]。Bonin *et al.*（2005a）は、外国所有銀行は
他の所有タイプの銀行に比べて最も費用効率的であり、特に外国の戦略的投
資家の存在が銀行行動の変化に重要であるとしている（Bonin *et al.*, 2005a）。

このように体制移行諸国の国有銀行と民間銀行の業績を比較する研究では、効率性に関して結果は混在しており、国内民間銀行が国有銀行よりも効率的ということは必ずしも確実にはいえない、すなわち民営化がそれだけで銀行の効率性を改善するとは必ずしもいえないことが示唆されている。一方で、外国所有銀行は国内所有銀行よりも費用効率的であることが一致して示されている。

第3節　体制移行諸国への外国銀行の参入

　1990年代に入り、発展途上国および体制移行国の銀行部門では大規模な対外自由化が進み、1990年代後半以降、銀行部門における外資系銀行のプレゼンスが急増している。このような多国籍銀行活動の「第3の波」[31]は、多国籍銀行が新興市場諸国の銀行部門に子会社形態で進出して、現地でリテール業務を行うことを特徴としている（ジョーンズ, 2007; Garcia Herrero and Simon, 2003; 川本, 2006）。

　銀行部門における外資系銀行のプレゼンスの増加は、特に欧州体制移行諸国を含む欧州・中央アジア地域で著しい（IMF, 2000; BIS, 2004; World Bank, 2008）。中東欧地域の銀行部門資産に占める外資系銀行の割合は、1995年には平均で約10%であったのが、2003年には平均で約70%になっている（Claeys and Hainz, 2006: p.7）。

　本節では、近年の発展途上国および体制移行国の銀行部門における外国銀行の増加の背景となる要因、外国銀行参入の決定要因、外国銀行参入の国内銀行部門への影響について、既存の研究のレビューを行う[32]。

1．外国銀行の参入

（1）外国銀行参入の傾向と地域別のパターン

　Claessen *et al.*（2008）は、発展途上国および体制移行国103カ国の1995－2006年におけるデータを収集し、外国銀行の存在の傾向を示している。外国

銀行が総銀行数に占める割合が50％以上の国は、1995年時点では16％であったが、2006年時点には41％となっている。また1995－2006年の間に103カ国の銀行数の合計は約５％減少しているが、国内銀行の数が24％減少する一方で、外国銀行の数は58％増加している。このように国内銀行と外国銀行は異なる傾向を見せており、総銀行数に占める外国銀行の割合は2006年には38％となっている。

　さらに地域別に外国銀行数の増加をみると、欧州および中央アジア地域がこの期間でもっとも外国銀行の存在の拡大が著しい。この地域の外国銀行数は、121行（1995年）から330行（2006年）へと約10年の間に173％増加している。同じ期間に、南アジア地域は100％、中東および北アフリカ地域は66％の増加であった（Claessen *et al.*, 2008: p.7）。またこの地域の銀行数に占める外国銀行の割合は、1995年の16％から2006年の44％に拡大し、銀行資産に占める外国銀行の割合は1995年の24％から2005年には40％に拡大している（*ibid.*, pp.9-10）。

　Claessen *et al.*（2008）のデータによれば、中東欧地域15カ国のうち銀行数の50％以上を外国銀行が占める国が2006年時点で11カ国となっており、また銀行数の80％以上を外国銀行が占める国が５カ国ある（アルバニア、エストニア、ハンガリー、ルーマニア、スロヴァキア）。

　EBRDのデータによれば、中東欧諸国の銀行資産に占める外国銀行の割合は、2007年の時点で16カ国の平均で８割を超えている（図１－１）。銀行資産のうち６割以上を外国銀行が占める国は16カ国中15カ国となっている。また外国銀行が銀行部門資産の８割以上を占める国は16カ国中10カ国となっている。

　Claeys and Hainz（2006）の中東欧諸国10カ国、200銀行のサンプルによる1995－2003年のデータによれば、銀行数に占める外国銀行の割合は、1995年の約20％から2001年以降は50％を超える水準となっている（図１－２）。外国銀行が銀行数に占める割合を参入様式別にみると、1990年代には新規設立による参入が大多数を占めていたが、1990年代後半にM&Aによる参入が

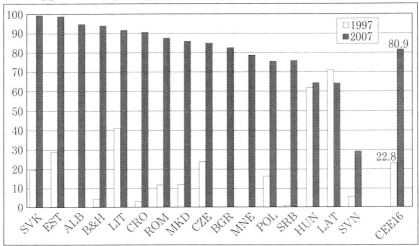

図1-1　中東欧諸国の銀行部門における外資系銀行の資産比率

注：SVK：スロヴァキア、EST：エストニア、ALB：アルバニア、B&H：ボスニア・ヘル
　　ツェゴビナ、LIT：リトアニア、CRO：クロアチア、ROM：ルーマニア、MKD：マケ
　　ドニア、CZE：チェコ、BGR：ブルガリア、MNE：モンテネグロ、POL：ポーランド、
　　SRB：セルビア、HUN：ハンガリー、LAT：ラトビア、SVN；スロベニア、CEE16：
　　中東欧16カ国の平均（ただし1997年はデータのない3カ国を除く13カ国の平均）。
出所：EBRD

図1-2　中東欧諸国の銀行数に占める外国銀行の割合（参入様式別）（％）

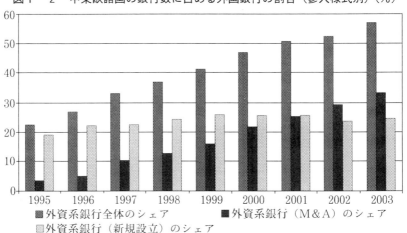

注：ブルガリア、チェコ、エストニア、ハンガリー、ラトビア、リトアニア、ポーランド、
　　ルーマニア、スロヴァキア、スロヴェニアの10カ国、200銀行のデータによる。
出所：Claey and Hainz（2006）

図1－3　中東欧諸国の銀行部門の貸出に占める外国銀行の割合
（参入様式別）（％）

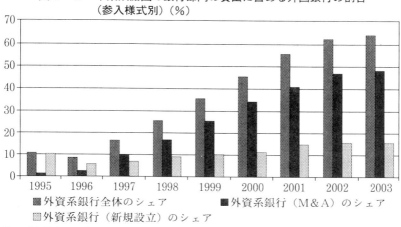

注：ブルガリア、チェコ、エストニア、ハンガリー、ラトビア、リトアニア、ポーランド、
　　ルーマニア、スロヴァキア、スロヴェニアの10カ国、200銀行のデータによる。貸出市
　　場のシェアは、Bank Scopeのデータから計算されている。
出所：Claey and Hainz（2006）

急速に拡大している。また外国銀行が銀行資産に占める割合は1995年には10
％ほどであったが1997年から2002年までは毎年10ポイント近い増加となり、
2003年時点では60％を超えている（図1－3）。また外国銀行が銀行資産に
占める割合を参入様式別にみると、特にM&Aにより参入した外資系銀行が
1997年以降は大部分を占め、またさらに急速にシェアを拡大している。2003
年時点ではM&Aによる参入が50％弱、新規設立による参入が10％台半ばと
なっている。

　このように中東欧諸国では1990年代後半に外国銀行のプレゼンスが急拡大
しているが、その内訳を参入様式別にみると、特に外国銀行のクロスボーダ
ーM&Aによる参入によるところが大きい。

（2）発展途上国および体制移行国への外国銀行参入の拡大とその背
　　　景
　川本（2006）は、近年の多国籍銀行活動の新たな特徴として、1）グロー

バリゼーションのもとで、金融部門の直接投資、特に金融機関のクロスボーダーM&Aがいっそう顕著になっている、2）グローバリゼーション、金融統合化、さまざまな金融リスクの広がりと深化など、多国籍銀行の活動を取り巻く金融環境が大きく変化した、3）多国籍銀行の活動範囲と業務範囲が拡大し、新興諸国において現地通貨建てによる金融サービスを中心とした多国籍リテール業を展開するようになっている、という3点を指摘している。

　新興諸国における外国銀行の参入の拡大について、Mathieson and Roldos (2001) は、途上国における国際銀行活動の変化をもたらした構造的要因として、金融サービス産業のグローバル化、情報通信技術の進歩、規制緩和の3点を挙げている。金融サービス産業のグローバル化の結果として、銀行は銀行以外の金融サービス（証券市場など）との競争に直面して利子マージンや収益が圧迫された。また銀行業は情報集約的産業であるが、近年の国内および国際的な情報通信活動のコストの飛躍的低下は銀行業に規模と範囲の利益を創出しており、銀行は市場シェアを追求して競争を拡大している。これらの競争圧力により伝統的銀行業の収益率が低下したことから、先進国の主要な銀行は、他の金融サービスへの進出か地理的な多様化、すなわち海外進出を目指すこととなった。このようにして先進国の銀行の海外進出が強まることとなった（Mathieson and Roldos, 2001: pp.22-23）。また、近年までは新興諸国の大多数は国内市場の保護を目的として外国金融機関の進出に対して高い参入障壁を設けていたが、1990年代初期以降は参入障壁を大きく低下させ、外国金融機関の参入を許可するようになっていった[33]（ibid.: p.24）。またWeill（2003）は、体制移行諸国では、銀行民営化プロセスが外国銀行の参入に直結していたと指摘している。体制移行諸国の銀行部門は移行開始時点では完全に国家の所有となっており[34]、国家と銀行部門のつながりを断ち、効率的な銀行部門を構築するために、銀行民営化が行われた。その際、十分な売却価格を得るため、銀行のコーポレート・ガバナンスの改善のため、銀行経営の専門家を導入するために、外国銀行への国有銀行株式の売却が行われた（Weill, 2003: p.574）。

　発展途上国および体制移行国における外国銀行の参入に関する実証研究には、大きく2つの流れがある。[35]第1に、外国銀行はなぜ海外に進出するのか、またどのような理由で受入国を選ぶのか（外国銀行参入の決定要因）に関するものであり、第2に、外国銀行の参入は国内銀行部門にどのような影響を与えるのか（外国銀行参入の国内銀行部門への影響）に関するものである。以下ではこの2点に関してレビューを行うこととする。

2．外国銀行参入の決定要因

　外国銀行の参入を決定する要因は、（A）外国銀行が海外に進出するかどうか、またどのような国に進出するのか（外国銀行の受入国への進出動機）、（B）受入国が外国銀行の参入を許可するか、どうか（受入国の動機）に大きく分けることができる。[36]

（1）外国銀行の受入国への進出動機

　外国銀行はなぜ国境を越えて海外市場に参入するのであろうか。またどのような国への進出を目指すのであろうか。

　川本（1999）は多国籍銀行の理論について、次のようにまとめている。多国籍銀行（外国銀行）の活動を説明する伝統的理論には、銀行が海外に進出した顧客企業に追随するという「フォロワー説」がある。また産業組織論にもとづく企業の「優位性理論」では企業の所有する独占的な優位性を不完全市場である世界市場で発揮することが、また「内部化理論」では市場取引で発生する取引費用を内部化することで削減することが、それぞれ企業の海外進出の説明要因とされており、それらを銀行の海外進出に適用する議論がある。また優位性理論と内部化理論を包摂し、企業の所有優位性、立地優位性、内部化の要因を組み合わせた「折衷理論」（OLIパラダイム）を多国籍銀行に適用した理論がある。また日本の理論研究では、向（1982）が多国籍企業を現代銀行独占資本の企業形態であり、国際的視野で資本蓄積を進めるものと定義し、また川本（1995）は、内部化理論の延長線上にネットワーク形成の

意義を指摘し、巨大多国籍銀行が内部組織、外部ネットワーク、インフラとなる情報通信ネットワークを駆使して、費用削減と効率性、シナジー効果を追求しているとする（川本, 1995; 1997; 1999; 向, 1997）。

　外国銀行の側から海外への進出動機と受入国への参入動機について説明する仮説はいくつかあるが、次の4グループに整理できる。1）本国企業への追随、2）収益獲得機会の追求、3）受入国の制度・規制、4）二国間の関係性および類似性。以下ではこの整理にしたがって説明する。

1）本国の顧客企業への追随

　外国銀行の参入の動機に関する仮説の第1のグループは、銀行が本国の取引先企業の海外進出に伴い、必要とされる金融サービスを提供するためにその国に進出するというものである。このような活動における銀行側の目的は、次のように説明できる。銀行が継続的な取引関係に基づいて獲得した顧客企業の情報は、その銀行が持つ排他的な情報であり、銀行にとって主要な資産である。顧客企業が海外進出する際に銀行がこの顧客情報を現地の銀行に売却しようとしても、情報の非対称性のために正当な売却価格を見出す市場は存在しない。このため銀行は顧客企業に追随して自ら金融サービスを提供することがこの資産から得られる利益を最大化することとなる。また顧客企業の進出に追随しない場合には、代わりに現地の銀行や自国でのライバル銀行が金融サービスを提供することとなる。この結果、競争相手が顧客企業との関係を拡大するきっかけを与えることにより、将来的には自行と顧客企業の関係が損なわれる恐れがある。このように銀行は顧客情報からの利益を最大化するため、また顧客企業との関係を守るために、本国の顧客企業に追随して海外に進出する（Williams, 2002: p.131-132; Grubel, 1977: pp.352-353; 川本, 1995: pp.28-29; 川本, 1997: p. 111; 川本, 2006: p.103）。このような外国銀行の顧客企業への追随行動があるとすれば、本国からの実物部門での直接投資が多い国へは外国銀行の進出も多くなることが予想される。

2）収益獲得機会の追求

　外国銀行の参入の動機に関する仮説の第2のグループは、海外における収益獲得機会の追求に関するものである。この仮説は外国銀行が、進出先国での活動における収益獲得への期待が高くなるほどその国への進出を決定するというものである。また外国銀行の本国の経済が成熟期を迎え、国内の銀行市場が飽和状態となり、将来的に本国での活動において収益獲得機会の拡大が期待できないことも、海外進出の後押しとなる。この動機に関連づけられるものとして、外国銀行の特徴（規模など）、受入国の特徴（経済成長の期待、一人当たり所得、カントリーリスクの高さなど）、外国銀行本国の特徴（金融市場の発展度など）がある。

　収益獲得機会の源泉に関連して、産業組織論に基礎を置く多国籍企業理論（内部化理論）では、現地企業に対する比較優位性の存在から多国籍企業が直接投資を行うことを説明する。それによれば、外国銀行はその銀行独自の優位性、すなわち本国国内で開発された銀行経営に関する技術や専門知識を海外に適用することで、それらを非常に低いコストで利用できることにより、現地銀行に対する競争上の優位性を得る（Williams, 1997: p.77,86; Grubel, 1977: pp.351-352; 川本, 1995: pp.38-42）。

3）受入国の制度・規制

　外国銀行の参入の動機に関する仮説の第3のグループは、外国銀行の側からみた受入国の制度・規制に関するものである。銀行業は伝統的に特に強く規制を受ける産業であり、受入国における金融・銀行規制の枠組み、金融監督や法の執行の質、外国銀行に対する特別な規制の存在（店舗規制、業務規制、株式所有制限など）などは、外国銀行が進出を検討する際に大きく影響する。一般に受入国の規制が強いほど競争は制限され、非効率な国内銀行が保護される。また制度・規制・金融監督の質が向上するほど、さらに受入国の国内銀行を保護する規制の障壁が低くなるほど、外国銀行は参入しやすくなると考えられる。

４）二国間の関係性および類似性

　外国銀行の参入の動機に関する仮説の第４のグループは、受入国と本国の二国間の関係性および類似性に関するものである。受入国と外国銀行の本国の間の経済統合度の高さは、両国間での貿易や外国直接投資の増加に影響し、さらには上述の外国銀行の本国顧客企業への追随にもつながることとなる。また外国銀行の本国と受入国の間の経済的・文化的関係が弱いほど、また制度・規制の相違が大きいほど、外国銀行が受入国に参入する際の情報コストが増大する。本国と受入国の間の地理的距離が組織にもたらす不経済、また言語の違い、文化・通貨・規制・監督構造の相違などは、外国銀行にとって不利に働く（Berger *et al.*, 2000）。外国銀行は本国の経営責任者と現地支店の融資担当者との間の地理的な距離が離れるほど高い情報コストに直面し、また両国の間で法環境、企業文化、規制の枠組みが異なることにより情報の非対称性が高まり、本国の経営責任者が現地に対応した方策をたてることが困難となる（Mian, 2006）。また外国に参入する際には本国との制度環境の類似性が外国銀行の優位性の源泉となり、それが制度環境の類似した受入国への参入の動機につながるという制度的比較優位性の主張があり、これは上述の内部化理論における収益獲得機会の源泉の議論につながることとなる（Claessens and Van Horen, 2008）。

　初期の外国銀行参入の研究では、外国銀行の顧客企業への追随行動に関する仮説が支持されてきた[42]。しかしこれらの研究は1970－1980年代の先進国間での外国銀行の進出を主な対象としており、進出先国が発展途上国の場合にはこの仮説への意見の一致は得られていない（Cull and Martínez Pería, 2007: p.7-8）。一方で、収益獲得機会の追求に関する仮説は多くの実証研究で支持されている（Clarke *et al.*, 2003）。また近年の研究では、二国間の距離、経済的・文化的関係および制度・規制の類似性が重要であることが示されている[38]。Focarelli and Pozzolo（2005）は経済協力開発機構（OECD）諸国

の260行の大銀行のデータから、外国銀行の進出を説明する要因として、本国と進出先国の間の統合度はポジティブな効果を持つが、それよりも収益獲得機会と受入国の制度特性が重要としている。また顧客企業への追随行動に関する仮説よりも収益獲得機会の追求に関する仮説の方がより適当であるとしている（Focarelli and Pozzolo, 2005）。

　ECB（2008）におけるEUの34の多国籍銀行グループに対する調査では、国際的な拡大の主要な原動力となったのは、本国の成長の潜在力が限定的であること（28行）と、受入国の高い成長の潜在力（26行）であった。それに続き、受入国の高い利益マージン（22行）、顧客の国際化戦略（20行）、規模と範囲の経済（14行）、本国での圧縮された利益マージン（12行）、であった。また事業の多角化（8行）と競争相手の多国籍戦略（3行）はそれほど重要ではなかった（ECB, 2008: pp.11-12）。

　Naaborg（2007）における中東欧諸国に進出した外国銀行の進出動機に関する調査では、この地域への進出の主な動機は、受入国の利益の成長への期待（70%が支持）と本国の競争におけるマージンの逼迫であった（40%が支持、10%が不支持）。また情報コストや文化的要因は、スウェーデンやオーストリアの銀行などの進出動機となっている（40%が支持）。本国の顧客への追随は、ドイツやオランダの銀行の進出動機となったが、スウェーデンの銀行などでは動機にはならなかった（30%が支持、40%が不支持）。またEU加盟に伴う制度的変化は、この地域に遅れて進出した銀行を中心に、進出の決定に重要な役割を果たした（30%が支持）。またその他の進出動機として、オランダやオーストリアなどでの競争相手への追随（群集行動）、ドイツの銀行などでの銀行の評判や地位があげられている（Naaborg, 2007: pp.67-70）。

（2）受入国の動機

　銀行部門は伝統的に規制産業であり、外国銀行の参入は受入国当局の許認可を受けることとなる。[39] また外国銀行に対して地場銀行と異なる規制が加えられることは多くの国でみられる（弥永, 2007）。外国銀行参入の決定要因の

研究の多くは、多国籍企業の理論と同様に、外国銀行の意思決定に着目して受入国への参入の要因を説明しようとしている。受入国の規制が検討される場合があったとしても、あくまでも規制に対する外国銀行の反応として扱われており、規制を行う受入国当局の側の動機について説明しようとする研究は多くない。しかしWeill（2003）が指摘するように、体制移行諸国の現実の外国銀行の参入を決定しているのは、外国銀行の側の参入動機と受入国当局の側の意思の双方であり、受入国当局の動機の解明は重要といえる[40]。

　それでは受入国はどのような動機に基づき外国銀行に対する規制を行うのであろうか。以下では、発展途上国および体制移行諸国の受入国の側からみた、外国銀行参入が受入国に及ぼす影響についてレビューする[41]。

　受入国の側からみた、外国銀行の参入の影響については、次のような議論がある。1）外国の支配への恐れ、2）効率性、3）信用へのアクセス、4）安定性、5）規制への影響。

　第1に、受入国には外国の金融支配と海外からの競争に対する一般的な恐れがある。これは銀行が経済全体に大きな影響をもつ重要な機関であることから、銀行の外国支配は経済全体の外国支配につながるとして、それを避けるために外国銀行の参入を制限すべきというものである（Bonin *et al.*, 1998）。外国銀行は、地場銀行よりも洗練されたサービスにより、国内の金融市場全体を支配してしまうという懸念が特に現地当局者に強い（Levine, 1996）。また関連して、地場銀行は弱く未発達であることから保護が必要であるという議論（幼稚産業保護）、政府が銀行部門に財政支援を行う場合には地場銀行に限定すべきという議論がある（Bonin *et al.*, 1998）。

　第2に、外国銀行と効率性に関するメリットについての議論がある。移行諸国の銀行において、外国株主の存在は銀行経営者へのよいインセンティブとなり、また一般に外国株主は外国銀行であることから、外国銀行のノウハウが銀行の組織およびリスク管理に寄与する可能性がある（Weill, 2003）。Levine（1996）は、途上国の銀行部門への外国銀行の進出は、外国銀行が近代的な銀行業のスキル、経営、技術を導入して質の高い銀行サービスを提供

し、また国際資本市場との結びつきの強化を通じて資本流入を拡大させるという直接的なメリットがあるほか、間接的には国内市場の競争を刺激することを通じて、地場銀行の質の改善とコストの削減を促進させると主張している。またBonin *et al.*（1998）は、外国銀行が体制移行諸国の銀行部門に、生産物およびサービスの革新、競争環境、よい銀行実践についてのスピルオーバー効果をもたらすとしている。

　第3に、企業の信用へのアクセスに関する議論がある。これは外国銀行の目的と行動が地場銀行と異なることから、外国銀行の進出により中小企業などの信用へのアクセスに懸念が生じるというものである。外国銀行の活動は自らのグローバルな観点からの利潤最大化にもとづくものであり、例えばサービスが特定の分野や大企業に偏ったり（クリーム・スキミング）、国内の中小企業融資に興味を示さないことがあげられる（Bonin *et al.*, 1998; Levine, 1996）。国内の経済発展にとって中小企業の成長は必要であるという考えから、このような外国銀行の活動は受入国にとって望ましいものではない可能性がある。

　第4に、安定性に関する議論がある。外国銀行が海外市場との強い結びつきを通じて海外への資本逃避を悪化させる可能性や、外国銀行は受入国もしくは本国で問題が発生した場合に、すぐに国内市場から撤退するのではないかとの懸念がある（Levine, 1996）。

　第5に、規制への影響に関する議論がある。Levine（1996）は、外国銀行の参入は、国内の金融政策の改善と金融インフラを改善する刺激となり、政府に法・規制・監督システムの強化への圧力をかけることを通じて、金融の発展を促進し、また会計、監査、格付機関の質の向上を促すと主張している。一方で、高度な金融技術をもつ外国銀行が金融システムのインフラストラクチャに直接アクセスすることから生じる状況の変化に対して、受入国当局の金融システムの安全性を維持するための規制・監督・銀行支援の能力が追いつかない恐れがある。Bonin *et al.*（1998）は、外国銀行の本国と受入国の規制構造が異なることにより、外国銀行が地場銀行と異なる目的を持つ可能

性や、当局が外国銀行に対して規制および監督を適用することに困難が生じる可能性があることを指摘している。

このほか、Bonin *et al.*（1998）は、外国銀行の進出が金融市場の発展や外国直接投資の誘致につながる可能性を指摘している。またMathieson and Roldos（2001）は、1990年代の新興諸国の外資系銀行のプレゼンスの急増について、金融サービスの自由化に関する規制緩和の影響を指摘しつつ、新興市場諸国の政府当局が外国銀行参入は国内銀行部門に全体としてポジティブな効果を持つと結論づけた証拠だと述べている（Mathieson and Roldos, 2001: p.15）。

３．外国銀行参入の国内銀行部門への影響

外国銀行の参入が発展途上国または体制移行諸国の国内銀行部門にもたらす影響については議論がある。まず外国銀行の参入は、効率性の向上、資本の増加、経営専門技術の改善、効率的で競争的な銀行実践の導入などの利点があるとする主張がある。一方で、外国銀行は危機時に資本逃避により銀行部門の安定性を損なうという批判や、外国銀行はもっとも優良な企業への貸出を行う一方で、中小企業など特定の分野への貸出は減少させるという批判がある（Clarke *et al.*, 2005a）。

外国銀行が国内銀行部門にもたらす影響に関する研究には、主に、１）効率性、２）信用の利用可能性（信用へのアクセス）、３）安定性、の３つの流れがある（Claessens, 2006: p.5; Naaborg, 2007: pp.1-5; Lensink *et al.*, 2008: p.834）。以下では効率性と安定性の２点に関するレビューを行う[42]。

（１）効率性における外国銀行参入の影響

外国銀行参入がもたらす効率性への効果については、参入した外国銀行と地場銀行（国内銀行）はどちらが効率的か、すなわち外国銀行の参入が直接的に国内銀行部門の効率性の向上に影響するかどうか（直接効果）が論点となる。また外国銀行の参入が競争の激化等を通じて地場銀行の行動に変化を

生じさせることにより国内銀行部門全体の効率性の向上に影響するかどうか（間接効果）がもう一つの論点となっている。

外国銀行と国内銀行の効率性の相違（直接効果）では、効率性の指標としては、銀行の経営指標を用いている研究が多い。たとえば、純金利差益（＝純金利収入／銀行総資産）、営業経費率（＝営業費用／銀行総資産）、収益率（＝税引前収益／銀行総資産）、貸倒損失引当金などがよく用いられている。また金利スプレッド[43]（預貸金利差）、不良債権比率、労働生産性などが用いられることもある。銀行の経営指標のほかには、費用フロンティアから推計した銀行のコスト非効率性や規模・範囲の経済に関する指標なども用いられている。

Berger *et al.* (2000) は、外資系銀行と地場銀行のどちらが効率性が高いかについての仮説をあげている。「本拠地優位性」仮説によれば、本国と受入国の間の距離が組織にもたらす不経済、また言語・文化・通貨・規制監督の相違などが存在することは、外資系銀行にとって地場銀行と比べて不利に働く。特に中小企業向け融資や預金獲得などのリテール業務は、ローカルな情報が不足している外資系銀行が行うことは困難である。一方で「グローバル優位性」仮説は、本国の厳しい競争で培った優れた経営技術などにより、外資系銀行は地場銀行よりも効率的な銀行経営をすることができるとしている。Berger *et al.* (2000) は、1990年代のフランス、ドイツ、スペイン、イギリス、アメリカの5カ国では地場銀行が外国銀行よりも効率性が高いことを示した。しかしアメリカを本国とする銀行にのみ、「グローバル優位性」仮説が成り立っていることを示した。

Claessens *et al.* (2001) は、1988－1995年の期間における80カ国の銀行のデータにより、大部分の先進国では地場銀行のほうが外資系銀行よりも純金利差益が高い、すなわち効率性が高い一方で、逆に発展途上国の多くは外資系銀行が地場銀行よりも純金利差益が高いことを示している。興味深いことに、体制移行諸国（中国、チェコ、エストニア、ハンガリー、リトアニア、ポーランド、ロシア、ルーマニア、スロヴェニア）全体では地場銀行の方が外資系銀行よりも純金利差益が高く、先進国と同じタイプとなっている（p.904,

Table 4)。ただし体制移行諸国を個別にみると結果は混在しており、ポーランドでは外資系銀行が地場銀行より純金利差益が高い一方で、ハンガリーでは地場銀行の方が外資系銀行よりも高く、体制移行諸国のなかでも逆の結果となっている[44]（pp.898-901, Table 4）。

　Martínez Pería and Mody（2004）は、1990年代末の南米５カ国（アルゼンチン、チリ、コロンビア、メキシコ、ペルー）の銀行の金利スプレッドについて、外資系銀行は平均して地場銀行よりも低い金利スプレッドを課していること、すなわち外資系銀行がより効率的であることを示している。さらに外国銀行の参入方式に関して、地場銀行の買収による参入と新規設立での参入を区別し、新規設立の外国銀行は買収で参入した外資系銀行よりも低い金利スプレッドを課していること、すなわち新規設立の外資系銀行の方がより効率的であることを示している。

　また既述のように、近年の体制移行諸国の銀行の費用効率性に関する実証分析では、外資系銀行は、地場銀行よりも費用効率的であることが示されている。体制移行諸国について国際比較分析を行ったGrigorian and Manole（2006）、Yildrim and Philippatos（2007）、Bonin et al.（2005a）、Weill（2003）において、外資系銀行（外国所有銀行）は、地場銀行（国内民間銀行および国有銀行）よりも費用効率的であった。

　体制移行諸国についての個別国ごとの研究では、Havrylchyk（2006）は、1998－2000年のポーランドの銀行部門の費用効率性を分析して、外国銀行は地場銀行よりも配分上の面でも技術的な面でも費用効率的であることを示している。Hasan and Marton（2003）は1993－1998年のハンガリーの銀行部門において、外資系銀行は地場銀行よりも効率的であり、また外国所有比率が高くなるほどより効率的になることを示した。

　このように多くの研究では、発展途上国および体制移行諸国において外国銀行は地場銀行よりも効率的であるという「グローバル優位性」仮説を支持する結果となっている。

　体制移行諸国において、多くの研究では外国銀行が費用効率的であること

が示されているが、Green *et al.* (2004) は、1995－1999年の期間の欧州体制移行諸国 9 カ国について規模と範囲の経済の観点から検討した結果、外国銀行が地場銀行よりも効率的であるとはいえないとしている。

　競争・スピルオーバー効果による地場銀行の行動変化（間接効果）については、外国資本の参入は、競争の激化とスピルオーバー効果により、地場銀行の収益の低下、サービスの質の向上、規制当局による規制の質の向上をもたらすと考えられている。World Bank (2001) によれば、外国銀行の参入により国内市場はより競争的となり、外国銀行の市場シェアが高まるほど地場銀行の収益率が低下する。収益率の低下の結果、地場銀行は利鞘の大きな、リスクの高い融資を行うこととなり、貸倒引当金が増加する。また市場競争の激化によって、営業費用はいくぶん低下するが、貸出債権のリスクが高まることによりコストが上昇するため，総合的にみて経費が改善するかどうかは不明である（World Bank, 2001）。

　競争等を通じた外国銀行の参入の効果については、多くの実証研究が行われている。Claessens *et al.* (2001) は、外国銀行の参入（外国銀行数の増加）が、銀行部門の競争の増大を通じて、収益の低下、非金利収入の縮小、営業費用の低下など、地場銀行の効率性に改善がみられたことを示した。Lensink and Hermes (2004) は、外国銀行参入による競争の激化が効率性の改善、新金融サービス・技術導入、経営実践の学習をもたらすとしている。ただし途上国においては、外国銀行の参入の増加は短期的には地場銀行のコストの増加および利子マージンの拡大につながるとしている。

　Martínez Pería and Mody (2004) は、1990年代末の南米 5 カ国のデータから、外国銀行の参入の拡大（銀行貸出に占める外国銀行の比率の増加）は、一般的な金利スプレッドの低下にはつながらないものの、銀行部門全体の経費率に低下がみられることを指摘している。Claeys and Hainz (2006) は、外国銀行のプレゼンスの拡大が「貸出金利」（＝当期の利子収入を前期末と当期末の総貸出の平均で割ったもの）の低下につながることを示している。ただし新規設立の銀行のみが、平均より低い貸出金利を課していることを示して

いる。Fries and Taci (2005) は、中東欧諸国の費用効率性の分析により、外国銀行のプレゼンスが高い時に、全銀行の費用が低くなることを示している。またLehner and Schnitzer (2008) は、外国銀行は市場の競争とスピルオーバー効果を通じて国内銀行部門に影響することを示している。

（2）安定性における外国銀行参入の影響

外国銀行の参入が受入国の銀行部門の安定性に与える影響は、一つの大きな論点となっている。外国銀行の参入に反対する意見では、外資系銀行が危機の際に撤退する可能性があることや、外国銀行の本国など外部からのショックを波及させるなど、受入国の銀行部門の資金供給を不安定化させることを主張している。反対に、外資系銀行が受入国の危機の時期に銀行部門の資金供給を安定化させる役割や、また外資系銀行の存在が銀行危機の抑制につながるという主張もある（Cull and Martínez Pería, 2007; Arena et al., 2007）。

実証研究の多くは、外国銀行の参入が受入国の銀行部門に安定化効果をもたらすことを支持している。Dages et al. (2000) は、1994年から1999年までのメキシコとアルゼンチンにおいて、外資系銀行の貸出の増加が地場銀行よりも安定的であることを示している[45]。この期間は1994年にメキシコで通貨危機（"テキーラ危機"）が発生してアルゼンチンにも波及した危機の最中とその後の期間である。Crystal et al. (2002) は、1997年から2000年までのアルゼンチン、チリ、コロンビアにおいて、外資系銀行の貸出の増加が地場銀行よりも安定的であったことを示している。Martínez Pería et al. (2002) も、1985－2000年の国際決済銀行（BIS）の国際与信（International Claims）のデータにより、南米10カ国を受入国（借り手国）とする７カ国の本国（貸し手国）からの外国銀行の貸出について分析を行い、外国銀行の貸出が受入国の危機の際に安定的であったことを示している。Peek and Rosengren (2000b) は1994－1999年のアルゼンチン、ブラジル、メキシコにおいて、危機の際に外資系銀行を通じた貸出は安定的であったことを示している[46]。

Detragiache and Gupta (2006) は、マレーシアについてアジア金融危機

の際に、外資系銀行が地場銀行よりも貸出を減少させた証拠はないことを示している[47]。Arena *et al.*（2007）は新興国20カ国の銀行の1989－2001年のデータから、外資系銀行の貸出は、受入国で金融条件の変化が生じても地場銀行に比べてあまり影響を受けないことを示している[48]。またDe Haas and Van Lelyveld（2006）は、1993－2000年の中東欧諸国において、外資系銀行は受入国の危機の時期にも資金供給を維持しており、地場銀行に比べて安定的であったことを示している。

　このような受入国の危機の際における外資系銀行の貸出の安定性の理由としては、外資系銀行は本国の親会社からの資金供給を受けるとともに、親会社の評判の効果があるため、危機の時期にも資金調達が比較的安定していることが指摘されている（IMF, 2000, p.163）。

　このように多くの研究で外資系銀行が受入国の危機の影響を受けにくいことが示されている。一方で、Negro and Kay（2002）は、2001年以降のアルゼンチンの危機を分析して、危機の際に、特にそれが政治介入を伴う場合には、外国銀行は撤退する可能性があることを指摘している[49]。

　また外資系銀行は受入国の危機の影響を受けにくい一方で、本国の経済状況の影響を受けることが指摘されている。Goldberg（2001）は1980年代半ば以降の新興国における米銀の貸出が、受入国である新興国の経済成長からではなく、本国である米国の経済成長からの影響を受けていることを示した。Peek and Rosengren（2000a）は、邦銀の米国子会社が1980年代末から1990年代初めのバブル崩壊の際に米国での貸出を減少させたことから、外国資本の参入により国内銀行部門が外国からのショックにさらされる可能性を示した。Martínez Pería *et al.*（2002）は、本国（貸し手国）の危機の影響を受けて、外国銀行が南米の受入国（借り手国）への貸出を変化させたことを示している。またDe Haas and Van Lelyveld（2006）は、本国の親銀行の財務状態の健全性が受入国での外資系銀行の貸出の増加に影響していることを示している。

　また山口（2010）の指摘するように外国銀行の本国の経済状況が悪化した

場合における受入国の信用供給への影響はこれまでに先行研究が少なく[50]、また最近の世界的な金融危機のなかでの中東欧諸国の状況は、外国銀行の本国と受入国の両方の経済状況が悪化したケースとなっている。

第4節　小括

　本章では、本書全体の背景としての中東欧諸国の移行と銀行部門の議論を概観するとともに、第2章以降の議論の前提となる銀行民営化および外国銀行参入に関連する議論の整理を行なった。

　社会主義期の金融システムは、資本主義とはまったく異なっており、移行経済では金融システムの構築の課題が生じた。また銀行部門と金融市場のどちらを中心として金融システムを構築するかという問題については、社会主義期に存在しなかった金融市場は早期に構築することができないことから、中東欧諸国の金融システムの中心となったのは社会主義期の遺産を継承した銀行部門であった。中東欧諸国は既存の国有銀行を発展させることを重視する再建アプローチをとった。中東欧諸国では大部分の国が銀行危機を経験したが、改革の進展とともに銀行部門において効率性の改善もみられており、また中東欧諸国のうちEUに加盟した国の多くは銀行部門における市場経済化の改革をほぼ完了させている。

　各国で行われた銀行部門改革のなかでは、銀行民営化も行われた。民営化により銀行所有者の利潤動機の付与により銀行の効率化が得られるものと考えられていた。しかし体制移行諸国では銀行の民営化がそれだけで効率性を改善するとはいえないことが示唆されている。実際に銀行民営化後も不良債権が累積し、各国で銀行危機が生じていた。一方で、外国所有の銀行は国内所有の銀行よりも費用効率的であることが一致して示されている。

　また中東欧諸国の銀行部門では外資系銀行が急拡大した。外国銀行参入の原因は、先行研究の多くは外国銀行の意思決定を中心とした視点で検討されている。多くの実証研究で外国銀行の収益獲得機会の追求に関する仮説が支

持されており、また近年の研究では二国間の距離、経済的・文化的関係など
が重要であることが示されている。外国銀行参入がもたらす効果については、
効率性については、発展途上国および体制移行諸国では外国銀行の方が地場
銀行よりも効率的であることが多くの研究で示されている。また競争等を通
じた効率性の効果については、外国銀行の参入が競争の増大を通じて地場銀
行の効率性に改善をもたらすことが示されている。銀行部門の安定性への効
果については、外資系銀行は受入国の危機の影響を受けにくく、銀行部門の
安定性に効果があることが示されている。一方で、外資系銀行が本国の経済
状況からの影響を受けることも指摘されている。

注

1 ）システムとは、相互作用しあう多数の要素の集合した全体である。システ
ムは、要素還元的に各要素に分解するだけでは理解することができないさま
ざまな秩序を持つ（フォン・ベルタランフィ, 1973: pp.34-35）。

2 ）またSchmidtは別の論文で、金融システムを構成するサブシステムとして、
金融部門（金融機関と金融市場の重要性）、金融パターン（家計の金融資産と
企業の金融負債の構成）、コーポレート・ガバナンス（企業内部者と企業外部
者のガバナンス）、企業戦略（企業特殊技能と一般的技能）の4つをあげてい
る（Schmidt, 1999）。

3 ）Stiglitz（1992）p.161。

4 ）Stiglitz（1998）pp.14-15。

5 ）代表的なKing and Levineの研究では、金融仲介の発展をはかる指標とし
て、1）GDPにたいする金融仲介の大きさの比率、2）中央銀行も含めた全銀
行部門の信用配分において、商業銀行の占める割合、3）国内信用に占める民
間部門への貸出の割合、4）民間部門への貸出のGDPにたいする比率、の4つ
の指標が検討され、各指標は経済成長、資本蓄積、生産性成長と強い相関を
示すことが回帰分析により示されている（King and Levine, 1993; Levine,
1997）。

6 ）Doukas *et al.*（1998）、藤井（2001）を参照。

7 ）「ワシントン・コンセンサス」については、高田（2005）を参照のこと。

8 ）Sutela（1998）を参照。

9）例外として、たとえばClague（1992）は、市場経済への体制移行のための
　　課題をあげるなかで、「新しい金融部門のためのルールの考案」、「金融再構築」
　　と金融システムの構築に関連する2項目を指摘している。「新しい金融部門の
　　ためのルールの考案」の項目では、会計ルールの定義および銀行規制システ
　　ムの設置、「金融再構築」の項目では、既存国有銀行に関する不良債権の清算、
　　銀行への資本注入、銀行民営化、および新規事業への貸付を含む民営化前の
　　銀行運営を行うこととしている（Clague, 1992: pp.5-6）。

10）例えばAllen and Gale（2000）は先進国5カ国の金融システムを1993年時
　　点の対GDP比でみた5カ国の銀行部門資産と株式市場時価総額から比較し、
　　市場が重要な役割を果たすアメリカと銀行が重要な役割を果たすドイツを両
　　極として、その間に他の諸国の金融システムを特徴づけている。また近年は
　　これらの国で市場中心型に向かう傾向があることを指摘している。Hackethal
　　（2000）は、1980年から1998年の先進国5カ国の金融システムを2種類の指標
　　から分析して、アメリカとイギリスを市場中心型、ドイツと日本を銀行中心
　　型と分類し、フランスは銀行中心型から市場中心型への移行過程としている
　　（Hackethal, 2000）。ただしこのような二元論的な分類については、実証分析
　　のための明確な理論的基礎を与えるという利点が指摘される一方で、多数存
　　在する次元のうち特定の次元のみに依拠して比較が行われることになるとい
　　う指摘もある（アマーブル, 2005: pp.112-113）。アマーブルは銀行中心型を、
　　3つに区分している。

11）World Bank（1996）はまた、体制移行における金融システム安定化の重
　　要性と他の改革との相互依存関係について、金融システムの健全性は他の市
　　場改革の成功を左右し、また金融システムの発展はマクロ経済の安定化、企
　　業改革、それを支える法制度の発展の影響を受けると指摘している。

12）各国の銀行改革に対するアプローチを決定したのは、初期条件（制度的遺
　　産、金融発展の程度）、マクロ経済の発展および他の補完的分野（企業部門改
　　革、法制度改革）における初期の改革の進行度であった。旧ソ連諸国では、
　　高いインフレーションが発生したため、不良債権と貯蓄が急速に実質価値を
　　失い、預金者は金融システムに対する信頼性をほとんど失っており、金融発
　　展度が低かった。一方、旧東欧諸国は、相対的に強い制度的基盤と、相対的
　　に高い金融発展度という初期条件に恵まれていた。また初期のインフレーシ
　　ョンも比較的マイルドであった（World Bank, 1996）。

13）またTang et al.（2000）によれば、次のケースでは銀行取付が発生してい

　る。マケドニア（1994）、ブルガリア（1995、1996-1997）、チェコ（1996-1997）、ハンガリー（1997）、エストニア（1994）、ラトヴィア（1995）、リトアニア（1995-1996）。

14）近年、銀行業の業績を国際比較する研究が増加しているが、その理由の一つには、世界中の1万以上の銀行の経営指標に関するデータベースであるBureau van Dijk's Bank Scope Databaseの利用が広がったことがあげられる（Bonin *et al.*, 2005a: pp.36-37）。Bank Scope Databaseは、各国の銀行資産からみて約90％の銀行をカバーしている包括的データベースであり、複数の会計基準に対応しているなど、銀行のデータの国際比較に適している（Claessen *et al.*, 2001: p.894; Mathieson and Roldos, 2001: p.17）。このデータベースの利用により、Claessen *et al.*（2001）をはじめとして、100行を超えるような大量の銀行のデータによる国際比較研究が多く実施されるようになっている。ここで挙げた体制移行諸国を対象とした研究では、例えば、Grigorian and Manole（2006）、Yildirim and Philippatos（2007）、Rossi *et al.*（2005）、Fries and Taci（2005）などでBank Scope Databaseが使用されている。

　　ただしこのBank Scope Databaseに関してはいくつかの欠点も指摘されており、データの利用に注意が必要となる。銀行の一部の海外支店の活動はデータに含まれていないため、外国銀行の活動がそのぶん過小評価されている（Mathieson and Roldos, 2001: p.17）。また体制移行諸国のデータでは、同じ銀行のデータがデータベース上に複数個存在している場合や、特殊な活動を行う銀行が一般的な「商業銀行」の分類に含まれている場合がある（Bonin *et al.*, 2005a: pp.36-37）。また合併、清算などによりすでに存在していない銀行のデータが含まれている場合がある。さらに銀行の所有に関するデータが最新のアップデート時点の状態を反映したものとなっており、各時点の所有は別に調べる必要がある（Hollo and Nagy, 2006）。

15）体制移行諸国の各国レベルの研究としては、Kraft and Tirtiroglu（1998）（クロアチア）、Jemric and Vujcic（2002）（クロアチア）、Matousek and Taci（2004）（チェコ）、Nikiel and Opiela（2002）（ポーランド）、Havrylchyk（2006）（ポーランド）、Hasan and Marton（2003）（ハンガリー）などがあるが、ここでは割愛している。

16）これらの研究は、同じBank Scope Databaseを使用しているにもかかわらず、結果にばらつきが生じている。このような結果のばらつきの原因は、研

究ごとの対象国や期間の相違、効率性の測定におけるモデルや方法の相違などの影響も考えられるほか、既述のデータベースの問題点の処理の仕方が研究ごとに相違がある可能性も考えられる。

17) 銀行業の効率性の測定方法に関しては、包絡分析法（data envelopment analysis：DEA）、分布フリー・アプローチ（the distribution Free approach：DFA）、確率的フロンティア・アプローチ（Stochastic Frontier approach：SFA）など、いくつかの異なる方法がある。Weill（2003）は効率性の測定方法によって結果に違いが表れる可能性を指摘している（Weill, 2003：pp.578-580）。また銀行業の効率性の文献に関しては、Berger and Humphrey（1997）がサーベイを行っている。

18) ただしGregorian and Manole（2006）は、データに関する制約として、体制移行諸国全体にみられる会計基準の不完全さのほか、国家的特殊要因として、各国の規制における金融取引の取扱いの相違（たとえば不良債権の分類）があることに注意を喚起している（Gregorian and Manole, 2006：pp.505-506）。Hollo and Nagy（2006）は、それぞれの国に銀行経営に関係しない国家特殊的要因が多数存在すると効率性の国際比較が困難になるが、一部の研究ではそれが考慮されていないことを指摘している（Hollo and Nagy, 2006：pp.225-226）。

19) Panzer-RosseのH統計量は産業の競争構造を測定する手法である。H統計量は、生産要素価格の上昇（コスト増）と収入の関係から競争度を測るものであり、『「全ての生産要素価格が1％上がると企業の収入が何％増えるか」を表す統計量である』（松村, 2005：pp.44-45）。競争状態とH統計量の関係は、独占ではH≦0、独占的競争では0＜H＜1、完全競争ではH＝1となると想定されている。ただし松村（2005）は、H統計量は、その市場が独占市場ではないことを示す指標としては有用であるものの、「この数値の大小と競争度の間にはシステマチックな関係がない」と述べている。

20) 広義の民営化の場合は、民間企業の新規参入の促進も視野に入ることになる（野村, pp.105-106；松原, pp.47-49）。なお本稿で「民営化」という場合には、所有の転換を意味する狭義の意味で用いる。

21) 民営化についてのレビューには、Megginson and Netter（2001）、Djankov and Murrell（2002）、Megginson（2005a）がある。また体制移行諸国における民営化の効果についてのレビューには、Estrin *et al.*（2009）がある。また銀行民営化についてのレビューには、Megginson（2005b）、Clarke *et al.*

（2005c）がある。

22）Megginson and Netter（2001）によれば、戦後初の大規模な「国有化解除」（denationalization）プログラムは、1960年代のアデナウアー政権下の西ドイツである。1961年にVolkswagen（自動車）が、また1965年にVEGA（化学）が公開市場で売却された。また英国サッチャー政権下の民営化で初めて、それまでの「国有化解除」という言葉に代えて、「民営化」（privatization）という言葉が使われるようになったという（Megginson and Netter, 2001 : pp.323-324）。

23）Nellis（1998）によれば、体制転換諸国の中規模・大規模企業の民営化の状況では、信頼できる数字が存在している15カ国で30,740社が民営化された。また旧東独では14,500社が民営化されており、合わせて45,300社が民営化された（以上、1994年末時点）。これは世界の体制移行諸国以外の国で1980年から1991年の間に実施された中規模・大規模企業の民営化の総数約6,800社（世界銀行の推計）と比べて5.5倍となっている（Nellis, 1998 : pp.13-14）。なおロシアの民営化については溝端（1996）を参照のこと。

24）以下、この項ではEBRD（1999）、ラヴィーニュ（2001）、OECD（2003）、Megginson and Netter（2001）を参考にしている。体制移行諸国の民営化の目的として、EBRD（1999）は、企業の所有と意思決定からの国家の撤退、民営化後の企業業績の改善、政府の収入の創出、競争の促進、国富の公正な分配を挙げている（p.33）。ラヴィーニュ（2001）は、体制移行諸国の広義の民営化の目的として、政治的目的、公平の観点、効率性、財政収入の獲得、安定化のための追加的手段を挙げている（pp.186-189）。OECD（2003）は、民営化の主要な目的として、財政目的、投資の誘致、国有企業の効率性と業績の改善、独占的市場への競争の導入、資本市場の発展、政治目的の6点を挙げ、また特に体制移行諸国の政治目的として、国家関与の制限を伴う計画経済から市場経済への転換が挙げられている。またMegginson and Netter（2001）は、英国サッチャー政権下の民営化の目的として、国家財政収入、効率性促進、政府介入の減少、株式保有者の拡大、競争導入の促進、国有企業への市場規律の付与、国内資本市場の発展の7点を挙げている（p.324）。また野村（1993）は、一般的な民営化の目的として、政府コントロールの排除、企業性の付与、競争の導入および促進の3点を挙げており、また英国サッチャー政権下の民営化は、政府収入の一時的増大と政府支出の削減も目的としていたという（pp.113-114）。

25) Megginson and Netter（2001）。

26) Clarke *et al.*（2005c）はその例外として、1990年代初めのロシアなど旧ソ連での経営者・従業員への民営化を挙げている。

27) Andrianova *et al.*（2010）によれば、このLa Porta *et al.*（2002）の結果は、世界銀行や国際通貨基金（IMF）などが発展途上国に銀行民営化を要求する裏づけとして用いられたという。

28) Bonin *et al.*（2005a）は、銀行の所有タイプを、国有、国内民間所有、外国所有に分け、さらに外国所有について、単独で過半数以上を所有する投資家が存在するかどうかにより、戦略的外国投資家所有とその他外国所有に分けている。

29) Gregorian and Manole（2006）は、外国人が「30％以上」を所有している銀行を外国所有と定義している。他の研究では、外国人の過半数所有が銀行の外国所有の定義となっている。

30) ただしYildrim and Philippatos（2007）では、外国所有銀行は、収益面では国内民間銀行および国有銀行よりも非効率であった。

31) 多国籍銀行活動の「第1の波」は1830年代の英国の銀行による海外植民地への進出に始まるものであり、「第2の波」は1960年代のユーロ市場への進出である（Jones, 1990; ジョーンズ, 2007; Garcia Herrero and Simon, 2003; 川本, 2006）。

32) 中東欧諸国における外国銀行の支配とEU拡大の関係については、その原因については第2章—第3章で、影響については第4章で扱う。

33) 途上国だけではなく、先進国でも規制緩和がすすんでいる。EUにおいては、1993年1月に施行された第2次銀行指令により、銀行免許の相互認証、最小限の調和、本国監督の原則のもとで、EU構成国は域内の他の構成国の銀行に支店の設立と国境を越えたサービスの提供を自由化した。なお、子会社については依然として受入国が監督責任を有し、設立について拒否することができる（メイズ, 2003: p.184; Buch and Golder, 2001: p.348; Borish *et al.*, 1996: pp.137-138）。また米国では1927年マクファーデン法により州際業務が規制されていたが、1994年のリーグ＝ニール法により解禁された。また1933年グラス＝スティーガル法による銀行業務と証券業務の分離もグラム＝リーチ＝ブライリー法により1999年に撤廃された（Berger *et al.*, 2004: pp.338-339）。

34) ただし第3章で後述するように、旧ユーゴ諸国では、1960年代から二層銀行システムが形成され、また移行開始当初は銀行部門における国有銀行の割

合が小さかった。

35) 外国銀行の参入に関する議論については、Clarke *et al.*（2003）、Claessen
（2006）、Cull and Martínez Pería（2007）、Naaborg（2007）などのレビュ
ーがある。本稿の議論においてもこれらを参考としている。

36) このほか、外国銀行の特徴（どのような銀行が海外に進出するのか）、外国
銀行の参入様式（新規設立かM&Aか、あるいは国境を越える貸出か）や組織
形態（支店か子会社か）に関する議論があるが、ここでは割愛する。

37) たとえば銀行部門のFDIと企業部門のFDI（あるいは外国貿易）との相関な
ど。Buch（2000）などを参照。

38) Buch and DeLong（2004）、Naaborg（2007）pp.1-5、Cull and Martínez
Pería（2007）pp.7-9を参照。

39) ただしEU構成国における、他のEU構成国からの支店の形態での進出は、
これに当てはまらない。他のEU構成国の外国銀行の支店は、EU銀行指令の
本国監督原則により、本国の銀行監督に服することになる。

40) Weill（2003）p.574。受入国が外国銀行の参入を制約した例については、第
3章でスロヴェニアの事例を検討する。

41) また特に中東欧の体制移行諸国で顕著であるが、国有銀行の民営化が外国
銀行の市場シェアの高さの原因の一つとなっている（Bonin and Abel, 2000）。
体制移行諸国における銀行民営化と外国銀行の関係については、第2章およ
び第3章で詳述する。

42) 本項は次のレビューを参考にしている。Clarke *et al.*（2003）、Clarke *et al.*
（2006）、Naaborg（2007）、Pozzolo（2008）。

43) 金利スプレッドの計算には、金利スプレッド＝貸出金利－預金金利、金利
スプレッド＝（利子収入／総貸出）－（利子支払い／総預金）、などが用いられ
る。

44) 他の体制移行諸国については、純利子差益に差はみられていない。ただし
一部の国はClaessens *et al.*（2001）のTable 3に掲載されておらず、また地場
銀行か外資系銀行の一方のデータしか掲載されていない国もある。また営業
経費率については、ハンガリーでは地場銀行の方が高い数値となっており、
ポーランドとチェコでは外資系銀行の方が高い数値となっている。

45) ただしDages *et al.*（2000）は、銀行の不良債権が少ない場合には地場銀行
も外資系銀行も同様にふるまうことを示している。

46) 外国銀行の子会社である外資系銀行の貸出が安定的であったことを示す一

方で、外国銀行による国境を越える貸出は減少した。

47) またDetragiache and Gupta（2006）は、外資系銀行をアジアに集中している外国銀行（リージョナルバンク）とアジア以外にも分散している銀行（ノンリージョナルバンク）に区分し、ノンリージョナルバンクは地場銀行よりも安定的であった一方で、リージョナルバンクの安定性は地場銀行と変わらなかったことを示している。

48) ただしArena *et al.*（2007）は、財務状態のよい銀行では外資系銀行と地場銀行の間で影響に差がみられないことを示している。

49) 松井（2010）によれば、アルゼンチンが2002年2月にカレンシーボード制を放棄して変動相場制に移行した際に、政府は銀行の資産に対しては1ドル＝1.4ペソ、銀行の負債に対しては実勢レート（たとえば1ドル＝3ペソ）を適用して、銀行に不利な形で非対称に設定された交換レートでドルからペソへの強制転換措置を採った。これにより金融機関は巨額の為替差損を被ったという（松井, 2010, p.4）。

50) ただし上述のPeek and Rosengren（2000a）の1980年代末から1990年代初めの邦銀の米国子会社のケースなどがある。

第 2 章
中欧 3 カ国の銀行部門における
民営化と外国資本の支配

　中東欧諸国の移行初期の金融システムを比較した研究によれば、ハンガリー・ポーランド・チェコの 3 カ国（以下、この 3 カ国を総称して「中欧 3 カ国」とよぶ）の金融システム構造には多くの共通の特徴がみられた（Anderson and Kegels, 1998; Bonin et al., 1998; Helmenstein ed., 1997）。社会主義期には存在していなかった債券市場・株式市場などの証券市場は移行初期には未発達のままであった。このため金融システムのなかで中心的位置を占めることとなったのは社会主義期からの資産を継承した銀行部門であった（表 2 − 1）。移行初期の銀行部門構造は国有銀行が寡占的で、ほかに新規参入の小規模銀行が多数存在していた。移行初期の中東欧諸国の金融システムは、社会主義期からの初期条件および移行初期の改革における類似性のために、各国で上記のような似通った特徴をもつこととなった。しかしその後の銀行部門の改革において、不良債権処理、国有銀行民営化、新規参入規制といった各国の政策に相違があったことなどの影響により、銀行部門の集中度や外資系銀行のプレゼンスなどの点で、中欧 3 カ国の間で銀行部門構造に多様性がみられるようになった。

表 2 − 1　中欧 3 カ国の経済と金融部門の概要：先進国との比較

	人　口 (million) 1999	1 人当 GDP($) 1999	GDP (billion $) 1990	GDP (billion $) 1999	銀行部門国内信用 (% of GDP) 1990	銀行部門国内信用 (% of GDP) 1999	株式市場時価総額 (% of GDP) 1990	株式市場時価総額 (% of GDP) 1999
チェコ	10	5,474	35	56*	n.a.	65.1*	n.a.	20.9*
ハンガリー	10	4,788	33	48	105.5	52.2	1.5	33.7*
ポーランド	39	3,983	61	154	18.8	36.5*	0.2	19.2*
	人　口 (million) 1999	1 人当 GDP($) 1999	GDP (billion $) 1990	GDP (billion $) 1999	銀行部門国内信用 (% of GDP) 1990	銀行部門国内信用 (% of GDP) 1999	株式市場時価総額 (% of GDP) 1990	株式市場時価総額 (% of GDP) 1999
ドイツ	82	25,381	1,720*	2,081*	108.5	146.9*	20.6	68.8
日　本	127	34,700	2,970	4,393	266.8	142.4	98.2	103.5
アメリカ	273	31,912	5,554	8,709	114.7	170.1	55.1	191.0

注：*データの制約により、他の年のデータが使用されている。
出所：The World Bank（2000）

さらに近年になって、中東欧諸国の金融システムは、「世界で最も外国銀行による支配の強い地域」（*The Banker,* May 2000）と評されるなど、銀行部門における外国資本の勢力拡大という共通の特徴が新たに観察されてきている。2001年末時点の外資系銀行が銀行部門資産に占める割合をみると、ポーランドで66.7％、チェコで68.4％、ハンガリーで75.6％にまで達している。

　中東欧諸国の銀行部門では、なぜこのように極端な外国資本の支配が生じたのであろうか。最大の要因として考えられるのが、1990年代半ば以降に本格化した国有銀行の民営化である[1]。上述のように体制移行の初期時点では中東欧諸国の銀行部門は国有銀行数行が大部分を占める寡占的構造であった[2]。これら国有大銀行が民営化で外国投資家に売却された場合には、外資系銀行のシェアが急速に拡大することが容易に想像される。中東欧諸国における大銀行の民営化では、当初は各国の民営化方法の相違（戦略的外国投資家への売却、公募、バウチャーなど）のため、民営化された銀行の所有は、国内民間資本、外国資本、あるいはその混合とさまざまであった。さらに民営化後も多くの場合、銀行にはいくらかの国家持株が残存していた。しかしある時期から各国が同じ民営化方式、すなわち外国投資家への売却方式を多用するようになったことで、中東欧諸国の銀行部門の大部分が外資系銀行に支配されるようになった。それではなぜ中東欧諸国の銀行民営化では、このように外国資本への売却方式が採用されるようになったのであろうか。

　本章では、特にハンガリー・ポーランド・チェコの３カ国の国有銀行民営化政策に注目し、各国の民営化政策で外国資本への売却が採用されるようになった要因を検討する。ハンガリー、ポーランド、チェコの３カ国は、他の中東欧諸国に先駆けて体制移行の改革が進められた「改革の先進国」といわれており、銀行民営化も中東欧諸国のなかでいち早く開始された。

　複数の中東欧諸国の近年の銀行民営化政策を詳細に比較し、銀行民営化政策に変化をもたらした要因の検討に焦点をおいた研究は、今のところ見当たらない[3]。Buch（2002）は中東欧諸国の外国銀行参入政策の比較に焦点を当てて分析しているが、銀行民営化政策が外資系銀行の勢力拡大に強く影響を

及ぼしたことに触れられているものの（p.59）、詳しくは述べられていない。クラフチック（2003）は、ポーランドではEUとの「欧州協定」を契機として、参入規制緩和と銀行民営化政策により外国資本に国内銀行業を開放したことにより、外国銀行のシェアの急激な拡大が生じたことを示しているが、その研究対象となっているのはポーランド一国のみである。吉竹（2001）は金融改革の影響と民営化・外国銀行の参入の影響を分析し、また各国の銀行民営化政策を概説しているが、銀行民営化政策の比較検討については特に扱われていない。

　また近年の銀行民営化政策に変化をもたらした原因については、クラフチック（2003）が指摘するEU加盟に関する要因のほかにも、それ以前の銀行民営化の結果に関する要因や、外国銀行の側の経営戦略という要因も重要と考えられる。しかし、これらの原因を包括的に説明した研究は今のところ見当たらない。

　本章では、移行直後の1992年から2001年にかけての中欧 3 カ国（ハンガリー・ポーランド・チェコ）の銀行民営化政策のケースについて比較分析し、銀行民営化政策の変化が各国の銀行部門構造に外資系銀行の勢力拡大をもたらしたことを明らかにする。また銀行民営化政策の変化をもたらした要因を検討する。

　第 1 節では、中欧 3 カ国の銀行部門構造を比較し、近年各国で外資系銀行の勢力拡大がみられていることを示す。第 2 節では、中欧 3 カ国の銀行民営化政策について比較し、近年の各国の銀行民営化政策が外資系銀行の勢力拡大に強く影響を及ぼしたことを示す。また第 3 節では、各国の銀行民営化方法で外国資本への売却方式が多用されるようになった要因について、所有と実績の関係、EU加盟との関係、外国銀行の経営戦略という 3 つの観点から検討を試みる。

第 1 節　中欧 3 カ国の銀行部門構造

　ここでは中欧 3 カ国の銀行部門構造における外資系銀行の増加について、銀行数における変化と外国資本の資本シェアでの割合における変化、各国の所有資産からみた上位銀行の所有状況から確認することとする。

1．移行期における銀行部門の初期条件

　社会主義・計画経済のもとでの銀行部門は、国立銀行が中央銀行業務と商業銀行業務を兼ねていた（モノバンク制度）。国立銀行とその傘下の専門銀行は、中央計画当局の指示にしたがって資金配分を行う受け身の存在にすぎず、また国家の完全な保証の下にあった。移行期の国有大銀行は、もともとこのような国立銀行の一部あるいは専門銀行であり、資本主義における「銀行」とはまったく異なるところから移行を開始している。資本主義・市場経済への移行の開始に前後して、ハンガリーでは1987年、ポーランドでは1989年、チェコスロヴァキアでは1990年に銀行部門で二層式システムの導入が行われた。国立銀行からは商業銀行業務が分離され、いくつかの国有商業銀行が設立された。また既存の専門銀行や新規参入銀行への商業銀行免許の付与も進められた。

　中欧 3 カ国の移行初期の銀行部門の構造では、民間銀行の新規参入により銀行数は急増した。しかし資産シェアでみると、国有大銀行が市場の大部分を占める寡占的構造であった。銀行部門における集中度を大銀行の資産シェアでみると、ハンガリーでは 5 大銀行で1987年には93.8％、1990年には82.6％を占めていた。チェコでは 5 大銀行で1992年には82.7％を占めていた。ポーランドでは1992年には 4 大銀行（旧専門銀行）で52％、地域別の 9 商業銀行で29％、合わせて13行で81％となっている。ポーランドではハンガリーやチェコと比べて集中度は低くなっているが、かつての国立銀行資産が地域別に分割されたため、各地域内での集中度は高かった（Anderson and Kegels, 1998）。

2.　移行期の銀行部門構造

　次に中欧 3 カ国の銀行部門構造における外資系銀行の増加について、銀行数の変化、銀行部門における外国資本のシェアと外資系銀行の資産シェア、大銀行の所有状況から確認する。

　銀行数は各国とも1990年代半ば頃をピークに減少に転じている。一方、外資系銀行の数についてはわずかながら増加傾向が続いている。銀行数に占める外資系銀行の割合は、2001年末現在、ハンガリーで 4 分の 3 、ポーランド、チェコでも 3 分の 2 以上となっている（表 2 - 2 ）。

　中欧 3 カ国の銀行部門の資本における外国資本のシェアをみると、2001年末時点でハンガリーとチェコでは外国資本の割合が 3 分の 2 以上、ポーランドでも半分以上を占めている（表 2 - 3 ）。また銀行部門の資産におけるシェアをみると、2005年末時点、外資系銀行はポーランドでは70％以上、ハンガリーとチェコでは80％以上に達している（表 2 - 4 ）。このように現在では中

表 2 - 2　中欧 3 カ国の銀行数

	1991	1993	1995	1997	1999	2000	2001
ハンガリー：							
全銀行数	35	40	43	45	43	42	41
外資系銀行の数	8	16	21	30	29	33	31
外資系銀行の割合（％）	22.9	40.0	48.8	66.7	67.4	78.6	75.6
ポーランド：							
全銀行数	74	87	81	83	77	74	72
外資系銀行の数	6	10	18	29	39	47	48
外資系銀行の割合（％）	8.1	11.5	22.2	34.9	50.6	63.5	66.7
チェコ：							
全銀行数	24	52	55	50	42	40	38
外資系銀行の数	4	18	23	24	27	26	26
外資系銀行の割合（％）	16.7	34.6	41.8	48.0	64.3	65.0	68.4

注：外資系銀行とは外国資本が50％以上の所有を持つ銀行のことである。
出所：EBRD（2002）（2003）, Buch（2002）, Czech National Bank homepage, http://www.cnb.cz/en/bd_ukazatele_tab01.php

表 2 - 3　銀行部門総資本に占める外国資本の割合（%）

	1993	1995	1997	1999	2000	2001
ハンガリー	11.6	34.7	60.6	65.0	66.6	n.a
ポーランド		18.1	39.6	53.1	53.8	n.a
チェコ		22.8	29.3	48.3	54.5	70.0

出所：ハンガリー: Data for 1993 to 1996 are from OECD
(1997; 2000); Data for 1993 to 1996 are from National
Bank of Hungary (1998; 1999; 2000)
ポーランド: National Bank of Poland (2001)
チェコ: Czech National Bank (1997; 2000; 2001)

表 2 - 4　銀行部門総資産に占める外資系銀行の割合（%）

	1993	1995	1997	1999	2001	2003	2005
ハンガリー	9.4	36.8	61.3	61.5	66.5	83.5	82.6
ポーランド	2.8	4.4	16.0	49.3	72.2	71.5	74.3
チェコ	7.3	15.5	23.3	38.4	89.1	86.3	84.4

出所：EBRD

　東欧諸国の銀行部門は外資系銀行により大部分が占められている。またこの3カ国の大銀行（所有資産でみた上位銀行）の所有についてみると、2001年時点で、各国とも上位7行中6行は外資系銀行となっており、2、3の例外を除いて、大銀行は全て外国銀行の所有となっているといえる（表2－5）。
　以上のように、中欧3カ国の銀行部門構造においては、外資系銀行が各国の銀行部門の大部分を占めるという特徴が現れている。

表2－5　中欧3カ国の大銀行の所有状況：資産順位上位行の変遷

・1994年末

	ハンガリー 銀行名	本国		ポーランド 銀行名	本国		チェコ 銀行名	本国
1	S OPT		1	S PKO BP		1	D CS	
2	S MHB		2	S PeKaO		2	D KB	
3	S K&H		3	S BH		3	S CSOB	
4	F MKB	DE	4	S BGZ		4	D IPB	
5	S Postabank		5	S PBK		5	S KoB	
6	S BB		6	－ BSK		6	D Agrobanka	
7	F CIB	－	7	S BPH	－	7	F Zivnostenska	DE

・1997年末

	ハンガリー 銀行名	本国		ポーランド 銀行名	本国		チェコ 銀行名	本国
1	D OPT		1	S PKO BP		1	D KB	
2	F MKB	DE	2	S PeKaO		2	D CS	
3	F K&H	BE・IR	3	D BH		3	D IPB	
4	S Postabank		4	D PBK		4	S CSOB	
5	F CIB	BE	5	D BIGbank		5	F Creditanstalt	AT
6	F ABN Amro	NE	6	F BSK	NE	6	F Zivnostenska	DE
7	S Postabank	US	7	D BPH		7	D Unionbanka	

・2001年末

	ハンガリー 銀行名	本国		ポーランド 銀行名	本国		チェコ 銀行名	本国
1	F OPT	－	1	S PKO BP		1	F CSOB	BE
2	F K&H	BE	2	F PeKaO	IT-DE	2	F CS	AT
3	F MKB	DE	3	F BPH-PBK	DE	3	F KB	FR
4	F CIB	－	4	F BH	US	4	F HVB-CZ	DE
5	F GE Capital	US	5	F ING-BSK	NE	5	F Raiffeisen	AT
6	F HVB HN	DE	6	F BZ-WBK	IR	6	F Zivnostenska	DE
7	F Raiffeisen	AT	7	F BRE	DE	7	D Unionbanka	

注：資本：F：外資系銀行、S：国有銀行、D：国内民間資本銀行（参考文献より、筆者
　　が作成）。なお1994年末のBSKのおよそ所有構成は、国内民間5分の2、外国が4
　　分の1、国家が3分の1。2001年末のOTPの所有構成は、外国資本の分散所有であ
　　り、また国家が優先株（議決権の3分の1）を保有している。
　　銀行名：本文中扱わなかった銀行の略称は次のとおり。KoB：Konsolidacni banka。
　　本国：主要外国資本の本国。－：分散または不明。DE：ドイツ、NE：オランダ、B
　　E：ベルギー、IR：アイルランド、AT：オーストリア、IT：イタリア、FR：フラン
　　ス、US：米国。
出所：吉竹（2001）、*The Banker*各号、Bonin *et al.*（1998）、Anderson&Kegels（1998）、
　　National Bank of Poland（2001）より筆者作成。

第 2 節　中欧 3 カ国の銀行民営化政策

　移行期の中欧 3 カ国の銀行部門における外資系銀行の勢力拡大に最も強く影響を及ぼしたと考えられる政策は、銀行民営化政策である。以下では国有大銀行の民営化でとられた手法を中心に、各国の銀行民営化政策を比較する。

1．民営化手法について

　中欧 3 カ国の大銀行の民営化の際に用いられた主な民営化手法は、1）戦略的外国投資家への売却方式（SFFI 方式）、2）公募方式（IPO 方式）、3）バウチャー方式の 3 種類である。実際の銀行民営化ではこれらの方式のうちいくつかが混合して用いられる場合もあった。またこのほか補助的に用いられた方法の一つとして、従業員への売却方式がある。各方式の内容と、それによって持分の所有がだれに移転されるのか（外国資本になるか国内資本になるか）という関係は、次のようになる。

　「戦略的外国投資家への売却方式（SFFI 方式）」とは、交渉と入札を通じて、長期保有を目的とする特定の海外の投資家（戦略的投資家）に株式を直接売却する方式である。SFFI 方式をとった場合には、その持分は外国資本となる。戦略的投資家としての外国資本は、主に外国民間金融機関（銀行など）であるが、欧州復興開発銀行（EBRD）などの国際金融機関が民営化促進のために一時的に戦略的投資家となる場合もある。

　「公募方式（IPO 方式）」とは、市場を通じた公募の形で、機関投資家または一般投資家（個人）に株式を売却する方式である。IPO 方式をとる場合には、国内市場で売却されることが多く、市場の対外開放度や購入制限にもよるが、当初は国内資本となるケースが多い。一方で当初から外国の投資家を目当てに、一定割合を米国預託証券、グローバル預託証券として外国市場で売却する場合もある。

　「バウチャー方式」とは、特殊な証券であるバウチャー（クーポン）を国民に無償もしくは低価で配布し、民営化される企業の株式と交換する方式で

ある。また「従業員への売却方式」とは、従業員に株式を購入する権利を割当てる方式である。バウチャー方式、従業員への売却方式をとった場合には、国内資本となる。

　民営化後の所有を決めるにあたり重要となるのは、民営化手法の選択と国家の残余持分の大きさである。どのような民営化手法を選び、またそれをどのように組み合わせるのかにより、民営化後の銀行の所有が内部の関係者に渡るか、外部の投資家に渡るか、また国内投資家の手に渡るか、外国投資家の手に渡るか、さらに所有が特定の投資家に集中するのか、多数の投資家の間で分散するのかといった所有の特徴が決定する。また銀行は戦略産業であるため、各国とも民営化後にも国家の影響力を残すために、国家持分を一定規模残すことが多くみられている。そのため民営化でどれほどの国家持分を売却し、どれほどを国家の手に残すのかがもう一つの重要な点となる。

　以下では各国の国有商業銀行の成立と銀行民営化政策の変遷を、実際に行われた銀行民営化方式と民営化後の所有者の構成に重点をおいて概観する[4]。

2．ハンガリーの銀行民営化政策
（1）ハンガリーの銀行民営化

　ハンガリーの銀行部門では、1989年の体制移行に先行して、1987年に二層式システムの導入が行われた。国立銀行から商業銀行業務が分離され、産業部門別に3つの国有商業銀行が設立された。また既存の国立銀行傘下の4つの専門銀行へも商業銀行免許の付与が進められた。

　株式会社化された後の国有商業銀行の株式は、当初は国家と国有企業の間で分散保有されていたが、1992年銀行法での制限や銀行危機後の不良債権処理の過程で国有企業の持分は減少し、国有銀行株に占める国家持分の割合は銀行民営化直前には90％にまで達していた（Anderson and Kegels, 1998）。1992年銀行法において、銀行に対する国家の株式の持分は（OTPとPostabankを除いて）1997年までに25％以下に減らすことが定められていたため[5]、不良債権処理の過程の後で銀行の民営化が進められていった。

ハンガリー外国貿易銀行（MKB：Magyar Kulkereskedelmi Bank）は、外国貿易を取り扱う専門銀行を起源とする国有銀行である。不良債権が少なく、資本注入の必要性がなかったため、国有商業銀行の中で最初に民営化され、入札によりドイツの銀行Bayerische Landesbank（BL）に売却された。民営化直後の1994年7月時点での所有割合は、BLが25.01％、EBRDが16.68％、国内投資家21.32％、海外投資家8.22％、自己保有株1.78％、国家持分が26.99％であった。その後1996年までに国家持分の買収などによりBLがMKBにおける持分シェアを単独で過半数以上にし、MKBの経営権は外国資本が握ることとなった。[6]

　ブダペスト銀行（BB：Budapest Bank）は、度重なる入札の不調など過程は難航したが、最終的には1995年にアメリカの銀行GE Capitalに、損失補償などの政府保証付きの契約で売却された。民営化直後の1995年末時点での所有割合は、GE Capitalが27.5％、EBRD32.5％、国内投資家18％、国家持分が22％であった。その後GE Capitalは、契約時にかわした国家持分の買収オプションの行使などによりBBの経営権を獲得している。[7]

　国民貯蓄銀行（OTP：Orszagos Takarekpenztar es Kereskedelmi Bank）は、貯蓄専門銀行を起源とする、ハンガリー国内で最大規模の銀行である。政府はOTPの重要性を鑑みて国内資本の手に残すことを宣言し、民営化にあたっては、外国人の議決権は個人で5％未満、総計でも49％以下に制限するほか、国内所有者でも議決権は個人で10％未満に制限し、さらに国家に所有権の25％（議決権の34％）を残す決定をした。そして1995年5月には社会保障基金に20％分の国家持分が移転され、同年7月に国家に残った58.4％の持分のうち、外国市場で20％分、従業員に5％分が売却され、さらに国内市場で8.4％分が売却されて、OTPは一定の国家持株を残しつつ、国内投資家による分散所有となる形で民営化された。また1997年には、国家に特別投票優先株（黄金株）が発行された。[8] また残った国家持分も売却されることが決まり、1997年に25％の持分が売却され、国内の個人投資家と機関投資家に売却され、国家には優先株のみが残った。社会保障基金に移転された株式も、

1999年に国内市場で売却された。OTPの所有構成に占める外国資本の割合は、2002年末に初めて50％以上となり、それ以降は外国投資家による分散所有となっている。

　ハンガリー信用銀行（MHB：Magyar Hitel Bank）は、1996年に入札によりオランダのABN Amroに89％の持分の売却が決定した。MHBは当初から戦略的投資家の持分が過半数となったハンガリーで最初の銀行となった。後にABN Amroは 5 ％の従業員株を買い取り、所有割合は、ABN Amro 94％、投資家 6 ％となった。またMHBは1998年にABN Amroの子会社と合併して、ABN Amro Hungary Bankとなった。さらにABN Amro Hungary Bankは2001年にベルギーのKBC傘下のK&Hに吸収合併された。

　商業信用銀行（K&H：Kereskedelmi és Hitelbank）は、1997年の入札によりベルギーの銀行Kreditbank（1998年に合併してKBCと名称変更）とアイルランドの生命保険会社Irish Lifeのコンソーシアムへの売却が決定した。コンソーシアムは10％のシェアを獲得後すぐに増資を行い、民営化直後の所有割合は、コンソーシアム47％、EBRD18％、国家持分が34％と、EBRDと合わせて外国戦略的投資家の持分が1/2以上となった。KBCは2000年にIrish Life、国内投資家、国家の持分を買い取り、K&Hを自らの完全子会社とした。2001年にはK&HはABN Amro Hungary Bank（旧MHB）と 6 ： 4 の比率で合併し、合併後はK&Hが存続会社となった。2005 年12月にKBCは合併後のK&Hの40.2％の持分の買取についてABN Amroと合意し、所有構成を59.4％から99.6％に増加させ、K&Hを再度自らの完全子会社とした。[9]

　このようにハンガリーの大銀行の民営化においては、主にSFFI方式が民営化方式として採用されている。MKBとBBではSFFI方式が中心となる折衷的な方式で、SFFI方式で約1/2、IPO方式が約1/4で、残り1/4が国家持分として残された。MHBでは、当初から戦略的投資家の持分が1/2以上となり、国家持分は残されなかった。K&Hでは獲得直後には戦略的投資家の持分が合計で2/3、残り1/3が国家持分として残された。その後MKB、BB、K&Hの国家持分は大部分が戦略的投資家に追加的に売却されている。大銀

行の中で唯一の例外が国内最大の銀行であるOTPで、分散された投資家の間での国内所有（1995年当時）となった。

3．ポーランドの銀行民営化政策

（1）ポーランドの銀行民営化（1987－1994）

　ポーランドでは1989年に二層式システムの導入が行われた。国立銀行から商業銀行業務が分離され、地域別に9つの国有商業銀行が設立された。[10]　また国立銀行傘下の専門銀行への商業銀行免許の付与も進められた。

　Abarbanell and Bonin（1997）によれば、ポーランドの国有企業民営化法では、銀行の民営化は4つの方法（公開入札、株式公開、交渉による売却、従業員への売却）と、その組み合わせを通じて行うことができることが定められていた。また財務省は、国家が30％の残余持分を保持し、国内投資家が40－50％、従業員が10％、戦略的投資家が10－20％という折衷的な所有構造をとることを当初の青写真として描いていたという（p.37）。またポーランドでは1992年に公表されたタイムテーブルでは、地域別の9商業銀行は、1996年末までに民営化される予定であった（p.32）。

　輸出開発銀行（BRE：Bank Rozwoju Eksportu）は、比較的小規模の国有銀行で、最初に民営化され、IPO方式で85％の持分が売却され、15％が国家持分として残された。その後ドイツの銀行Commerzbankが1995年に市場で21％を獲得し、1997年には増資分を買い取り48.7％に持分を増やした。さらに2000年にはCommerzbankの持分は50％となっている。

　ヴィエルコポルスカ信用銀行（WBK：Wielkopolski Bank Kredytowy）の民営化では、SFFI方式、IPO方式、従業員への売却方式の混合という折衷的な方式がとられたが、SFFI方式の戦略的投資家がみつからず、EBRDが一時的に28.5％の持分を取得した。またIPO方式で27.2％、従業員へは14.3％が割当てられ、国家には30％の持分が残された。1995年3月には増資された16.26％の持分をアイルランドのAllied Irish Bank（AIB）が獲得した。AIBは1996年には36.3％にまで持分を増加させ、1997年にはさらに持分を60.14

％と増加させて、単独で過半数を所有することとなった。[11]

　シロンスク銀行（BSK：Bank Slaski w Katowicach）の民営化においても折衷的な方式がとられたが、やはりSFFI方式の戦略的投資家がみつからず、1993年10月に入札はキャンセルされた。その結果、入札価格を基準とすることとしていたIPO方式の当初売却価格の設定が混乱し、最終的には政治問題にまで発展するという「シロンスク銀行問題」が起こった。IPO方式で30％、従業員に10％が売却されたほか、戦略的投資家としてはその後12月にオランダの銀行INGが名乗りをあげて25.9％を取得し、国家には33.2％の持分が残された。[12] 1996年にはINGの持分は単独で過半数となる54.98％となった。

　このように、最初の民営化はIPO方式で行われ、次の2つの地域別商業銀行の民営化は、折衷的な方式（SFFI方式、IPO方式、従業員への売却方式の混合）で行われた。折衷的な方式での各方式の割合は、SFFI方式で25％以上、IPO方式で25％以上、従業員への売却が15％、国家の残余持分の割合が30％という形であった。

（2）ポーランドの銀行民営化（1995－1997）

　「シロンスク銀行問題」の後、民営化政策が変更され、1995年から1997年の4つの銀行の民営化は、戦略的投資家を求めず、IPO方式で行われた。

　工商銀行（BPH：Bank Przemyslowo-Handlowy）の民営化では、1995年に50.2％の持分の売却がIPO方式で行われたが需要が伸びず、15.06％を発行引受人であったEBRDが所有することとなった。所有は分散化され、また43％が国家持分として残された。その後政府の銀行統合計画ではBPHを再国有化してワルシャワ商業銀行（BH）と合併する案も取りざたされたが、結局取り下げられた。1998年にはドイツの銀行Hypo-Vereinsbank（HVB）が国家持分のうち36.72％分を取得し、翌1999年にはEBRDの所有分も獲得するなど、60.14％とHVBの持分が単独で過半数となった。[13]

　グダニスク銀行（BG：Bank Gdanski）の民営化では、IPO方式が2層に分けられ、国内市場で31.8％、海外市場で預託証券の形で25％が1995年に売

却された。このほか従業員に4％が売却され、残された国家持分は39％であった。[14] 国内市場でのIPO方式による売却によって、ポーランドの国内銀行Bank Inicjatyw Gospodarczych（BIG）が24.1％を獲得した。その後BIGは1996年にBGにおける持分を31.23％に増やし、1997年にはさらに63.42％に増やした。[15]

一般信用銀行（PBK：Powszechny Bank Kredytowy）は、1997年にIPO方式で51.7％が売却された。そして従業員に15％が売却され、国家持分として33.3％が残された。[16] その後オーストリアの銀行Bank Austria-Creditanstalt（BA-CA）が1998年に15％の持分を取得し、さらに1999年には43.5％、2000年には57.13％と持分を増やして、単独で過半数の所有となった。[17]

ワルシャワ商業銀行（BH：Bank Handlowy）は、1997年にIPO方式により民営化された。BHは、Pekao SAともども、1995年秋頃の政府の銀行統合計画では、再編により、予想される対外開放による国外銀行との競争に耐えるような国内の「旗艦」（フラッグシップ）となることが期待されたが、予定されていたBPHとの合併が流れて単独でIPO方式により民営化された。分散化された所有となり、国家持分が7.9％残されていた。2000年にはアメリカのCitibankグループが87.83％を獲得した。[18]

（3）ポーランドの銀行民営化（1998－）

1998年以降には、SFFI方式での民営化が進められている。

西部銀行（BZ：Bank Zachodni）は地域別の9商銀のうち最後に残されたが、1999年にアイルランドのAIBに80％の持分が売却される形で民営化された。国家には4.3％の持分が残された。[19]

外貨貯蓄銀行（Pekao SA）は、1989年に15％の持分が国内市場で売却された。1995年秋頃の政府の銀行統合計画では再編で規模を大きくし、国内の「旗艦」となることが期待され、1996年には比較的小さな地域別商業銀行であるポモージェ信用銀行（PBKS：Pomorski Bank Kredytowy）、貯蓄信用銀行（BDK：Bank Depozytowo-Kredytowy）、一般産業銀行（PBG：Powszechny

Bank Gospodarczy）の 3 行を吸収し、Pekaoグループとなった。しかし結局国内資本にではなく、外国資本に売却されることとなり、1999年にグループを 1 つの銀行として統合したうえで、SFFI方式でイタリアの銀行UniCreditoとドイツの保険会社Allianzに52.09％の持分が売却された。またEBRDに5.25％の持分が売却され、国家持分としては13.9％が残された。

　2002年末時点では、大銀行では、一般貯蓄銀行（PKO BP：Powszechna Kasa Oszczednosci BP）と食糧経済銀行（BGZ：Bank Gospodarki Zywnosciowej）が国有銀行のまま残されていた。PKO　BPは2004年にIPOを実施したが、2009年末時点でも間接所有を合わせると実質的には国有のままである。またBGZは2008年にオランダのRabobankの子会社となった。2010年末現在、PKO　BPとBGZの残存国家持株は市場での売却が検討されている。[20]

　このように、ポーランドの大銀行の民営化は、最初の 1 行でIPO方式がとられ、その後の 2 つの地域別商業銀行の民営化では、折衷的な方式、すなわち、SFFI方式で25％以上、IPO方式で25％以上、従業員に15％、国家持分として残す割合が30％という形で行われた。「シロンスク銀行問題」の後、1995年から1997年の 4 つの銀行の民営化は、IPO方式のみで行われるようになったが、1998年以降には、SFFI方式での民営化が進められている。

4．チェコの銀行民営化政策
（1）チェコの銀行民営化（1989－1997）

　チェコスロヴァキアでは1990年に銀行部門で二層式システムの導入が行われた。チェコスロヴァキア国立銀行の商業銀行業務のうち、企業の運転資金に対応する貸付資産は、チェコ側とスロヴァキア側に 2 分割され、チェコ側の資産を継承して商業銀行（KB：Komersni Banka）が創設された。また企業の投資資金に対応する貸付資産は、投資銀行（IB：Investicni Banka）によって継承された。さらに既存の専門銀行、チェコスロヴァキア商業銀行（CSOB：Ceskoslovenska Obchodni Banka）、ジブノステンカ銀行（ZB：Živnostenská banka）[21]、チェコ国民貯蓄銀行（CS：Ceska Sporitelna）などへの商業銀行免

許の付与も進められた。1993年には連邦が解体してチェコ共和国とスロヴァキア共和国に分離した。その際、国有大銀行のうち、KB、CS、CSOB、投資郵便銀行（IPB：Investicni a Postovni Banka）[22]がチェコ側に継承された。

　チェコスロヴァキアでは1992年に国民に配布された引換券（バウチャー）と企業の株式を交換するバウチャー方式で大企業の民営化が進められた。このなかで、チェコ側の四大国有銀行のうちKB、CS、IPBの3行が民営化の対象となり、KBの53％、CSの37％、IPBの52％の持分がバウチャーと交換された（表2－6）。チェコスロヴァキアのバウチャー方式の民営化の第1期においては、金融機関を中心とする14の巨大投資家グループが設立した「民営化投資基金」が総供給株数の約43％を集めた（池本，1995）。各民営化投資基金の所有は各銀行・企業の20％以下に制限されており、このため所有は分散化されることとなった。また銀行は民営化投資基金を直接的に設立することは禁止されていたが、子会社を通じた設立は禁止されていないという抜け道があり、バウチャー方式の民営化の後は、銀行子会社が設立した民営化投資基金の間で銀行や大企業の株式が分散される形で保有されることとなった（表2－7）。

表2－6　バウチャー民営化後のチェコ側銀行の株式の構成

	クーポン私有化	外国資本	国家資産基金	その他
商業銀行（KB）	53	0	44	3
チェコ貯蓄銀行（CS）	37	0	40	23
チェコ投資銀行（IB）	52	0	45	3
ジブノステンカ銀行	43.6	52	0	4.4

出所：池本（1995）p.1056、表10より抜粋
原出所：UPONOVA PRIVATIZACE, NO.5, 1992)

**表 2 － 7　バウチャー民営化後のチェコスロヴァキアの金融機関間の
株式の持ち合い（％）**

保有（チェコ側／スロヴァキア側） 被保有	商業銀行	チェ貯蓄	投資銀行	チェ保険	ジブ銀行	総合信用	スロ投資	スロ保険
商業銀行（KB）（チェコ）	3.4	3.9				4.2		
チェコ貯蓄銀行（CS）（チェコ）	4.9		0.5	2.0	5.0			
チェコ投資銀行（IB）（チェコ）	10.8	8.8	17.0	4.1	10.4		0.4	
チェコ保険会社（チェコ）	0.7	0.2	3.0	1.0	4.0			
ジブノステンカ銀行（チェコ）								
総合信用銀行（VUB）（スロヴァキア）	4.3	1.6	3.5		2.5	10.8	4.1	
スロヴァキア投資銀行（スロヴァキア）	1.1	0.8	6.9		0.6	18.8	18.8	15.8
スロヴァキア保険会社（スロヴァキア）	0.1	0.3	0.4		0.3	0.9		4.7
ハーバードグループ（チェコ）	17.6	12.9		5.0				

出所：池本（1995）p.1056、表 9 に一部情報を追加、順序を変更。

　KBはバウチャー民営化直後、ハーバードグループの投資ファンドが17.6
％、IPB系の投資ファンドが10.8％、CS系の投資ファンドが4.9％、スロヴァ
キアの総合信用銀行（VUB）系の投資ファンドが4.3％、KB自体の子会社の
投資ファンドが3.4％など、計53％の持分がバウチャーと交換され、国家持
分として44％が残された。1995年 6 月までに、ハーバードグループの投資フ
ァンドが 8 ％、IPB系の投資ファンドが 5 ％、VUB系の投資ファンドとKB
自体の子会社の投資ファンドがそれぞれ 3 ％など、投資ファンドの保有が計
33％、個人投資家が 8 ％、外国機関投資家が 9 ％と保有が変化した。さらに
1997年に国家持株は53％に増加させて過半数所有としたほか、外国資本の
Bank of New Yorkが10％を保有して最大の民間所有者となり、続いてCS
系の投資ファンドが 3 ％を保有し、残りは分散保有された。

　CSはバウチャー民営化により、ハーバードグループの投資ファンドが12.9
％、IPB系の投資ファンドが8.8％、KB系の投資ファンドが3.9％など、バウ
チャーで計37％が民営化された。また20％の持分が地方政府に売却され、国
家持分として40％が残された。[23] 1998年 6 月にはEBRDが14％の持分を取得し、

また政府が53％に議決権を増加させて過半数所有とした。

　IPBはバウチャー民営化により、IPB自体の子会社の投資ファンドが17％の持分を獲得し、スロヴァキア投資銀行系の投資ファンドが6.9％、VUB系の投資ファンドが3.5％、チェコ保険会社系の投資ファンドが3％など、計52％の持分がバウチャーと交換され、国家持分として45％が残された。

　このようにチェコの大銀行の所有構造においては、各行の子会社が設立した民営化投資基金を通じて大銀行間に複雑な相互持合いが生じた。また国家持分がKBで44％、CSで40％、IPBで45％と相対的に大きかったことから、大銀行には民営化後も国家の影響力が依然として残されていた。

（2）チェコの銀行民営化（1998－）

　チェコでは移行初期から不良債権比率が高かったが、1990年代半ば頃からは中小銀行の破綻が相次ぐこととなった（松澤, 2005）。チェコにおいては銀行融資による資金調達が比較的容易であり、また旧国有銀行である大銀行は債務者の旧国営企業にたいして寛容であった。銀行部門における金融規律の欠如のため、信用の拡大が続いた一方で、企業再編は遅れ、企業の低い生産性は温存された。また企業間債務と税債務滞納の増大がみられた（OECD, 1998）。また大銀行の民営化投資基金をつうじた企業所有の立場と、債務者としての立場に利益相反がみられていた。大銀行は系列の民営化投資基金が所有している企業にたいして、健全企業には市場利子率より高い金利での融資を強要する一方、損失発生企業への優遇的貸出を行うといったような、市場原理とはかけ離れた行動をみせていた。そしてその結果、優良企業は市場から締め出され、外国資本の銀行・ノンバンクへの依存を深めていった（OECD, 1998）。

　またチェコでは1997年5月には通貨危機が発生した。政府は1997年11月にKB、CS、CSOBの国家持分を売却することを決定した。これですでに売却が決定済みであったIPBと合わせて、4大銀行の残余国家持分は大部分が売却されることとなった。[24]また1998年に銀行の不良債権への引当金に関する基

準が厳格化され、チェコの大銀行はこの新しい基準を満たすために巨額の損失を計上し、経営危機が表面化することとなった（Bonin and Wachtel, 1999：p.16；松澤，2005）。CSとKBについては国が新規発行株式を買い取ることにより資本の増強が図られた。そしてこれ以降の銀行民営化では、民営化方法として外国資本の戦略的投資家への売却が選ばれることとなった。

IPBに関しては、政府は1997年2月に野村證券の英国子会社である野村インターナショナル（Nomura International）に国家持分を売却することで合意し、1998年2月に36％の持分を売却した。しかし野村證券子会社は、自らの立場を戦略的投資家ではなくポートフォリオ投資家であると位置づけ、IPBの経営に積極的な関与をしなかった。その後IPBが経営危機に陥ったことにより、IPBは再国有化された。2000年6月、IPBはCSOBに吸収合併された。

CSOBは1997年末時点で、チェコ政府が40％、チェコ中央銀行が27％、スロヴァキア中央銀行が25％の持分を保有していた。1998年から民営化のプロセスが開始され、入札による売却が行われた。入札にはフランスのBanque Nationale de Paris (BNP)[25]、ドイツのDeutsche BankとHypo-Vereinsbank (HVB)、ベルギーのKBCなどが参加し、最終的に1999年7月にKBCにCSOBの66％の持分が売却された。また世界銀行グループの国際金融公社 (IFC) に4.4％の持分が売却された。またスロヴァキア中央銀行の所有していた持分は、KBCが16.6％、EBRDが7.5％の持分を買い取った。2000年6月には、CSOBは経営危機に陥ったIPBと合併した。CSOBの所有構成は、2002年末時点でKBCが85.4％、EBRDが7.5％、IFCが4.4％の所有となった。[26]

CSについては、増資が行われた後で、政府は公式な入札によらずオーストリアのErste Bankと交渉を開始し、2000年8月にErste Bankに持分の52％（議決権の56％）が売却された。政府はすでにCSに2億米ドルの資本注入を行っていたうえに、CSの貸付の約2分の1についてErsteに5年間の政府保証を与えた（Sherif *et al.*, 2003: p.96）。

KBは、2回にわたる増資と不良債権処理が行われた後で、入札による売

却が行われた。ドイツのHVB、イタリアのUniCredito、フランスのSociété
GénéraleとCrédit Agricoleなどが参加したが、最終的に2001年にSociété
GénéraleにKBの60％の国家持分が売却された。

　以上で述べたように、チェコではいち早く体制移行開始初期に大銀行の民
営化がバウチャー方式で実施され、4大銀行のうち3行が民営化された。こ
のバウチャー民営化後は、大銀行の子会社が設立した民営化投資基金が、親
会社の銀行や競争相手の銀行を含め、多数の大企業の株式を保有するという
複雑な所有構造が生じた。さらに大銀行の所有構造に国家持分が大きく残さ
れており、民営化後も実質的な国家の支配力が依然として強かった。その後
1998年以降は、再国有化後の民営化も含めて、すべて戦略的投資家への売却
によって銀行民営化が行われた。これにより現在ではチェコの4大銀行はす
べて外国資本の所有となっている。

5．中欧3カ国の銀行民営化政策のまとめ

　中欧3カ国の銀行民営化開始前の銀行部門構造は、国有大銀行の寡占状態
であった。この後の時期の銀行部門の所有構成は、国有大銀行がどのような
所有者の手に渡るかを決定する銀行民営化の方法によって大きく左右される
こととなった。

　中欧3カ国の大銀行民営化で用いられた主な民営化方式の種類は、バウチ
ャー方式、公開市場売却方式（IPO方式）、外国戦略投資家への売却方式
（SFFI方式）の3種類であった。また補助的な方法として経営者・従業員へ
の売却方式（MEBO方式）が用いられることもあった。

　表2－8は、中欧3カ国の銀行民営化で採用された民営化方式をまとめた
ものである。採用された方式は、1997年頃を境に大きな変化がみられる（以
下、中欧3カ国の1997年以前の銀行民営化を「第一次銀行民営化」、1998年以後の
銀行民営化を「第二次銀行民営化」と総称する）。

　第一次民営化では、主に用いられた民営化方式は各国で異なっており、ハ
ンガリーはSFFI方式、ポーランドはIPO方式、チェコはバウチャー方式であ

**表 2 － 8　各国の銀行民営化政策：民営化された主な国有銀行と民営化方式
（1992－2001年）**

	ハンガリー	ポーランド	チェコ （～'92年チェコ スロバキア）	参考： 周辺地域における SFFIでの民営化
1992			KB(Vo:53%。国:44%) CS(Vo:36.7%。国:40%) IPB(Vo:52%。国:45%)	
1993		WBK(SFFI:28.5%、 IPO:27.2%、従:14.3 %。国:30%)		
1994	MKB(SFFI:41.7%、 IPO:29.5%。国:27 %)	BSK(SFFI:26%、 IPO:30%、従:10%。 国:44%)		
1995	OTP(IPO:28.4%、 従:5%。国:44%) **BB**(SFFI:60%、 IPO:18%。国:22%)	BPH (IPO、従。国:43%) BG(IPO:56.8%。 従4%。国:30%)※		
1996	**MHB**(SFFI:89%。 従:6%) **MKB**(2)(SFFI)	**BSK**(2)(SFFI)		エストニア: **Hansapank**
1997	**K&H**(SFFI:20%。 国:34%)	PBK(IPO:51.7%、 従:15%。国:33.3%)※ BH(IPO) **WBK**(2)(SFFI)		
1998		**BPH**(2)(SFFI)	**Agrobanka**(SFFI) IPB(2)(SFFI:36%)	
1999		**Bank PeKaO** (SFFI) **BZ**(SFFI。国:4.3%)	CSOB(SFFI:70.3%。 国:19.6%)※	ブルガリア:**Express** ルーマニア:**BDR** クロアチア:**PBZ**
2000		**PBK**(2)(SFFI)	CS(2)(SFFI:52%)	スロバキア: **Slovenska Sporitelna** クロアチア:**Splitska** **Banka, Rijecka Banka** ブルガリア:**Bulbank,** **UBB**
2001			KB(2)(SFFI:60%)	スロバキア:**VUB,** **Banka Slovenska**
残る 国有銀	Postabank & Takarekpenzter	PKO BP BGZ		ブルガリア:DSK, Biochim ルーマニア:BCR, CEC

注：**太字**は、民営化により外資系となった銀行（民営化後に外国資本になった銀行は表に
　　は示していない）。(2)は 2 度目の民営化（残存国家保有株の売却、再国有化後の民営
　　化など）で外国資本となったことを示している。ここで民営化とは、国家所有が50%
　　を下回ること、外資系とは、外国資本の所有が50%以上であることを指す。外国資本
　　には外国金融機関のほか、国際金融機関も含む。
　　民営化方式…Vo：ヴァウチャー、SFFI：戦略的外国金融投資家への売却、IPO：公
　　開市場売却、従：従業員への売却。国：残存国家保有。カッコ内の割合は方式毎の割
　　合。※印は、資料上の制約により推計値を含むことを示す。
出所：吉竹（2001）、*The Banker* 各号、Bonin *et al.*（1998：2005）、Anderson & Kegels
　　（1998）、National Bank of Poland（2001）より筆者作成。

った。また各国とも民営化後も国家の持分が一定規模残されていた。一方、第二次銀行民営化では、民営化方式はポーランド、チェコでもSFFI方式となっている。また国家持分はほとんど残されず、第一次銀行民営化で残された国家持分もこの時期にSFFI方式で売却された。

このように、中欧3カ国の銀行民営化政策で採用された銀行民営化方式は、当初は"多様"であったが、近年ではSFFI方式に"収斂"している。SFFI方式の銀行民営化により寡占状態を形成していた各国の国有大銀行が外国資本に売却されたことが、銀行部門における外資系銀行の勢力拡大に直接的につながったものと思われる。

なぜ「第一次銀行民営化」では中欧3カ国の銀行民営化方式に多様性がみられたのであろうか。田中（2002）は、東欧の企業民営化において、民営化政策の目的と制約条件の多様性により、多様な民営化方法が採用されたことを指摘している。そして民営化の目的として、(a)企業の意思決定を私的所有のもとに置き、市場経済の基礎を構築すること、(b)改革への国民の支持の確保、(c)企業の競争力等の強化、(d)財政収入・外貨収入の確保をあげている。また民営化の制約条件として、(ア)企業に対する関係諸主体の政治権力（政治的条件）、(イ)民営化のための資金不足、資金調達ルートの未整備をあげている。銀行民営化においても同様に、中欧3カ国の置かれたさまざまな状況の違いが、民営化の目的および制約条件として民営化方式に影響したことが考えられる。

第1に、多額の政府債務がある場合、また国有銀行の不良債権処理に多くの費用がかかった場合、より多くの民営化収入を得るために高い価格で国有企業を売却することができるSFFI方式やIPO方式が好まれることとなる（ハンガリー、ポーランド）。

第2に、国内の政治状況において、外国への資産売却に強い懸念が生じる場合、SFFI方式が採用されにくくなる（チェコ）。またポピュリズムの傾向が強い場合には、バウチャー方式が好まれる（チェコ）。

第3に、先行する銀行民営化の過程でさまざまな困難が生じたことから、それに続く民営化方式の変更につながることもあった。困難が生じた例とし

ては、外国戦略的投資家がみつからずSFFI方式が成立しなかった場合（ハンガリーのBB、ポーランドのWBKとBSK）や、国内の資本不足と証券市場の処理能力の限界により、IPO方式の実施に限界がみられた場合（ポーランドのBSKとBPH）などがあげられる。

　このように各国の置かれたさまざまな状況の違いが民営化の目的および制約条件として民営化方式に影響し、また民営化を実行する過程でみられた困難による試行錯誤によって、各国政府の採用する民営化方式の多様化につながったものと考えられる。

　それでは、なぜ「第二次銀行民営化」では中欧3カ国の銀行民営化方式は「収斂」したのであろうか。次節では、なぜ「第二次銀行民営化」では各国政府がSFFI方式の民営化を選択するようになったかについて、国内の状況と国際的な状況の観点、すなわち所有と実績の関係とEU加盟との関係から考察する。また「第一次銀行民営化」では各国がSFFI方式をとった場合でも、外国銀行が進出に躊躇して入札が不調に終わる場合があったことに鑑み、なぜ「第二次銀行民営化」では外国銀行が中欧諸国への進出を積極化させるようになったかについて、外国銀行の戦略から検討する。

第3節　銀行民営化政策の「収斂」の原因

1．民営化方式と所有者、実績の関係
（1）国有銀行の問題とその解決策としての民営化
　まず、民営化される前の移行期の国有銀行が抱えていた問題点について検討する。

　体制移行諸国の銀行に関する研究では、Bonin *et al.* (1998) が、国有銀行は民間銀行よりも効率性が低いことを示している。Clarke *et al.* (2005c) は、国有企業が民間企業よりも業績が低い理由として、次の3点をあげている。1）政治の介入：国有企業は、経営に介入し、政治目的または個人目的に利用しようとする政治家や官僚に従う傾向にある。2）コーポレート・ガ

バナンスの問題：国有企業のモニタリングに関しては、（国民全体の代わりに）政府が唯一の所有者となるが、それ以外に経営への監視を行う主体がいない。また経営が悪化しても、国有企業は破産や敵対的買収にあうことがなく、また経営者は責任をとらされることがない。3）競争と関連する問題：政府は国有企業に独占力を与え、競争制限的政策により保護し、補助金を与え、債務を保証し損失を補填する。このように民間企業に比べて競争に直面しない国有企業は、対等な競争条件では競争相手に対抗できない。このように政府の介入が強く、コーポレート・ガバナンスが弱く、競争に直面しないことが、国有企業が実績で劣る理由となる。

　またクラフチック（2003）は民営化前の国有銀行の問題点として、次のようなものをあげている。1）銀行の自己資本が過少：銀行の創設時に与えられた資本が過少であった。2）地域主義、専門主義：貸出債権が特定地域・部門に偏っている。3）従業員・設備の問題：従業員は資本主義のもとでの銀行の運営には経験不足である、また近代的な銀行運営に必要なインフラを欠いている。4）技術水準の低さ。5）旧モノバンクから継承した不良債権。6）政府の銀行制度改革の不十分さ。

　体制移行諸国の民営化前の国有銀行が抱えていた問題点についてまとめると、次のようになる。中東欧諸国の国有大銀行は、かつて国立銀行（モノバンク）が保有していた商業銀行業務に関する資産を分割・継承して創設されたか、国立銀行の傘下の専門銀行（貯蓄銀行、貿易銀行など）が免許を受けたものである。それらの当初の保有資産は、計画経済のもとで計画当局の指示に従い国有企業向けに割り当てられた貸出であった。体制転換後の大不況で国有企業の経営が悪化するなかで、このような旧体制下の貸出の多くは不良債権化した。政府は倒産法の未整備や失業増大の懸念から経営が悪化した国有企業の閉鎖をためらう傾向にあり、国有銀行は国有企業に対する貸出を継続するように政治的介入を受けた。また国有銀行の経営者・従業員の多くは旧体制下の国立銀行・専門銀行から継続して勤務しており、資本主義体制のもとでの銀行業務を行うにあたっては経験も技術も不足していた。またこれ

らの国有銀行に対して経営を監視するのは政府だけであり、コーポレート・ガバナンスが十分に働いていなかった。このような政治的介入や経営者・従業員の問題、コーポレート・ガバナンスの問題から、体制移行開始後も多くの国有銀行は新たな不良債権を生み出し続けることとなった。銀行の創設当初からの過小資本の問題もあり、当局は銀行危機の懸念から国有大銀行への資本注入や不良債権処理をたびたび行うことを余儀なくされた。さらに国有銀行はこのような救済措置を前提として企業に対する貸出を継続する傾向があった。

　またこの他にも国有銀行にはいくつか問題点があった。国有銀行の設備の多くは旧体制下から継続したものであり、西側先進諸国の銀行のような近代的なインフラを欠いていた。また国立銀行の保有資産を継承した銀行は、貸出債権が特定の地域・部門に偏り、景気の循環などに対するリスクの分散の点で問題があり、また地域独占による銀行競争上の問題を引き起こす可能性があった。

（2）民営化後の所有構成と実績の関係

　民営化の目標の最大のものの一つは、企業を国家所有から民間所有にすることで、より効率的な経営を行うインセンティブを高めることである。しかし移行国の経験は、所有の過半数が民間の手に渡るというだけでは、必ずしも経営が改善するわけではないことを示している。

　以下では基本的な所有者のタイプとして、1）外国投資家、2）国内機関投資家、3）国内個人投資家、4）経営者、5）従業員、6）国家、に分類する。また民営化の実施まで企業に関与していなかった投資家（外国投資家、国内機関投資家、国内個人投資家）を外部所有者、民営化以前から企業に関与していた経営者、従業員、国家を内部所有者とよぶこととする（Dharwadkar *et al.*, 2000）。

　Megginson and Netter（2001）は、中東欧地域の企業民営化の実証研究をサーベイし、他の条件が一定の場合、民営化後の所有構成と企業実績の関

係において次のような特徴がみられることを示した。1）民間所有の方が国家所有よりも企業実績がよく、また所有は集中している方が分散しているよりも企業実績がよい。2）純粋な国内所有よりも外国所有の方が企業実績は改善し、また外部投資家の所有の方が内部の従業員の所有になるよりも企業実績は改善される。3）新しい経営者に代わる方が元からの経営者が続けるよりも企業実績は改善される（Megginson and Netter, 2001: pp.360-361）。

　この研究は、民営化後数年間の企業実績という比較的短期間での評価という限定をつけて考える必要はあるが、中東欧諸国の民営化後の所有構成において、集中・外部・外国という3つの条件に該当するときに企業実績がもっとも改善されることを示唆している。民営化後の所有構成は、民営化方法によって大きく規定される。民営化後の所有構成を集中・外部・外国という3条件に該当させるのにもっとも適している方法が、外国投資家に一定規模の持分を売却するSFFI方式である。

（3）銀行民営化方式と民営化の効果

　それでは、なぜ民営化でSFFI方式をとることにより、あるいは民営化後の所有構成が、集中・外部・外国という3つの条件に当てはまるとき、企業実績がもっとも改善されるのであろうか。次に銀行民営化方式と民営化の効果について検討する。

　EBRD（1998）は、コーポレート・ガバナンスの観点から、所有構成における集中・外部・外国の利点を次のように主張している。1）「集中所有か、分散所有か」については、先進国では一般的には「分散」のほうが望ましいとされているが、体制移行諸国のように株式市場が未成熟な状況には市場を通じた経営者へのガバナンス機能が期待できない。よって中核的投資家が経営者への効果的な監視をもたらすことが期待される所有の「集中」が望ましい。2）「内部所有か、外部所有か」については、「内部所有」では、迅速な民営化が行える一方、「外部所有」では、技術の改善や融資の審査・監督など経営面での改善が行われる。また、さらに3）「国内所有か、外国所有か」

に関連して、戦略的投資家が「外国所有」である場合には、資本注入や海外市場へのアクセスなど、多くの利点がある[27]（EBRD, 1998）。

　またMeyendorff and Snyder（1997）は、中欧 3 カ国およびロシアで民営化されたいくつかの銀行のケーススタディーから民営化方法とその効果についてまとめている（表 2 － 9）。それによれば、「SFFI方式」での銀行民営化は、新規の資本と専門技術の獲得、独立したコーポレート・ガバナンスの導入（所有権の集中）などのメリットがあるとしている。一方、「バウチャー」方式と「IPO方式」では、専門技術やコーポレート・ガバナンスの導入の面で不利な点があるとみている。

　さらにSFFI方式で民営化を行ったハンガリーは、1990年代末までには中欧諸国のなかでもっとも健全な金融システムを構築したと評価されるようになった（OECD, 1999）。一方で、バウチャー方式で銀行民営化を行っていたチェコは通貨・銀行危機が発生し、また民営化に起因するコーポレート・ガバナンスの問題が指摘されていた[28]。またIPO方式のポーランドにおいても金融システムに不安定性が残っていた[29]。

表 2 － 9　銀行民営化方式とその効果

民営化方式	代表的な国	潜在的な経済的利点	潜在的な経済的不利
「バウチャー」方式	チェコ	迅速な民営化の実施 政治的に好都合	新規の資本調達なし 新規の専門技術なし 所有権の分散
「市場での売却」方式 （IPO方式）	ポーランド	新規の資本調達	新規の専門技術なし 所有権の分散 民営化実施の遅れ
「戦略的投資家への売却」方式（SFFI方式）	ハンガリー ポーランド	新規の資本調達 新規の専門技術 新規の企業統治	民営化実施の遅れ
経営者主導方式	ロシア	迅速な民営化の実施 政治的に好都合	新規の専門技術なし 所有権の分散

出所：Meyendorff and Snyder（1997）。

上述した国有銀行の問題の多くに、EBRD（1998）やMeyendorff and Snyder（1997）の主張する「SFFI方式」での銀行民営化による効果が対応している。外国の戦略的投資家の所有となることは、移行期の銀行部門の抱える問題の解決にとって、きわめて重要なものと考えられる。銀行へのコーポレート・ガバナンスは、親銀行である外国銀行がその役割を果たすことになる[30]。株式市場が未成熟で先進諸国のような市場を通じた経営者へのガバナンス機能が期待できないなかで、銀行業に精通している西側先進諸国の銀行が中核的投資家となることは体制移行諸国の取りうる選択肢のなかではもっとも望ましいものといえる。外国資本による新規資本の導入により、銀行の過小資本が解決される。また外国資本の主導で専門技術の導入やインフラの整備を行い、本国などで経験を積んだ経営陣・従業員が送り込まれ、従来の従業員への技術指導・訓練が進められることも期待できる。

　また不良債権の問題、政府の介入の問題に関連して、SFFI方式の実行にあたっては、政府が買収へのインセンティブを高めるために売却予定の銀行の不良債権を処理し、また経営介入の懸念を払拭するために国家持分をほとんど売却してしまうなどの支援を行うことが1998年以降の中東欧諸国では一般的となっており、これらも問題の解決に貢献している。

　このように第二次銀行民営化では、SFFI方式により外国資本が戦略的投資家として銀行経営に関わることにより、旧国有銀行の抱える問題を一掃し、経営状態の改善と安定化が期待できることが認識されるようになったこと、またSFFI方式以外で行われた銀行民営化で旧国有銀行の問題の解決に失敗したことが、銀行民営化政策がSFFI方式に収斂する一つの理由であった[31]。また第二次銀行民営化のSFFI方式の実行にあたっては、政府は国家持分をほとんど残さず売却し、旧国有銀行の経営改善は親銀行としての外国銀行にまかせられることとなった。

2．EU加盟との関係

　中東欧諸国の銀行部門が対外開放へと変化するにあたって、EU加盟が大

きな影響を与えたといわれる。EUへの加盟は「ヨーロッパへの回帰」とし
て、かつて社会主義であった中東欧諸国の悲願となり、EUの東方拡大にお
ける加盟の第一陣を目指して中東欧諸国の政府間で競争が繰り広げられた。
ここではEU加盟までの過程が中東欧諸国の国内政策にどのように影響し、
また外国の金融機関からみたこの地域の魅力にどのような影響を与えたのか
を検討するとともに、それらとSFFI方式の銀行民営化との関連を検討する。

　EU加盟に向けての最初の段階として、ハンガリー、ポーランド、チェコス
ロヴァキア（当時）の 3 カ国は1991年にEUとの欧州協定（Europe Agreement）
に署名した[32]（表 2 −10）。この欧州協定では、EUへの「段階的統合」が謳わ
れていた（長部, 2001）。ハンガリーとポーランドは1994年に、チェコは1995
年にこの協定を批准した。この欧州協定の批准によって、各国の銀行部門は

表 2 −10　中欧 3 カ国のEU加盟までの経緯の概要

「欧州協定」署名（1991年）	EU加盟への準加盟。 「段階的統合」。
「コペンハーゲン基準」（1993年）	中東欧諸国のEUへの受入を表明。 中東欧諸国の加盟条件の提示。
「欧州協定」批准 　・ハンガリー、ポーランド：1994年 　・チェコ：1995年	
EU加盟申請 　・ハンガリー、ポーランド：1994年 　・チェコ：1996年	
「アジェンダ2000」（1997年）	EU加盟交渉開始の第一陣の決定。 ハンガリー・ポーランド・チェコの 3 カ国とも第一陣として加盟交渉開始へ。
EU加盟交渉（1998−2002年）	EUの法制度の導入。 10カ国のEU加盟の決定。
EU正式加盟（2004年 5 月）	

出所：Buch（2002）、田中（1999）、嶋田（2001）、Cremona（2003）、岩崎・菅沼（2007）
　　　より筆者作成。

将来的にEUの第二次銀行指令を受け入れることとなり、5年間のモラトリアム期間のあとEU域内の外国銀行の参入制限を撤廃し、外国銀行の支店設立に対する制限が廃止され、国内市場を外国資本へ全面的に開放することとなった（Buch, 2002）。このため各国政府は将来の外国銀行との競争に伍するために、国内銀行の競争力を強化する必要に迫られ、金融機関の再編が進められた（クラフチック, 2003）。競争力強化の主な方法は、合併による規模の拡大と外国銀行の受け入れである。ポーランドなどでは合併により大銀行を形成し、国内の「旗艦（flagship）」として国内銀行を残す構想が出された。またチェコとポーランドでは、中小銀行の整理統合が進められるとともにそれらの外国銀行による買収が進められた。

　1993年のコペンハーゲンでのEU首脳会議では、EUへの中東欧諸国の受け入れが初めて表明された（長部, 2001）。また中東欧諸国の加盟のための条件（コペンハーゲン基準）として3つの条件、政治基準、経済基準、EU法体系（アキ・コミュノテール *Acquis communautire*）の採用が定められた。経済基準では、「機能する市場経済」をもち、EU内部での競争圧力や市場諸力に対応する能力を有することと定められていた。銀行部門は、ハードな予算制約の付与、より効率的な資金配分、コーポレート・ガバナンスの強化など、企業部門を再編し、機能する市場経済を創出するための重要な要素（ECE/UN, 1998）と考えられ、移行諸国の銀行部門がこのような役割を果たすためには、旧社会主義下および移行当初に国有銀行が持っていた銀行行動を、資本主義の下での銀行の銀行行動へと急速に変化させる必要がある。家本（2004）は、加盟候補国は欧州協定の締結国として、EUの正式な加盟国としての法律上・条約上の地位が最終的に確定していない状況下で、「任意の国内調整作業（voluntary harmonization）」を進め、自己努力に基づいてコペンハーゲン基準を実現するという、間接的ではあるが実際にはきわめて拘束力の強い加盟準備を進めていくことを強いられたと指摘している（家本, 2004: p.41）。

　欧州協定の批准後、中東欧諸国では、EU加盟交渉開始の第一陣を目指した競争が繰り広げられた。そのなかで、政府はEUから欧州協定における取

り決めや加盟条件の達成度が評価されることを意識して、EUの基準に適合するための法改正の準備など、国内改革が積極的に進められた。銀行部門に関するものでは、ハンガリー、ポーランドでは1997年に新しい銀行法が制定され、またチェコでも1998年に銀行法が大きく改正されている。そして1997年7月に発表された欧州委員会の報告書『アジェンダ2000』では、加盟申請国のコペンハーゲン基準の達成状況を評価し、第一陣としてチェコ、エストニア、ハンガリー、ポーランド、スロヴェニア、キプロスの6カ国との加盟交渉の開始が勧告され、それが1997年12月のルクセンブルク欧州理事会で正式に決定された（田中, 1999; Cremona, 2003; 吉井, 2005）。

　1998年3月からは、中欧3カ国を含む6カ国との正式なEU加盟交渉が開始された。このEU加盟交渉のプロセスにおいて、欧州委員会が毎年、各加盟候補国のコペンハーゲン基準の達成状況を評価する「加盟への進捗に関する定期報告書」が作成された。この定期報告書では、経済基準に関する進捗度が評価されるとともに、国内法へのEUの法制度導入の進捗状況が分野ごとに点検された。中東欧諸国のEU加盟にあたっては、この欧州委員会によるコペンハーゲン基準の達成状況の評価で及第点を得ていることが必要とされた。この定期報告書の経済基準に関する評価のなかで、各国の銀行部門における国有大銀行の存在と銀行民営化の進展の遅れは、問題点としてたびたび指摘された。これにより指摘された候補国の政府は、EU加盟を目指すうえで銀行民営化の進展を意識せざるをえなかった。

　一方でEUの側では、1999年12月のヘルシンキ欧州理事会の時点では、拡大の時期や受入国数など、EU東方拡大の実現に向けた基本的な事項についてさえ、EU内部での合意は存在していなかった。2001年12月のラーケン欧州理事会では、"2002年末までに10カ国の加盟交渉が終了し、2004年に一斉加盟する"という可能性が議長総括で表明された。2002年6月のセルビア欧州理事会では最大10カ国の同時加盟を2002年末の欧州理事会で正式に決定するという方針が再確認され、2002年12月のコペンハーゲン欧州理事会において中東欧諸国8カ国を含む10カ国のEU加盟が正式に決定された（東野, 2004;

岩﨑・菅沼, 2007)。

　このように、1997年の『アジェンダ2000』における加盟交渉開始の第一陣の決定まで、また2002年の正式加盟の決定までは、それぞれ欧州協定への対応とEUへの加盟条件（コペンハーゲン基準）の達成が中東欧諸国の国内政策に強い影響力を持ち、またそれが各国のこの時期の改革の推進力となったといえよう。また銀行民営化もコペンハーゲン基準の経済条件のなかに組み込まれていた。

　中東欧諸国の政府は、EUへの早期加盟の実現を懸命に目指すなかで、銀行部門において、外国への市場の開放、国有銀行の民営化、そして制度のEU基準への適応を喫緊の課題として迫られることとなった。銀行民営化への圧力を受けるなかで、そして先にみたように国内銀行の競争力を強化し、さまざまな問題を抱えた国有銀行に由来する大銀行の経営状態を改善し、また銀行部門全体を外国銀行との競争の下でも安定的なものとするという大きな課題を、EU加盟交渉というタイムテーブルに合わせて急速に解決するために、各国政府は民営化後に外国銀行が親銀行として大きな役割を果たすことが期待されるSFFI方式での銀行民営化を選好するようになったものと思われる。

３．外国銀行の進出状況と外国銀行の戦略

　第一次民営化の時期には、外国銀行が戦略的投資家としての銀行民営化への参加に消極的なケースがしばしばみられた。なぜ第二次民営化の時期には、外国銀行は積極的に中東欧諸国に進出しているのであろうか。以下では、外国銀行の競争戦略における中東欧地域の位置づけを検討する。

（１）外国銀行が国有銀行を買収する意義

　鶴見（1988）は、銀行の海外進出と現地受入国での業務展開について、１）駐在員事務所の開設による情報収集、２）支店開設、本国国内顧客への貸し出し、３）現地大企業・公企業との取引、預金取引の開始、４）現地企業・個

人とのリテール取引への参入、の順に発展していくという「段階推転モデル」
を提起している。

　中東欧諸国の移行初期における外国銀行の参入状況は、合弁などの比較的
小規模な形での参入が主であり、またその活動は、外国直接投資（FDI）に
伴う本国の顧客へのサービス提供などのニッチ・マーケットに限られていた。
これは各国のマクロ経済や政治の不安定性や対外債務問題などのため、外国
銀行はこの地域においてリスクを増やすことを好まなかったことによる
（Matousek and Taci, 2000）。この移行初期の状況では、多くの外国銀行は、
銀行部門における国有大銀行の強い寡占構造のもとで、「段階推転モデル」
でいうところの 1 ）から 3 ）の段階にとどまっていた。

　鶴見（1988）は、現地リテール取引において十分な情報を持たない外国銀
行が高いリスクをのりこえる審査力をもつためには、資本・人事・経営方針
などを現地化する必要があり、すでに全国的な支店網を持つ大銀行が確固た
る基盤を築いている市場では、世界的大銀行でも当初から現地リテール取引
の段階で参入することは困難と指摘している。そして、その例外となるのが、
外国銀行が既存の国内銀行を買収する形で新規参入する場合である。

　外国銀行にとって国有銀行を買収して子会社化することは、支店網構築の
時間とコストは節約できるが、その国有銀行は先にみたように社会主義期か
ら継承した多くの問題を抱えており、経営改革のためのコストは高く、その
分リスクも大きいと思われる。

　それではなぜ外国銀行はこのような大きなリスクを払って、中東欧諸国の
市場にリテール網を構築しようとしているのであろうか。次に、2000年現在
の中東欧地域における外国銀行の進出状況から、銀行の競争戦略における中
東欧地域の位置づけを検討してみる。

（2）中東欧諸国への外国銀行の進出状況と欧州銀行の競争戦略

　2000年 7 月時点での中東欧地域における資産シェア上位15行の外国銀行に
は、次のような特徴がみられる[33]（表 2 −11）。

表2－11　中東欧地域での外国資本のプレゼンスと主な取得銀行（2000年7月時点）

順位	銀行名（国籍）	世界順位	欧州順位	シェア（％）	主な取得銀行
1	Hypo-Vereinsbank(HVB)(DE) + Bank Austria Creditanstalt(AT)	7	3	11.2	BPH、PBK(ポ)
2	KBC (BE)	60	37	9.3	ČSOB(CZ)、KreditBank(PL)、K&H(HU)
3	UniCredit(IT)	51	32	8.9	Pekao(PL)
4	Citibank(US)	2	—	7.6	BH(PL)
5	Erste bank(AT)	102	57	6.5	ČS(CZ)、SLSP(SK)
6	ING(NE)	25	14	5.1	BSK(PL)
7	Commerzbank(DE)	20	12	4.7	BRE(PL)
8	Raiffeisen Zentralbank(AT)	180	79	4.1	
9	ABN Amro(NE)	13	7	3.6	MHB(HU)
10	IntesaBCI(IT)	30	19	3.5	CIB(HU)
11	Allied Irish Bank(IR)	92	53	3.0	WBK、BZ(PL)
12	Bayerische Landesbank(DE)	34	20	2.3	MKB(HU)
13	GE Capital(US)	—	—	2.3	BB(HU)、Agrobanka(CZ)
14	Societe Generale (FR)＊	22	13	2.1	
15	BNP-Dresdner (FR・DE)＊＊	＊＊	＊＊	1.9	

注：シェア…中東欧地域での資産シェア。世界順位・欧州順位…2000年末時点での資産順
位。PL…ポーランド、HU…ハンガリー、CZ…チェコ、SK…スロヴァキア、DE…
ドイツ、AT…オーストリア、BE…ベルギー、IT…イタリア、US…米国、NE…オラ
ンダ、IR…アイルランド、FR…フランス。
＊Societe Generaleは2001年にチェコのKBを獲得している。
＊＊BNP-Dresdnerは2000年末までに提携解消しており、提携解消前の順位は不明。
提携解消後の順位は、BNP-Paribasは欧州5位。Dresdnerは欧州11位。
出所：*The Banker*, April.2001; July.2001などより作成。

　1）外国銀行の本国は、地域別では米国の銀行が2行入っているのみで、
残り13行はすべてEU域内を本国とする銀行が占めている。
　2）EU域内から進出している銀行の本国は、ドイツ（3行）、フランス
（1行）イタリア（2行）といったEU内の大国だけではなく、オーストリア

（3 行）、オランダ（2 行）、ベルギー（1 行）、アイルランド（1 行）といった
EU 内の中小国からも進出している。

　3）外国銀行の規模は、資産における世界での順位でみると、ベスト 10 に
入る銀行は、Citibank（世界 2 位）、Hypo-Vereinsbank（世界 7 位）の 2 行
のみである。また欧州の銀行については欧州内の順位でみても、欧州でベス
ト 10 に入る銀行は 2 行のみであり、残りは、11 － 20 位が 5 行、31 － 40 位が 2
行、50 位以下が 3 行となっている。すなわち、中東欧地域に進出している銀
行は、必ずしも世界的な大銀行、欧州内の大銀行ではなく、欧州では中規模
から小規模の銀行も中東欧地域における資産シェアでは比較的上位に進出し
ている。たとえば、KBC（欧州 37 位）、UniCredit（同 32 位）、Erste bank（同 57
位）、Raiffeisen Zentralbank（同 79 位）、Allied Irish Bank（同 53 位）などで
ある。

　このように、中東欧地域に進出している外国銀行の多くは EU 内の銀行と
なっている。また EU 内でも小国の銀行、中規模の銀行が多く進出している。
欧州銀行の中東欧地域へのこのような進出パターンは、欧州の銀行市場にお
けるどのような状況を背景としているのであろうか。次に、欧州域内の銀行
市場の状況を確認し、そこから欧州銀行の競争戦略からみた中東欧地域の位
置づけについて検討する。

　まず、欧州域内の金融機関の国内再編と国際再編の動向を確認する。欧州
域内の各国の国内再編をみると、Walter（2004）のデータによれば、国内の
銀行の合併・買収は 1980 年代末から 1990 年代初期にかけて増加し、再び 1990
年代後半になって急増した。1998、1999 年には国内での銀行の合併・買収は
欧州全体で年間 30 件を超えるまでになっている。国別では国際的な金融セン
ターとなっている英国（41 件）のほか、イタリア（32 件）、フランス（26 件）
で多く、それにドイツが続いている。近年はベルギーなどの小国や、スペイ
ン、ポルトガル、ギリシャなどの周辺国でも合併・買収は多くみられている。
岩田（1996）によれば、この国内の再編のなかには各国内でトップ・クラス
の金融機関も含まれており、再編の結果、大手行は各国 2 ～ 3 行程度に集約

され、スウェーデン、オランダ、フィンランド、ポルトガル、デンマーク、ギリシャといった小国では、上位5行の資産規模が軒並み全体の7割を超えるまでになっているという。

　欧州域内での国際的な再編も進められている。Walter（2004）のデータによれば、国際的な銀行の合併・買収は、特に1998年以降に活発化している。国別の進出数では、大国のドイツ、フランスが多いほか、小国のオランダの件数が際立って多い。国別の受入数では、英国、フランスが多く、オランダとベルギーがそれに続いている。進出国と受入国の関係をみると、ドイツとフランス、オランダとベルギー、北欧諸国内など、特に近隣諸国間での再編が目立つ（Walter, 2004）。

　岩田（1996）はEU東方拡大以前の時期のEU統一市場の形成によるEU域内金融業（リテール銀行業）の再編と競争の状況について、次のようにまとめている。1）大規模銀行は、国境・業態を越えた買収路線を通じた「欧州総合金融機関」の形成へと向かっている。2）中規模銀行は、国境を越えた提携関係の構築へと向かっている。3）中小国・周辺国では国内合併により競争への対応を行っている。また規模の拡大により1）・2）へと移行する場合もある。

　このように欧州の銀行部門においては、EU統一市場の形成により、欧州全域および特定地域内で金融機関の再編が進められている。EUの中核国では国内再編・統合が進むとともに、周辺国への進出がみられている。EU内の中小国・周辺国でも、欧州域内での競争の激化と国境を越えた買収に備えて、国内の再編・統合が進んでいる。欧州のリテール銀行の戦略としては、EU域内の大銀行は国際的な再編によって域内全体での支店網構築へと向かい、EU域内の中小銀行は国内を中心とした再編によって特定地域に特化した支店網の整備を行っている。しかし相対的に規模の小さいEU域内の中小銀行は、つねに国境を越えた買収の標的となる可能性がある[34]。

　このような状況のなかで、中東欧諸国の市場は、EU内の中小国の銀行が優位性を持って進出可能な数少ないフロンティアであり、規模の拡大のチャ

ンスといえる。EUの中核国、中小国ともに、本国国内市場は飽和しており、今後の成長の見込みも低い。それに比べて中東欧諸国の市場は西側諸国に比べると未開拓であり、今後も高い成長が見込める有望な市場である。さらに中東欧諸国の銀行民営化で売りに出される銀行は、その国においては大銀行であっても資産および資本の規模では西側諸国の銀行に比べて小さく、EU域内で中小規模の銀行でも手の届く範囲の比較的安価な買収金額で現地市場での大きなシェアの獲得が期待できる。また中東欧各国のEU加盟が確実になり、また法制度の調和が進んでいくなかで、外国銀行からみたこの中東欧地域のリスクは確実に低下し、魅力も増していった。このように、EU東方拡大に伴い新たに加盟する中東欧諸国の市場は、特にEU内の比較的小国の銀行にとって、大きな魅力を備えているといえよう。

　そのようなことから、EU域内のいくつかの中小銀行は、自らの生き残りのために、EU域内でのフロンティアである中東欧諸国を準国内市場と位置づけて大銀行以上の積極性をもって進出し、またこの地域で集中的に支店網の整備を行うために、SFFI方式の銀行民営化への応札により国有銀行の既存支店網の買取りに踏み切ったものと思われる。

　またSFFI方式での売却先を最終的に決定する受入国政府の側においても、銀行部門が大国の銀行による一国支配の状況になることに恐れがあり（クラフチック，2003: p.321）、SFFI方式の入札の過程で比較的小国を本国とする銀行への売却を選好する場合もみられた。

　このようにEU内での競争とEU拡大をにらんだ銀行の戦略によって、外国資本のこの地域に向ける目も変わり、とりわけEU域内の小国を本国とする、EU域内で中小規模の銀行が中東欧諸国のSFFI方式での銀行民営化に積極的に参加するようになった。このため受入国の側も以前にみられたような戦略的投資家を探す際の困難もなくなり、また入札において高価格で国有銀行を売却することができるようになったことから、SFFI方式の選択が魅力を増すこととなったものと思われる。

第4節　小括

　ハンガリー・ポーランド・チェコの3カ国は、体制移行の当初は異なる銀行民営化政策をとり、銀行部門構造も多様であったが、近年は各国の銀行民営化方式が外国金融投資家への売却方式に収斂したことによって、銀行部門は外国資本が大部分を占めるという共通の特徴がみられるようになった。

　中東欧地域の移行諸国の銀行部門において発生しているこのような事態は、グローバル化と地域統合が進行するなかで、移行諸国の銀行部門がEU市場という国際的金融市場の一部として統合される過程においてみられたものである。各国政府はEU加盟を目指すなかで、銀行民営化への圧力を受け、また社会主義期の遺産を残していた銀行部門を急速にEUの基準へと適応させるために、国有銀行を外国銀行へ売却することによってその解決を図ることに傾き、また外国銀行の側もグローバル化と地域統合のなかで、特にEU拡大をにらんだ経営戦略によってこの地域への進出を活発化させ、その動きを補完することとなった。

注
1）他の要因として、新規設立で参入した外資系銀行が積極的な貸出やM&Aにより急速に資産を拡大させて銀行部門におけるシェアを伸ばしていることがあげられるが、本稿では銀行民営化にのみ焦点を当てている。
2）ただし旧ユーゴスラヴィアでは状況が異なる。第3章を参照。
3）中東欧諸国の初期の銀行民営化政策を比較した研究には、前述のAnderson and Kegels（1998）、Bonin *et al.*（1998）、Helmenstein ed.（1997）、Blejer and Škreb（1999）などがある。中東欧諸国の近年の民営化政策を比較した研究には、Bonin *et al.*（2005b）、Barisitz（2008）などがある。また中東欧諸国の銀行民営化政策について、個別の国に焦点を当てた研究は数多く存在する。邦文文献では、渡辺（1998）、バコシ（2004）、田中（2005）（以上、ハンガリー）、池本（1995）、池田（1999）、赤川（2004）、（以上、チェコスロヴァキアまたはチェコ）、クラフチック（1999）、クラフチック（2003）（以上、ポーランド）、小山（2004）（スロヴェニア）などがある。また本稿執筆時点以降に発表され

た中東欧地域全体の銀行民営化に焦点が当てられた研究には、Bonin *et al.* (2005a)、Bonin *et al.* (2005b)、Barisitz (2008)、杉浦 (2008) などがある。また中東欧諸国における外国銀行の活動に焦点を当てた研究には、邦文文献では、山口 (2010)、土田 (2007)、橋本 (2006) などがある。

4 ）3 カ国の民営化およびその後の状況に関する以下の記述は、次の文献・資料を参考にしている。池本 (1995)、渡辺 (1998)、池田 (1999)、クラフチック (1999)、赤川 (2004)、松澤 (2005)、Bonin and Leven (1996)、Abarbanell and Bonin (1997)、Helmenstein (1997)、Meyendorff and Snyder (1997)、Anderson and Kegels (1998)、Bonin *et al.* (1998)、Bonin and Wachtel (1999)、Dedek (2000)、Matoušek and Taci (2000)、National Bank of Poland (2001)、Neale and Bozsik (2001)、Sherif *et al.* (2003)、*The Banker*各号、*Reuters*電子版、岡山大学・田口雅弘研究室ホームページ〈http://www.polinfojp.com/wadai/paiz10.htm〉（アクセス：2011年 1 月 4 日）。

5 ）渡辺 (1998) によれば、ハンガリーの1992年銀行法では、25％を超える銀行株式の国家所有は 2 年を限度に例外的に許されるものとされていた。渡辺はこのような規定には、計画経済に市場原理を取り入れようと実験を重ねてきたハンガリーの経験が反映されており、国有という所有形態を最小限に抑える意図があるという（253-254頁）。

6 ）2014年 9 月、BLはMKBの100％の持分をハンガリー政府に売却した（Raiffeisen Research, 2015）。

7 ）2014年12月、GE CapitalはBBをハンガリー政府に売却する契約を交わした（*ibid.*）。

8 ）政府の投票優先株（黄金株）は、2007年 4 月に廃止され、普通株10株に転換されている。

9 ）KBCは2009年にK&Hの持分の一部を市場で売却する計画を発表している。

10）Abarbanell and Bonin (1997) は、9 つの国有商業銀行が地域分割で設立された理由について、地域の企業を保護する政治的圧力と当時の通信手段の未発達（銀行は郵便で決済を行っていた）を指摘している。

11）WBKは2001年に同じAIBが獲得したBZと合併し、BZ-WBK（バンク・ザホドニ・WBK）となった

12）資料上の制約により、この内訳の一部には筆者による推測値を含む。

13）BPHは後にHVBがオーストリアの銀行Bank Austria- Creditanstalt (BA-CA) を買収したことにより、BA-CAの子会社となっていたPBKと2000年に合

併した。

14）資料上の制約により、この内訳の一部には筆者による推測値を含む。

15）後にBIGと合併し、BIG Bank Gdanskとなった。

16）資料上の制約により、この内訳の一部には筆者による推測値を含む。

17）PBKは後にBA-CAのHVBによる買収に伴い、HVBの子会社となっていたBPHと2000年に合併した。

18）BHは後にCitibankのポーランド子会社と合併している。

19）BZは2001年に同じAIBが獲得していたWBKと合併し、BZ-WBKとなった。

20）PKO BPの所有は、2009年末時点で、国家が40.99％、国有銀行であるBank Gospodarstwa Krajowego（BGK）が10.25％、その他48.76％となっている（PKO BPホームページ：http://www.pkobp.pl/index.php/id=rel_akca/section=ri〈2011年1月31日アクセス〉）。またBGZの所有は、2008年末時点でRabobankが59.35％、国家が37.29％、その他3.36％となっている（BGZホームページ：http://www.bgz.pl/en/about/history.html#tabs=0〈2011年1月31日アクセス〉）。

21）Živnostenská bankaは1992年に民営化され、ドイツのBHF-BANKが40％の持分を獲得し、IFCが12％を獲得、残り48％は個人投資家と国内の投資基金の所有となった。1998年にドイツのBankgesellschaft Berlin（BGB）がBHF-BANKを買収して、Živnostenská bankaはその傘下となった。BGBはさらに2000年にŽivnostenská bankaの持分を85.16％まで増やして子会社化した。2002年にイタリアのUniCreditoがBGBを買収し、Živnostenská bankaはその傘下となった。2005年のUniCreditoによるHVBの買収に伴い、Živnostenská bankaは2007年11月にHVB Bank Czech Republicと合併して、新たにUniCredit Bank Czech Republicが創設された。

22）IPBは、IBと、郵便貯金部門からできた郵便銀行（Postovni Banka）の合併により創設された。

23）CSの国家所有40％には、地方政府保有の20％の持分は含んでいない。

24）4大銀行のほかでは1998年7月にAgrobanka（農業銀行）がアメリカのGE Capitalに売却されている。Agrobankaは元々民間銀行であったが、経営の悪化により2年間、国家の管理下に置かれていた。

25）BNPは1999年3月に、フランス国内のSociété GénéraleおよびParibasの買収計画の関係からCSOBの入札からは手を引いた。

26）KBCは2007年6月に少数株を買い取り、CSOBの単独所有者となっている。

一方、金融危機を受けて、KBCは2009年にCSOBの持分の40％を市場で売却
する計画を発表している。

27）一方でEBRDは政府が戦略的投資家を選定するうえで不正が行われる危険
　　性を指摘している（EBRD, 1998）

28）チェコのバウチャー方式の民営化の問題については、池本（1995）、池田
　　（1999）、赤川（2004）を参照のこと。

29）一例として不良債権の比率をあげると、2000年末時点でハンガリーが3.0％、
　　ポーランドが15.5％、チェコは29.3％となっている。

30）Weill（2003）は、受入国の国有銀行民営化における外国資本への売却の動
　　機として、1）売却価格、2）銀行へのコーポレート・ガバナンス、3）銀行運
　　営の専門技術の導入をあげている（Weill, 2003：p.574）。

31）ただしスティグリッツ（2002）は、近年の中東欧諸国と同様に外国所有の銀
　　行に支配されたアルゼンチンにおいて、外資系銀行が多国籍企業や国内大手企
　　業に対して融資を行うものの、中小銀行への融資は不足し、そのことが経済成
　　長を阻害するという融資格差の問題を指摘している。また吉竹（2001）もハン
　　ガリーにおいて同様の問題が発生していたことを指摘している。

32）チェコはスロヴァキアとの分離後、改めて単独で欧州協定に署名した。

33）BNP-Dresdnerは提携解消後の両行の市場シェアが不明なため、ここでは除
　　外する。

34）近年は世界的な大規模銀行すら買収の標的とされている。例えばドイツの
　　HVB（世界 7 位）は2005年にUniCreditに、またオランダのABN Amro（世界
　　12位）が2007年に英国の銀行など 3 行に買収された。

第3章

スロヴェニアの銀行部門における民営化と国内資本の維持

　前章でみたように、ハンガリー・ポーランド・チェコの3カ国の銀行部門では、各国の国有銀行の民営化において外国金融投資家への売却方式が採用されたことにより、外資系銀行が銀行部門の大部分を占めるという共通の特徴がみられるようになった。他の中東欧諸国でも国有銀行は軒並み外国金融資本に売却され、中東欧地域は世界でも銀行部門における外資系銀行の支配がもっとも強い地域となっている。一方でスロヴェニアは例外的であり、外資系銀行の資産シェアが30％ほどと、中東欧諸国のなかで比べると一国のみ低い割合となっている。なぜ中東欧諸国のなかでスロヴェニアのみが外資系銀行のシェアが低いのであろうか。本章ではスロヴェニアの国有銀行の民営化の過程に焦点を当て、外資系銀行のシェアが低い原因を明らかにするとともに、さらにスロヴェニアの民営化過程に影響を与えた要因について検討する。

　近年の発展途上国における外国銀行参入の増大に伴い、外国銀行参入に関する先行研究は数多く存在している。しかし先行研究の多くは、外国銀行はなぜ海外市場に参入するのか、参入が受入国に及ぼす影響はどのようなものかを焦点とする一方で、受入国の視点が欠如しているという問題がある。Bandelj（2010）は、中東欧諸国への外国直接投資の流入に関する先行研究について、「…外国直接投資の意思決定は、単に投資家のリスクとリターンの考慮によって導かれるという仮定に依存している…（中略）…受入国の役割は大部分が無視されているか、単なる投資家のインセンティブを構成するひとつの効力として問題にされる」（Bandelj, 2010: p.485）と指摘している。外国銀行の参入に関する研究の多くもそれと同様に、受入国の視点はまったく欠如しているか、あるいは受入国の制度などを外国銀行の意思決定の一要因として導入するにとどまる。[1] 橋本（2006）も外国銀行進出に関する先行研究が外国銀行の視点に立ったものに偏り、進出先地域の初期条件や産業構造の違いが外資系銀行の効果や役割に地域差を生じさせていることに対する配慮が看過されてきたと指摘し、中東欧諸国に関しては、体制移行開始以前のモノバンク制に起因する地場銀行の非効率性に起因する競争上の優位性とこれら諸国のEU加盟による市場統合から、外資系銀行が銀行部門の主要なプ

レーヤーとなったことを主張している。

　しかし橋本（2006）の視点でも、体制移行開始直後にモノバンク制に起因して銀行部門が国有銀行の寡占状態にあったという初期条件や、銀行民営化政策や銀行部門の対外開放政策といった外国銀行の参入に直接関係する受入国の政策についてなど、中東欧諸国における特殊な条件についての言及は不十分といえる。

　中東欧諸国の銀行部門における外国銀行のシェアを考えるうえで、まず社会主義期のモノバンク制から、体制移行の初期時点においては国有銀行を中心とする銀行部門が形成されたことが重要である。前章でみたように、中東欧地域の外資系銀行のシェアが大きく変化したのは、国有銀行の寡占状態であった銀行部門において大銀行が次々と外国資本への売却方式により民営化されたことにあった。

　Weill（2003）が、外国銀行の参入は受入国当局の意思と外国銀行の願望の二重の要素からなると指摘しているように（Weill, 2003: p.574）、中東欧諸国では銀行民営化政策や銀行部門の対外開放政策といった、受入国当局の意思を反映した政策が外国銀行の参入に直接関係している。特に銀行民営化政策が重要である。杉浦（2008）が指摘するように、中東欧諸国における旧国有銀行は、すでに大規模な支店網を有する「優良資産」である場合が多く、銀行民営化における買収でこの支店網を入手することにより当該国において一定の市場支配が可能となる（杉浦, 2008: p.114）。このように、中東欧諸国におけるモノバンク制からは国有銀行を中心とする銀行部門が形成され、その国有銀行の民営化で外国銀行が国有銀行を買収して急速にシェアを拡大している。

　他の中東欧諸国では、民営化の方法として外国戦略投資家への売却（SFFI方式）を選択したために、国有大銀行の民営化の進展に伴い外資系銀行の割合が急速に高まったのに対し、スロヴェニアでは二大銀行の民営化のうち、国内最大の銀行は３分の１がSFFI方式により売却されたにとどまる。もう一方の国内第２位の銀行はSFFI方式で過半数が売却される予定であったの

が民営化過程の途中で中止となり、公開市場売却方式（IPO方式）で国内市場を中心に売却された。なお両行ともに民営化後も、最大株主は国家であった。

　なぜ中東欧諸国のなかでスロヴェニアのみが外資系銀行のシェアが低いのであろうか。またスロヴェニアの二大銀行の民営化では、なぜ両行が外国資本の傘下にならなかったのであろうか。

　スロヴェニアの外資系銀行のシェアの低さを考えるにあたり、ここではスロヴェニアの銀行部門の初期条件と、そのほか旧国有銀行の問題、EU加盟、外国銀行の経営戦略、政治経済的な要因の 4 つの観点から考える。

　まず旧ユーゴ諸国と他の中東欧諸国には銀行部門の初期条件のちがいがある。旧ユーゴでは社会主義期から銀行部門には西側のものとはかなり異なるとはいえ、すでに中央銀行と商業銀行が分離された二層式システムが形成され、また銀行は自主管理企業により設立されており、さらに旧ユーゴ特有の銀行制度に基づいた「リュブリャナ銀行システム」により各銀行が結びつけられていた。[2] このため体制移行開始直後に形成されたスロヴェニアの銀行部門では、最大手の銀行であるリュブリャナ銀行株式会社（LBdd）（当時）が銀行13行の所有の過半数を占めることとなった。またLBddの所有構成は大部分を企業が占めていた。すなわちスロヴェニアの銀行部門は、初期時点で中欧 3 カ国のように国有銀行が多数を占める状況ではなく、銀行部門は主にLBddと企業（国内民間資本）により所有されていた。ただし後述するように、銀行再建プログラムのもとで二大銀行は国有化され、それに伴いリュブリャナ銀行システムは解体し、いくつかの銀行が独立することとなった。[3]

　また前章では、中欧 3 カ国の外国戦略投資家への売却方式への収斂の理由について、次の 3 点を指摘した。 1 ）旧国有銀行の問題：旧国有銀行が多くの問題を抱え、その問題の解決と経営状態の改善・安定化のためには、戦略的投資家として外国資本に積極的に銀行経営に関わることが効果的と考えられた。 2 ）EU加盟：EU加盟を目指すなかで、EUから銀行民営化への圧力を受け、また社会主義期から継続した多くの問題を残していた銀行部門を急速に西側先進諸国の基準へと適応させるために、国有銀行を外国銀行へ売却

することによってその解決を図ることに傾いた。3）外国銀行の経営戦略：外国銀行の側もグローバル化と地域統合のなかで、特にEU拡大をにらんだ経営戦略によってこの地域への進出を活発化させた。

　まず1点目の旧国有銀行の問題に関連していえば、スロヴェニアの経済が好調であったことは、国有銀行の民営化で外国への売却が「必要とされない」一つの要因となりうる。杉浦（2008）はスロヴェニアの銀行部門において外資系銀行の比率が低い理由について、同国は比較的早期からマクロ経済が安定化しており、また製造業部門の競争力が高いために、金融機関に不良債権が累積する構造になかったことを指摘している（p.120）。また小山（2006）も、スロヴェニアへの外国直接投資（FDI）の流入が少額であり政府も誘致に積極的でない理由として、国の豊かさと国際競争力の高さを理由にあげている[4]（pp.147-178）。このようなスロヴェニア経済の好調さ、旧自主管理企業の国際競争力の高さという他の中東欧諸国であまりみられない特徴は、銀行民営化に大きな影響を与えたものと考えられる。銀行民営化において外国銀行への売却が推奨される理由の一つは、旧国有銀行が経営に問題のある赤字続きの旧国有企業を維持するために融資を続けるという構造のもととなる、旧国有銀行と旧国有企業とのつながり、ならびに国家と旧国有銀行のつながりを完全に断つためである。ソフトな予算制約ともよばれるそのような構造が、銀行部門に新たな不良債権を累積し続け、それが銀行危機、経済危機、財政危機につながると考えられる。多くの旧自主管理企業が十分な競争力を持ち、経済全体も好調で、銀行部門に不良債権がそれほど発生しておらず、銀行経営に悪化がみられないのであれば、銀行が旧自主管理企業と深いつながりを持つことそのものが問題であるとはいえず[5]、また必ずしも銀行の外国銀行への売却が必要とはされないと考えられる。

　次に、2点目のEU加盟に関連していえば、中欧3カ国と同様に、EUへの新規加盟はスロヴェニアにとっても悲願であったと考えられる。実際にスロヴェニアにおいても2001年の二大銀行の民営化計画ではSFFI方式での少数株式または過半数株式の売却が検討されていた。しかし結果をみると、最

大手の銀行NLBはSFFI方式で34％の国家持分が外国銀行に売却されたものの国家が最大株主として残り、また第2位の銀行NKBMのSFFI方式の民営化は中止された。このような不完全な銀行民営化の結果はEU加盟交渉とどのような関係にあるのであろうか。

　また3点目の外国銀行の経営戦略に関連していえば、後でみるように、スロヴェニアの大銀行民営化においては複数の外国銀行が入札に参加しており、中欧3カ国の第一次銀行民営化のように買い手がみつからずにSFFI方式の銀行民営化が不成立となったわけでもない。すなわち、外国銀行の経営戦略上においても、小国であるとはいえ、スロヴェニアは参入の魅力がある国といえる。

　さらに上記以外の要因として、銀行民営化には政治経済的な要因が影響する。Clarke *et al.*（2005c）は、民営化の計画と結果には政治的利益と政治的コストを比較した政治家のインセンティブの影響を受け、さらに政治制度が政治的利益と政治的コスト、民営化計画に影響を及ぼすと主張している。またBoehmer *et al.*（2005）は、連立政権など政権が不安定な状態であるときには大規模民営化の政治的リスクを受け入れることができないことを主張している。

　スロヴェニアの政治経済的な要因に関していえば、当時の政権にとっての政治的利益は、主にEU加盟と財政収入と考えられる。上述の通りEU加盟のためには銀行民営化が必要とされていた。また財政収入については、当時の財務大臣ロップが、銀行民営化の財政収入により（銀行再建プログラムなどの負担により生じた）国家債務をいくらか減らす必要性を民営化の目的として指摘している[6]。銀行民営化の主な政治的コストとしては、外国資本への民営化に対して政党・メディア・大衆の予想以上の強い抵抗がみられたことと、民営化により政策手段の一つとして国有銀行を利用することが困難になることがあげられる[7]。また政治制度に関しては、4党による連立政権で政権基盤に脆弱性を抱えていたことと、2002年11月に大統領選挙が控えていたことがあげられる。

上記をまとめると、スロヴェニアの銀行部門ではなぜ外資系銀行のシェアが低いのかの一端は、初期時点で中欧3カ国のように国有銀行が多数を占める状況ではなく、また銀行再建プログラムの結果、二大銀行以外は多くが国内民間資本となったことがまずあげられる。このことから、「スロヴェニアの銀行部門ではなぜ外資系銀行のシェアが低いのか」という問題は、国有銀行の民営化との関連では、「なぜスロヴェニアの二大銀行が外国資本の傘下にならなかったのか」と置き換えることができる[8]。仮に二大銀行であるNLBとNKBMが外国資本となれば、外資系銀行の資産比率は約7割となり、ハンガリーを超え、ポーランドに肩を並べることになる。また国有銀行の問題の点から考えると、スロヴェニアの多くの企業が十分な競争力をもち、経済も好調であったことから、ソフトな予算制約の解消や経営の改善のために銀行を外国資本に売却することが必要とはされなかった。外国銀行の経営戦略に関していえば、スロヴェニアは小国であるものの、中欧3カ国と同様に外国銀行にとっては魅力的な市場と思われる。またEU加盟と国内政治状況に関しては、さらなる検討が必要である。

　本章の目的は、中東欧諸国のなかでスロヴェニアの銀行部門ではなぜ外資系銀行のシェアが低いのか、あるいはなぜスロヴェニアの二大銀行が外国資本の傘下にならなかったのかを、スロヴェニアの銀行民営化の過程の検討から明らかにするとともに、銀行民営化の過程に影響した国内政治状況とEU加盟交渉の観点から明らかにすることである。国内政治状況としては、政治的コスト、すなわち連立政権内部、マスコミ、大衆による民営化への反対の動きと政治制度について検討する。

　本章では、スロヴェニアの銀行部門民営化過程およびそれに関わる国内政治状況、EU加盟交渉について、事例研究として分析する。事例研究では、経済、社会、制度などのさまざまな要因について、各国の具体的・個別的な状況でどのような力学が働いたのかを理解することがより容易となる[9]。

　本章では、スロヴェニアの二大銀行が外国資本の傘下にならなかった理由について、一つにはスロヴェニア国内で二大銀行の民営化に対する連立政権

内部、マスコミ、大衆による反対が生じたためであり、もう一つには、スロヴェニアの大銀行民営化は他の中東欧諸国よりも遅れて開始されたが、政権交代や民営化への抵抗などにより銀行民営化計画に遅れが生じている間にEUとEU加盟候補国の交渉全体が大きく進展し、銀行民営化が不十分な状態であることが、必ずしもEU加盟交渉の争点ではなくなったことを主張している[10]。

　本章の構成は、次のとおりである。第1節では、スロヴェニアの経済および銀行部門の特徴について確認する。第2節では、スロヴェニアの銀行民営化の過程を検討する。第3節では、スロヴェニアの銀行民営化過程に影響を与えた要因について、国内政治とEU加盟交渉の2点から検討する。また第4節では、本章までのまとめとして、中欧3カ国およびスロヴェニアの銀行部門の状態についてまとめることとする。

第1節　スロヴェニアの銀行部門構造

1．スロヴェニア経済の概要

　スロヴェニア共和国（以下、スロヴェニア）は、1991年にユーゴスラヴィア社会主義連邦共和国（以下、旧ユーゴ連邦）から独立した、人口約200万人の小国である。現在は旧社会主義諸国のなかでも一人当たりの実質GDPでみて最も豊かな国となっている。スロヴェニアは社会主義時代には旧ユーゴ連邦構成国のなかでもっとも経済が繁栄しており、「共産主義世界で唯一、全般的にみて効率的と考えられる場所であった」（*The Times*, March 18 1988）といわれている。また旧ユーゴの最北部に位置し、民族問題を抱えていないスロヴェニアは、旧ユーゴの解体に際しての独立戦争、民族紛争の影響が他の旧ユーゴ諸国に比べて軽微であった（小山, 2004）。スロヴェニアは2004年5月に旧社会主義諸国からの第一陣としてEUに新規加盟し、2007年1月からはユーロ圏に加入している。

　スロヴェニアの体制転換は、初期条件に恵まれていた。輸出の6割を占め

ていた旧ユーゴ諸国の市場が失われたことから独立後に経済が低迷したものの、旧ユーゴ時代から比較的自由な貿易体制のもとで西欧諸国との貿易が行われていたことから、いち早く輸出先を西側諸国に転換することに成功した（Lindstrom and Piroska, 2007）。このため体制転換開始直後から不況が続いた旧社会主義諸国のなかでも経済の回復はもっとも早いものであった。スロヴェニアはイタリア、オーストリアといった西欧諸国に隣接しており、地理的立地の良さにも恵まれている（小山, 2006）。

　またスロヴェニアは、他の中東欧諸国と比較して外国直接投資の受け入れが少ない一方で、国内製造業が高い競争力を持っている点が特徴的である（小山, 2006）。旧ユーゴのなかでセルビアとボスニアが鉄鋼企業や重工業企業を継承したのに対して、スロヴェニアは家庭電化製品製造のGorenje、製薬のKirkaなど、より順応性の高い企業を継承した（Lindstrom and Piroska, 2007）。これらの製造業がスロヴェニアの輸出に大きく貢献している（小山, 2006）。またスロヴェニアは教育水準が高く勤勉な労働者を抱えている。スロヴェニアでは、民営化は漸進的に、従業員等のインサイダーを優遇して実施された[11]（小山, 2006）。

2．スロヴェニアの銀行部門

　スロヴェニアの銀行部門は、1992年時点での銀行数（銀行および外国銀行支店）が30行と、小国にしては多くの銀行が活動していたが、1994年の33行をピークに、その後は合併などにより銀行数は減少している[12]（表3−1）。スロヴェニアの2006年末時点での銀行数は24である。

表3−1　スロヴェニア銀行部門の銀行数

	1992	1993	1994	1995	1996	1997	1998	1999	2000	2001	2002	2003	2004	2005	2006
銀行数	30	32	33	31	29	28	24	25	25	21	20	20	20	22	24
外資系銀行数	2	5	6	6	4	4	3	5	6	5	6	6	7	9	11
国有銀行数	1	3	3	3	3	3	3	3	3	3	2	2	2	2	2

注：銀行数、外資系銀行数には外国銀行支店を含む。
出所：Bank of Slovenia, Annual Report.各年版。

表3－2　スロヴェニア銀行部門の所有別の資産シェア

	1993	1994	1995	1996	1997	1998	1999	2000	2001	2002	2003	2004	2005	2006	2007
国有銀行	47.8	39.8	41.7	40.7	40.1	41.3	42.2	42.5	48.9	13.3	12.8	12.6	12.0	12.5	14.4
外資系銀行	N.A.	3.9	4.8	5.3	5.4	4.9	4.9	15.3	15.2	16.9	18.9	20.1	22.6	29.3	28.8
その他	N.A.	56.3	53.5	54.0	54.5	53.8	52.9	42.2	35.9	69.8	68.3	67.3	65.4	58.2	56.8

注：国有銀行は国家所有が50％以上、外資系銀行は外国資本の所有が50％以上の銀行を
　　指す。その他は国有銀行にも外資系銀行にも含まれない銀行（国家所有、外国資本
　　所有がともに50％未満）である。これは主に国内民間資本所有の銀行であるが、国
　　内民間資本の所有も50％未満の銀行が含まれている可能性がある。また外資系銀行
　　には外国銀行支店を含む。
出所：EBRD

　スロヴェニアの銀行部門への外国銀行の参入は、1990年代初頭に数行の新
規設立による参入があったが、1994年以降は新規参入が止まっていた。1999
年の新銀行法により外国銀行の支店の設立が認可されるようになったが、そ
の後も外国銀行数はほとんど変化がなかった。[13]　しかし2004年以降は、外国銀
行数はわずかながら増加傾向にある。スロヴェニアの2006年末時点での外資
系銀行（および外国銀行支店）の数は11である。M&Aによる外国銀行の最初
の本格的な参入は、2001年のSociete Generale（フランス）によるSKBの買収
であった。SKBは2000年末時点の資産シェア3位であり、民間銀行では国
内最大であった。2002年には、SanPaolo IMI（イタリア）がBanka Koper
（2000年末時点の資産シェア4位）を買収、Raiffeisen Zentralbank（オースト
リア）はKrekova Banka（同・国内11位）を買収した。[14]

　銀行部門の資産シェアをみると、国有銀行の資産シェアは、1993年の47.8
％から2001年の48.9％まで40％台が続き、2002年以降は10％台となっている
（表3－2）。2001年から2002年の変化は、NLBの民営化を表している。外資
系銀行のシェアは、1994年から1999年までは、4－5％台であった。2000年
に15％前後で、2004年には20％を超えており、スロヴェニアの外資系銀行の
シェアは徐々に増加している。スロヴェニアの2007年末時点での外資系銀行
のシェアは28.9％である。

　また2007年末時点で、上位3行で国内銀行資産の約50％のシェアとなって

表3-3 スロヴェニアの銀行部門（総資産、名目成長率、市場シェア）（2007年末）

銀行名	所有者**	総資産 （千ユーロ）	名目成長率 （%）***	市場シェア （%）
1 Nova Ljubljanska banka d.d.	State	12,945,034	24.28	30.7
2 Nova Kreditna banka Msribor d.d.	State	4,218,792	14.98	10.0
3 Abanka Vipa d.d.	State	3,439,008	20.17	8.2
4 Banka Celje d.d.	NLB	2,305,449	17.64	5.5
5 SKB banka d.d.	SocGen(FR)	2,295,677	10.08	5.4
6 Banka Koper d.d.	Intesa(IT)	2,239,211	20.09	5.3
7 UniCredit Banka Slovenija d.d.	UniCredit(IT)	2,132,695	-2.5	5.1
8 Hypo Alpe-Adria-Bank d.d.	BLB(DE)	1,906,206	68.3	4.5
9 Gorenjska banka d.d.	Slov.	1,732,976	16.14	4.1
10 Raiffeisen banka d.d.	Raiffeisen(AT)	1,259,559	31.51	3.0
11 SID banka d.d.,	State	1,248,711	-	3.0
12 Probanka d.d.	Slov.	1,041,857	29.47	2.5
13 Banka Sparkasse d.d.	Erste(AU)	886,628	23.39	2.1
14 Deželna banka Slovenije d.d.	Slov.	756,905	24.12	1.8
15 Fsctor banka d.d.	Slov.	630,760	20.01	1.5
16 Poštna banka Slovenije d.d.	NKBM	629,309	10.85	1.5
17 Volksbank-Ljudska banka d.d.	Volksbank(AT)	618,324	27.55	1.5
18 Bawag banka d.d.	Bawag(AT)	596,297	54.92	1.4
19 NLB Banka Domžale d.d.*	NLB	451,177	4.59	1.1
20 NLB Koroška banka d.d.*	NLB	364,453	3.19	0.9
21 NLB Banka Zasavje d.d.*	NLB	257,012	1.00	0.6
22 BKS bank AG, branch	BKS(AT)	196,194	100.37	0.5
23 Zveza bank, branch	Zveza(AT)	22,776	94.16	0.1
24 RCI Banque Societe Anonyme, branch	Renault(FR)	22,709	-	0.1
総 計		**42,194,719**	**24.58**	**100**

注：* NLB子会社の3行は2008年1月1日付でNova Ljubljanska banka d.d.に統合。
　　**AT：オーストリア、FR：フランス、DE：ドイツ、IT：イタリア、Slov.：スロヴ
　　ェニア国内民間資本、State：スロヴェニア国家。なお所有者が複数の場合、最大の
　　所有者を表している。
　　***名目成長率は、2006年末と2007年末の間の資産残高の成長率。
出所：Bank of Slovenia, Annual Reportおよび自己計算。

いる（表3-3）。この上位3行の最大所有者が国家である点で、スロヴェニ
アは他の中東欧諸国と大きく異なっている。

　国内1位のNova Ljubljanska banka（NLB）は、首都リュブリャナに本
拠を置いており、単独で国内銀行資産の30%のシェアを持つ。またNLBは
国内4位のBank Celjeなどを合わせたNLBグループ全体で38.7%のシェア

となる。国内2位のNova Kreditna banka Maribor（NKBM）は、スロヴェニア第2の都市であるマリボルに本拠を置く。NKBMは単独で国内銀行資産の10%のシェアを持ち、Poštna banka Slovenijeと合わせたNKBMグループ全体で11.5%のシェアとなる。国内3位のAbanka Vipaは、8.2%のシェアを持つ。

第2節　スロヴェニアの銀行部門民営化

1．移行期初期の銀行部門と銀行再建プログラム

　社会主義期の旧ユーゴおよびその一部としてのスロヴェニアの銀行部門は、独自の社会主義路線のもとで1960年代にすでに中央銀行と商業銀行が分離され、分権的となった二層式銀行システムが形成されていたという点で、他の旧東欧諸国とは異なっていた。ただしこの二層式銀行システムは、西欧諸国のそれとは異なり、旧ユーゴ特有の経済システム[15]に対応したものであり、銀行の意思決定に問題を抱えていた。

　1991年6月、スロヴェニアは旧ユーゴから分離独立した。独立と同時に中央銀行であるスロヴェニア国立銀行が設立された。スロヴェニアでは、社会主義時代の末期の1989－1990年の株式会社化を経て、1991年の時点で、リュブリャナ銀行システム[16]からは、リュブリャナ銀行株式会社（LBdd: Ljubljanska banka d.d.）とその子会社銀行13行の加盟銀行が形成された。旧ユーゴでは1970年代の改革で銀行は自主管理企業により所有されていた。1991年の時点でLBddの所有構成においては企業が大部分を占めており、国家の直接の所有は12%しかなかった。またLBddは国内銀行13行の株式の過半数の50.6%を所有しており、その残りは企業が所有していた（Borish et al., 1996）。すなわちスロヴェニアの銀行部門は、初期時点で国有銀行が多数を占める状況ではなかった。

　スロヴェニア経済は1990年から1992年にかけて、分離独立後により旧ユーゴ諸国との貿易が激減したことを主要な原因とする深刻な国内の不況に見舞

われた（小山, 1999; Borish *et al.*, 1996; Zajc, 2002）。銀行部門では1992年には26行のうち13行が損失を計上し、債権の3割以上が不良債権に分類されていた（OECD, 1997b）。国内最大手のLBddとマリボル信用銀行（KBM: Kreditna Banka Maribor）の2行も、貸出の4割にも及ぶ不良債権を抱えていた（本間・青山; 1998: p.134）。

　銀行の危機的状況に直面し、政府は銀行部門の再建プログラムを開始した。1991年には銀行再建プログラムを立案・指揮する銀行再生庁（the Bank Rehabilitation Agency）が創設され、1993年初より不良債権が資本金の50％を超える銀行を対象とした銀行再建プログラムが開始された（Zajc, 2002）。再建プログラムは大きく次の2つの段階からなる。第1段階で銀行の不良資産をドイツ・マルク建ての政府債と交換し[17]、第2段階で個別の銀行が銀行再生庁の管理下におかれ、経営陣の交代、損失の処理、資本の増強、合併・閉鎖、民営化の実施などの再建手続きを開始することとなった（*The Banker*, Aug. 1993）。また再建プログラムの目的の一つは、銀行を国有化したうえで銀行部門を再編することであった[18]。LBddを国有化することでリュブリャナ銀行システム全体が国家の管理下に収められ、リュブリャナ銀行システムは解体されることとなった。

　1993年1月に資産規模で国内1位のLBddが銀行再生庁の管理下に置かれ、1993年4月に同2位のKBMが、1994年1月には同6位のノヴァ・ゴリツァ商業銀行（KBNG: Komercialna Banka Nova Gorica）がそれに続いた（Kraft, 1997）。1996年には銀行再生庁管理下の銀行の流動性は大きく改善した（Bank of Slovenia, 1997）。この銀行再建プログラムの過程では、総計19億ドイツ・マルクの債券（スロヴェニアの1993年のGDPの10％に相当）が発行され、上記3行の不良債権の3分の2と交換された（OECD, 1997b）。1994年7月には、LBddとKBMの資産から不良債権を切り離した新銀行として新リュブリャナ銀行（NLB: Nova Ljubljanska Banka）と新マリボル信用銀行（NKBM: Nova Kreditna Banka Maribor）が設立された。また1994年にはLBddの子会社の銀行のうち4行[19]が独立し、民営化された。

　スロヴェニア経済は、西欧諸国への輸出の増加などを原因として、1993年を底として成長に転じた（小山, 1999）。その後スロヴェニアの銀行部門は大きな危機を経験することなく安定していた。一方で銀行再建プログラムが1997年半ばまで継続したため、スロヴェニアの大銀行民営化の開始は他の中東欧諸国と比べて遅れをとることとなり、IMF、EUなどからの批判を受けることとなった（*The Banker*, Aug. 2000）。

　以上のように、スロヴェニアの体制移行における銀行部門の形成では、旧ユーゴ期にすでに分権的な商業銀行部門が形成されていたこと、またリュブリャナ銀行を中心としたリュブリャナ銀行システムが形成されていたことを受けて、移行の初期時点でリュブリャナ銀行株式会社（LBdd）とその子会社銀行を中心とする銀行部門となっていた。LBddの所有構成では企業が大部分を占め、国家は少数所有であった。移行の初期のスロヴェニアの銀行部門は国有銀行が多数を占める状況ではなく、これは前章でみた移行初期時点で国有銀行が大部分を占めていた他の東欧諸国と大きく異なっている。しかし不良債権処理の過程を通じてLBddが国有化されることで、リュブリャナ銀行システム全体が国家の管理下に収められ、一部のLBdd傘下の銀行は独立して民営化された。

2．スロヴェニアの銀行民営化
（1）1999年民営化計画

　1997年半ばにスロヴェニアにおける二大銀行であるNLBとNKBMの銀行再建プログラムが終了した。その後行われた二大銀行の民営化は、漸進的・段階的に実行され、またしばしば途中で停滞することとなった。

　スロヴェニア政府は1999年にNLBとNKBMの民営化の開始を決定した[20]。1999年4月、政府は両銀行の経営陣に民営化計画書の作成を許可するとともに、「銀行民営化に関する特別委員会」を設置し、銀行と政府の間の調整を図ることとした。同年7月に政府は両銀行の提出した民営化計画を承認した。この計画では、部分的な民営化が予定されていた。NLBは国家が93％の持株

を保有していたが、その民営化計画では、まず年金管理基金（KAD）および
スロヴェニア返還基金（SOD）に10％分の国家持株を移転し、次に20－30％
分の持株を国内外の株式市場で売却することが予定された。一方、NKBM
は国家が100％持株を保有していたが、その民営化計画では20％分の持分を
戦略的投資家に売却することが予定された。これらの計画では2000年中に実
施されることが予定されていたが、民営化の推進役であった中道左派連立の
ドルノフシェク政権が2000年 4 月の内閣不信任案可決により退陣し、さらに
後継政権の議会承認[21]に時間がかかったため、銀行民営化の実施は大きく遅れ
ることとなった（*The Banker*, Aug. 2000; *Slovenia Business Week*, October
18th, 1999）。

　停滞していた銀行民営化は、2000年10月の選挙で再び中道左派連立のドル
ノフシェク政権が成立したことにより再開された。新政権は2000年12月に、
EU加盟に向けた2001年の優先課題の一つとして、二大銀行の銀行民営化の
モデルを2001年 3 月までに決定することをあげている。また政府は2001年 2
月、二大銀行の国家持株について、NLBの35％、NKBMの40％を年末まで
に売却し、今後 2 － 3 年間で国家持株を26％程度にまで減らす方針を明らか
にした（日本貿易振興会, 2001）。そして2001年 5 月、NLBとNKBMの新たな
民営化計画が採択された。[22]

（2）NLBの新民営化計画の実施
　2001年のNLBの新民営化計画では、国家の83％の持株のうち、[23]第 1 段階
で“主要投資家”（key investors）に34％未満を売却し、第 2 段階では国内
金融投資家に14％を売却するなど、2002年 3 月末までに国家持株を25％＋ 1
株にまで減少させるというものであった。[24]新計画の当初予定では、2001年 8
月半ばまでに潜在的投資家に向けてNLBの主要投資家を決める入札の実施
が正式に表明され、10月末までに第 1 回の入札を行う。そこで選ばれた主要
投資家の候補によりNLBへの財務などの調査が2001年末まで行われ、2002
年 1 月に最終交渉が終了して主要投資家が決定されることとなっていた。[25]

　第 1 段階である主要投資家への売却では、2001年 9 月には入札募集に 7 件の応募があり、同年11月に行われた応募者による第 1 回の入札の結果、主要投資家の候補としてベルギーのKBC、オーストリアのERSTE、欧州復興開発銀行（EBRD）の三者が残った。EBRDは、補完的な金融投資家となることがすでに予定されており[26]、実質的な主要投資家の候補はKBCとERSTEの二者であった。しかし2001年12月13日、政府は予告なくNLBの民営化計画の一部の変更を発表した[27]。この発表を受けて主要投資家候補のERSTEは自ら候補から降りた。このため実質的なNLBの主要投資家の候補として残ったのはKBCのみとなった。

　KBCとNLBの民営化監督委員会の間での民営化の条件についての最終交渉は、NLBの前身であるLBddの負債に対する政府保証などの面で難航した。交渉は当初予定を越えて延長され、ようやく2002年 4 月にNLBの民営化監督委員会はKBCにNLB株式の34％を売却することを決定し、政府もそれを承認した。2002年 5 月には政府とKBCの間での契約が締結された。NLB株式の34％の売却金額は 4 億3,500万ユーロであった。さらに同年 8 月、中央銀行であるスロヴェニア国立銀行は、KBCは2006年まではNLBの株式の保有を拡大させることができない、また2006年以降の拡大にも中央銀行の承認を得る必要があるとの条件付きで、KBCへのNLB株式の売却を承認した[28]。同年 9 月、KBCは、NLB株式の取得の完了を発表した。

　NLBの民営化計画の第 2 段階では、株式の 9 ％を国内投資家に売却する予定であったが、2002年に実施された入札に参加した投資家は 8 社のみで、入札は不調に終わった。売却予定の 9 ％に対して、売却できたのは0.3％であった[29]。NLBの所有構成は、国家35.4％、KBC34％、その他の所有者が30.6％となった。

　KBCは、上記のように2006年まではNLBの株式の保有が拡大できないことを条件とされていたが、将来のNLBの持分を49％に増加させることを計画し、2005年から政府との交渉を進めた。しかし2006年 5 月、政府との交渉が決裂し、KBCはNLBとの関係を（経営に関与する戦略的投資家ではなく）

「純粋な金融投資家」として見直すことを表明した[30]（SBW, May 15th, 2006）。

　NLBはその後増資を行っており、2009年末時点のNLBの主要な所有者は、国家33.1％、KBC30.6％、Peteza Nalozbe[31]5.8％、KAD5.0％、SOD5.1％、その他20.5％となっている[32]（NLB, 2010）。

（3）NKBMの新民営化計画の実施

　2001年のNKBMの新たな民営化計画は、2001年末までに戦略的投資家に65％－1株を売却し、国家持株を90％から25％＋1株にまで減少させるというものであった[33][34]。NKBMの民営化入札は2001年7月に国内外で正式に表明され、同年10月に行われた第1回目の入札には10件の参加があった。そして同年12月初めの第2回目の入札の結果、外国銀行であるBank Austria（オーストリア）とUniCredit（イタリア）、そしてAktivaグループ（スロヴェニア国内資本[35]）を中心とする国際的企業連合の三者が最終候補に残った。

　その後に行われたNKBMの民営化監督委員会と最終候補の間での売却先決定のための交渉は、期限が延期された。そして2002年3月21日、NKBMの民営化監督委員会は民営化の一時中止を決定し、政府に勧告した。民営化監督委員会の発表した理由は、最終候補の三者ともNKBMの民営化の条件に適合しなかったためということであった[36]。同年4月25日、政府はその勧告を受け入れ、NKBMの民営化の一時中止を決定した。

　その後NKBMの民営化は長らく中断されていたが[37]、2007年にようやく再開された。2007年11月には第1段階として、48.1％の持分が資本市場で国内外の投資家と市民に売却された。この売却はスロヴェニア国内で実施された初の新規株式公開（IPO）であった。売却先は、リテールが23.1％、国内機関投資家が10.2％、外国機関投資家が14.8％であった（Vesnaver, 2008）。これにより国家の所有割合は90.4％から42.3％へと過半数以下に低下した（NKBM, 2008）。2009年末時点のNKBMの所有構造は、国家持株41.5％、KAD4.8％、SOD4.8％、家計24.0％、金融機関11.8％、企業（金融以外）6.4％、外国投資家5.9％となっている[38]（NKBM, 2010）。

　このようにスロヴェニアの二大銀行の民営化においては、当初の計画では主にSFFI方式が民営化方式として採用されていた。NLBではSFFI方式が中心となる折衷的な方式で、SFFI方式が約1／3、国内外の金融投資家の所有が約1／3で、残り1／3が国家所有として計画された。しかしNLBの民営化では計画が途中で変更されたことから主要投資家候補の一部が離脱し、また主要投資家となった外国銀行には所有の拡大を制約する条件が付けられた。NKBMの民営化では、当初は戦略的投資家への売却が予定されたものの、その後民営化計画が一時中止となり、その5年後にIPO方式により売却されている。

第3節　スロヴェニアの銀行部門民営化に影響を与えた要因

　前節でみたように、スロヴェニアの二大銀行であるNLBとNKBMの民営化には、さまざまな困難が生じた。1999年の民営化計画は、民営化の推進役であった自由民主党を中心とする中道左派連立政権が2000年4月に退陣し、後継政権の誕生に時間がかかったために、実施が停滞した。また2001年5月に採択された新たな民営化計画においても、2001－2002年に実行中に問題が生じていた。2001年末にNLBの民営化計画は政府が計画を途中で一部変更したことから主要投資家候補の1つが離脱し、また2002年3月にはNKBMの民営化が中止されることが決定した。またNLBの持株の約3分の1を所有するベルギーのKBCは、所有割合の拡大を政府に拒否され、NLBの経営から一定の距離を置くこととなった。またNKBMは外国資本への売却をとりやめ、IPO方式で民営化された。

　特にこのなかでは、NKBMの外国資本への売却による民営化が中止となり、NLBの民営化計画の変更された2001－2002年の時期が注目される。NKBMの民営化の中止については、公式には、上述のように2002年3月21日にNKBMの民営化監督委員会が民営化の条件に合わないことを理由として

民営化の一時中止を決定して政府に勧告し、政府は4月25日にその勧告を受け入れてNKBMの民営化の一時中止を決定したことになっている。しかし、Lindstrom and Piroska (2007) によれば、NKBMの民営化の中止の最終決定は、2002年3月18日に開催された、当時のドルノフシェク首相とロップ財務相との最高レベルでの会議の間に行われたという (Lindstrom and Piroska, 2007: p.126)。またLindstrom and Piroska (2004) は、NKBMの民営化問題における政権内外からの各政党の強い政治的関与により、NKBMの民営化監督委員会が経済的な基準のみでNKBMの民営化に関する独立した意思決定を行うことが困難であったことが示唆されている (Lindstrom and Piroska, 2004: p.12)。この主張が正しければ、政府が政治的な決定により外国資本への銀行民営化を止めたことになる。

　なぜ政府は大銀行の外国銀行への売却を停止する決定をしたのであろうか。スロヴェニアの銀行民営化の過程に、国内の政治状況はどのように影響したのであろうか。また前章で中欧3カ国についてみたようなEU加盟交渉の影響は、スロヴェニアの銀行民営化政策にはなかったのであろうか。以下では、国内政治状況とEU加盟交渉という2つの観点を中心に、スロヴェニアの銀行民営化の過程に影響を及ぼした要因について検討する。

1. 国内政治状況

　Clarke *et al.* (2005c) は、政治的インセンティブと政治制度が銀行民営化の計画と結果に影響すると主張している。政治家は（民営化後に予想される）政治的利益と政治的コストを比較して企業を民営化する。また政治制度が、政治的利益と政治的コスト、民営化計画に影響を及ぼす (p.1921)。Clarke *et al.* (2005c) は、政治的利益として、選挙民向けに支出可能な収入の増加、業績の悪化した国有企業の消滅を、政治的コストとして、解雇、価格上昇、利益集団向けのサービス・補助金の終了などをあげている。また政治制度として、選挙制度、政党の強さ、憲法の条項などをあげている。またBoehmer *et al.* (2005) は、不安定な政権は大規模な民営化の政治的リスクを受け入

れることを望まないか、あるいは受け入れることが不可能であると主張している。そして政治的リスクは、連立政権、あるいは合意に基づく政権では特に重大であると指摘している（p.2000）。

　スロヴェニアの銀行民営化に関していえば、当時の政権にとっての主な政治的利益は、EU加盟と財政収入といえる。EUへの加盟はスロヴェニアにとっても悲願であったが、後述のように、銀行民営化はEU加盟条件の一部として、EU加盟交渉でたびたび取り上げられた。また当時の財務大臣ロップは、銀行民営化の財政収入により（銀行再建プログラムなどの負担により生じた）国家債務をいくらか減らす必要性を民営化の目的として指摘している[39]。

　民営化の主な政治的コストとしては、民営化により政策手段の一つとして国有銀行を利用することが困難になること[40]、外国資本への民営化に対して政党・メディア・大衆の予想以上の強い抵抗がみられたことがあげられよう。中東欧諸国では銀行部門が民営化されて外国所有となったことはほとんど関心をよばなかったが、それとは対照的に、スロヴェニアではマスコミのキャンペーン、大衆の抵抗、政治的な反対により銀行民営化が妨害された（Lindstrom and Piroska, 2007: p.123）。また政治制度に関しては、2002年11月に大統領選挙が控えていたことと、4党による連立政権で政権基盤に脆弱性を抱えていたことがあげられる。

　スロヴェニアでは2001年から2002年末の間に、大手銀行および大手国内企業に対する外国資本による買収の試みが立て続けに起こった。2001年5月にはNLBとNKBMの外国資本への売却を含む民営化計画の開始が決定した。2001年秋には国内二大ビール会社のひとつUnion社に対するベルギー企業の買収の試みがあり[41]、2001年末にはイタリアの銀行によるBanka Koperに対する買収の試みがあった。また2002年8月には製薬会社Lek社に対するスイス企業の買収の試みがあった。そしてそのなかで外国資本への売却と「国益」（National Interest）に関する議論が生じた（Bandelj, 2008）。また政治日程としては、2002年11月に大統領選挙が行われた。

　以下ではBandelj（2003）、Bandelj（2008）、Lindstrom and Piroska（2004）、

Lindstrom and Piroska（2007）などを参考に、スロヴェニアの2001年から2002年末の民営化への抵抗の強さに関する状況をまとめるとともに、アクターごとの外国資本への売却への意見をまとめることとする。

（1）銀行民営化への抵抗運動とマスコミ・世論

　2001年末には、イタリアの銀行San Paolo IMIが、Banka Koperに対する過半数株式の取得を目指した公開買付を試みた。Banka Koperは当時国内4位の銀行で、イタリアとの国境のプリモルスカヤ地方の港湾都市に位置していた。この地方は過去にイタリアの支配を受けたことがあった。Banka Koperの買収の試みについては、スロヴェニアの主要な日刊紙*Delo*が買収に反対する市民運動を一面で報じるなど、スロヴェニアの「国益」に関する議論のなかで非常にセンシティブな問題となり、株式の売却に積極的姿勢をみせていた主要株主である企業3社も売却計画の一部を見直さざるをえなくなった。またスロヴェニア国立銀行は、買収の許可を与えるにあたり、62％の持株保有のSan Paolo IMIに対し、32.9％の投票権のみ認めるという決定を下した（Bandelj, 2003: pp.383-384; Bandelj, 2008: p.679）。Bandelj（2003）は2001年初めのフランスの銀行による当時国内3位の銀行SKBの買収のケースでは大衆の反対運動やメディアでの議論が生じなかったことから、Banka Koperのケースでは、スロヴェニア人に権力と支配の問題の記憶を呼びさます負の歴史的経験を持つイタリアの投資家であることが重要な問題であったとしている（p.384）。

　国内最大の銀行NLBの民営化は、Bandelj（2008）によれば、民営化に関してもっとも大衆の注目を集めた問題であった。NLBの民営化の議論は、銀行を外国資本に売却すべきかどうかという、「国益」の問題となったという（Bandelj, 2008: pp.678-679）。

　NKBMの民営化に関しては、2001年10月にマリボルを本拠とする団体「国民のための運動」（Movement for People）が財務大臣に公開書簡を送り、NKBMの外国資本への売却に反対する意思表明を行っている。そしてそれ

に続き、NKBMの売却に反対する政治およびメディアでのキャンペーンや、マリボル地方での多くの活動が行われた（Lindstrom and Piroska, 2004: p.123）。

　銀行民営化の問題は、マスコミにおいて熱心に議論された。経済紙*Finance*は、専門家と技術の向上、国際金融ネットワークへの統合、健全な金融の後ろ盾などを理由として、強く政府の外資への民営化政策を支持した。一方でその他のマスコミの多くは、急速な民営化と外国資本への銀行の売却に批判的であった。そこで理由としてあげられたのは、1）国家の自律性を守り、国益を保護すること、2）スロヴェニア企業を支援する上での銀行の戦略的重要性、3）銀行が外国所有になると、政党に直接・間接に資金提供することにより、外国所有者が国家の意思決定に影響する、というものであった（Lindstrom and Piroska, 2004）。

　Bandelj（2008）によれば、日刊紙でスロヴェニアの「国益」が議論されたのは、第1のピークが2001年11月から2002年4月の時期で、NLBの民営化、ビール会社Union社をめぐる買収合戦、Banka Koperに対するイタリアの銀行の買収があった時期である。また第2のピークは、2002年8月から2003年1月の時期で、スイス企業による製薬会社Lek社の買収とUnion社の買収合戦が続いていた（Bandelj, 2008: pp.681-682）。

　Lindstrom and Piroska（2004）によれば、多くの世論調査では一般大衆はスロヴェニア資本を守るべきという意見を示していた。2001年11月初めにスロヴェニアの新聞が行った706人への電話での世論調査では、スロヴェニアの銀行民営化についての意見を聞いたところ、回答は73%が「国家は最大手銀行をスロヴェニア人の手に残すべき」、15%が「国家は最高入札を入れた買い手に銀行を売却すべき」、12%が「態度保留」であった。また別の2001年11月に実施された所有のタイプの個人の銀行取引への影響についての調査では、外国所有になっても預金を銀行に維持するかどうかについて聞いたところ、回答は45.1%が「スロヴェニア（資本）の銀行に移転する」、35.4%が「その銀行に維持する」、19.5%が「態度保留」であった（Lindstrom and Piroska,

2004: pp.12-13)。

（2）スロヴェニアの政党と連立政権

　スロヴェニアでは独立1年後の1992年から2004年まで（2000年の6月から11月の期間を除いて）スロヴェニア自由民主党に率いられた中道左派連立政権が政権を担当していた。その間のほとんどはドルノフシェクが首相を務めていた[42]。2000年11月から2004年12月までは、政権与党は、スロヴェニア自由民主党（34議席）、社会民主連合リスト（11議席）、スロヴェニア人民党（9議席）、年金者民主党（4議席）の4党で構成されていた[43]。また主な野党は、社会民主党（14議席）、新スロヴェニア党（8議席）である。

　スロヴェニア自由民主党（LDS）は、EUへの加盟を第一の政治目標としていたドルノフシェク首相を筆頭に[44]、積極的に銀行民営化を推進していた。Lindstrom and Piroska（2007）は自由民主党が銀行民営化に賛成する理由として、EU加盟に必要とされるEUからの公式・非公式な要求を満たすためと、銀行再建プロセスにかかった費用を賄うための2点を指摘している。

　一方で、連立政権内部でも、社会民主連合リスト（ZLSD）とスロヴェニア人民党（SLS＋SKD）は、銀行民営化に反対の立場をとっていた。社会民主連合リストは、国内の投資家が育つまでは二大銀行はともに国家の手に残すべきと主張していた。また社会民主連合リストはマリボル地域に強い影響力を持ち、また同党の一員であるマリボル市長も地元のNKBMの外国資本への売却に反対の立場を表明していた。スロヴェニア人民党は、外国資本への銀行民営化に常に反対しており、NKBMの民営化については最終的には受け入れたものの、NLBの民営化には反対であったという。また野党の社会民主党（SDS）、新スロヴェニア党（NSi）も銀行民営化に反対していた（Lindstrom and Piroska, 2004）。

　このように連立政権内部では、与党で最大のスロヴェニア自由民主党は銀行民営化に積極的に賛成していたが、連立のパートナーである社会民主連合リスト、スロヴェニア人民党は銀行民営化に反対していた。そして社会民主

連合リスト、スロヴェニア人民党の双方が連立から離脱した場合には過半数を割り、2000年の時と同様に連立政権が崩壊する危険性があった。[45]

2. 外圧—EU加盟交渉と銀行民営化

　EU加盟交渉の過程は、加盟候補国にとっては、国内制度の改革の大きな外的な圧力となった。EU加盟交渉はEUの法体系の国内への導入を伴うものであった。またEU加盟への期待は、政府による国内の改革への積極的な関与を保証するという意味で、改革過程における「外部アンカー」とみられていた。[46] スロヴェニアは体制転換の開始時にIMFからの融資を受けておらず、IMFコンディショナリティなどの大きな外圧を受けることのないままで、IMFなどが勧める急進的な改革とは異なる漸進的な改革を進めてきたが、[47] EU加盟交渉は初めての大きな外圧となったといえる。

　スロヴェニアのEU加盟交渉と銀行民営化との関係についていえば、スロヴェニアの銀行民営化は不十分な状態で止まっていたにもかかわらず、スロヴェニアは2004年5月に旧社会主義諸国からの第一陣としてEUに加盟している。銀行民営化の状況に問題があるなかで、なぜスロヴェニアがEUに加盟できたのであろうか。この点については2つの仮説が考えられる。

　ひとつの仮説は、EU加盟交渉における銀行民営化の位置づけに関するもので、銀行民営化が最初から加盟条件の一部として位置づけられていなかったか、あるいは途中で銀行民営化が加盟条件とはみなされなくなったために、銀行民営化の遅れが問題とされなかったというものである。銀行民営化はEU加盟条件の一部と考えられていたのか、あるいは単に推奨される事項程度のものと考えられていたのであろうか。あるいはその位置づけが加盟交渉の途中で変化したのであろうか。またそれに対して加盟を目指すスロヴェニア政府の側はどのように対応したのだろうか。ここではEU加盟交渉にあたり欧州委員会がスロヴェニアの達成状況を評価した報告書の内容を中心に、EU加盟交渉における銀行部門民営化の位置づけについて検討することとする。

もうひとつの仮説は、加盟交渉の外圧としての効果に関するもので、スロヴェニアの銀行民営化に問題が生じていたときには、加盟交渉が外圧としての力を失っていたというものである。ここでは、加盟候補国にとっての加盟交渉の"強制力"、あるいは外圧の大きさが加盟交渉の段階に応じて、どのように変化したのかが問題となる。岩﨑・菅沼（2007）は、EU加盟交渉の過程において、複数の交渉段階（連合協定の締結段階、加盟申請段階、加盟交渉段階、交渉終結・加盟段階）が存在し、また交渉段階の間で加盟候補国への直接投資に関する企業や投資家の意思決定に及ぼす影響の度合いが相違することを示している。そして岩﨑・菅沼（2007）は、EU加盟の実現可能性やタイミングが、中東欧諸国への投資の意思決定において重要な参照点になるとしている。加盟交渉の進展は投資家の直接投資に関する意思決定にはプラスに働くが、逆に加盟交渉を政治的圧力とみるとき、仮に交渉が完全には終結していなくても、交渉の進展により加盟がほぼ確実になって以降の時期には、このような圧力は実質的に力を失っているのではないかということが予想される。これに直接明らかにできる証拠をみつけるのは困難であるが、いくつかの状況証拠により推測することとする。

（1）EU加盟交渉と欧州委員会定期報告書

　1995年12月のマドリッド欧州理事会では、中東欧諸国のEUへの加盟基準として「コペンハーゲン基準」が正式に承認された。欧州委員会による加盟交渉開始および加盟への進捗に関する評価では、このコペンハーゲン基準に合わせて達成状況が判断されている。コペンハーゲン基準は、政治基準、経済基準、EU法体系であるアキ・コミュノテール*Acquis communautire*の採用・実行・執行の3基準からなる（田中, 2005: p.63）。政治基準とは、民主主義、法の支配、人権および少数民族の尊重と保護を保障する安定した諸制度を有すること、経済基準とは、市場経済が機能しており、EU内部での競争圧力や市場諸力に対応するだけの能力を有すること、そしてアキ・コミュノテールの採用・実行・執行とは、政治同盟・経済同盟・通貨同盟の目標の

順守を含む、加盟国の義務を遂行する能力を指す。

　1997年には、欧州委員会がコペンハーゲン基準に照らして加盟候補国の進捗を審査し、EU東方拡大における加盟申請国との加盟交渉開始に関する意見として『アジェンダ2000』が発表された。この意見に基づき、1997年12月のルクセンブルク欧州理事会ではスロヴェニアを含む中東欧5カ国との正式な加盟交渉の開始が合意された。

　1997年12月のルクセンブルク欧州理事会では、欧州委員会が『アジェンダ2000』と同様な枠組みで加盟候補国の進捗を審査し、欧州理事会に定期報告を行うことが決定された。欧州委員会の『加盟への進捗に関する定期報告書』（以下、定期報告書）は、1998年の加盟交渉の開始から10カ国の加盟交渉が終了するまでの2002年までの期間中、『1998年版』（1998年11月）、『1999年版』（1999年10月）、『2000年版』（2000年11月）、『2001年版』（2001年11月）、『2002年版』（2002年10月）の5回にわたり欧州理事会に提出された。また各国版の『定期報告書』に加えて各国への欧州委員会の意見を集約した『コンポジット・ペーパー』（2000年以降は『戦略報告書』と名称変更）が作成され、各国の達成度が比較され、順位づけられている。2002年10月に発行された欧州委員会の『戦略報告書』では、コペンハーゲン基準を満たしているかどうか、あるいは加盟までの期間のなかで満たすことができるかどうかの判断から、加盟交渉を終了する可能性がある10カ国が明記された。また加盟の6カ月前である2003年11月には『包括的モニタリング報告書』が欧州委員会から欧州理事会に提出されている。この報告書は、各国の加盟交渉終了以降の達成状況（2003年9月末時点）を報告したものである（田中, 2005; 百済, 2000; European Commission, 1997, 2002, 2003）。

（2）経済基準における銀行部門民営化に関する評価

　コペンハーゲン基準のうちの経済基準は、(a)「機能する市場経済の存在」（以下、「機能する市場経済」基準）と、(b)「EU内部での競争圧力や市場諸力に対応できる能力」（以下、「競争への対応能力」基準）である。これら2つの

基準は相互に関連している[48]（European Commission, 1997: p.33）。

　『アジェンダ2000』および『定期報告書』では、銀行の民営化は主に経済基準に関する章で議論されている。1997年の『アジェンダ2000』では、構造改革の分析のなかで、スロヴェニアの二大銀行が国有であることが指摘され、国有銀行の民営化が実施され、また外国の関与が増大することで、それらの銀行のリストラと競争力の増大につながるとしている（ibid., p.31）。銀行部門の評価としては、「機能する市場経済」基準に関しては、スロヴェニアの金融システムが未発達であり競争が不十分と評価される一方で、標準的な機能する市場経済の妨げにならないほどには十分に発展しているとしている（ibid., p.35）。また「競争への対応能力」基準に関しても、ほぼ同様の表現で評価が繰り返されている（ibid., p.37）。そしてスロヴェニアに関する経済基準の結論として、「スロヴェニアは機能する市場経済とみなすことができる。…（中略）…しかしながら、いくつかの部門、とりわけ金融部門では、競争が欠如している。…（中略）…スロヴェニアは、仮に経済の硬直性が減少したならば、中期的にはEU内部での競争圧力や市場諸力に対応できる」と評価し（ibid., p.39）、他の基準の評価と合わせた欧州委員会が考慮した結果として、スロヴェニアとの加盟交渉の開始を推薦する意見を述べている（ibid., p.118）。このように『アジェンダ2000』におけるスロヴェニアの経済基準に対する達成度の評価は、金融部門などの構造改革の必要性が指摘されている。また「結論」の経済基準の評価では、スロヴェニアは機能する市場経済を持つとされている。一方で競争に欠け改善が必要な部門の例として金融部門が例示されている。

　EU加盟交渉開始後初の定期報告書である『1998年版定期報告書』では、銀行民営化関連の記述が増加している。構造改革の分析において、二大銀行の民営化が保留されていることが銀行部門の統合の進展を妨げる要因として指摘されている。「機能する市場経済」基準の評価では、保留されている二大国有銀行の民営化が、「透明性のある、差別的でない方法で、戦略的投資家（外国の投資家であるかもしれない）に売却させる場合には」銀行部門統合の

推進力となるとしている。またこの基準に関する結論部分で、機能する市場経済とみなすことができるものの改善の余地があるとし、特に国有銀行民営化を含む、民営化の進展の必要性が指摘されている（European Commission, 1998: p.17）。また「結論」の経済基準の評価では、スロヴェニアは機能する市場経済を持ち、「計画された改革が予定通りに実行されれば」との条件付きで、「中期的には」EU内部での競争圧力や市場諸力に対応することができるとされている。また『コンポジット・ペーパー』では、スロヴェニアの経済基準に対する達成度の評価は、もっともコペンハーゲン基準の達成に近いと高い評価を受けたハンガリーとポーランドに次ぐ3番目に名前が挙げられていた。

　この加盟候補国の進捗状況を審査する定期報告書のなかで、銀行民営化の遅れが問題として大きく指摘されたことが、銀行民営化の達成がスロヴェニアのEU加盟に必要な条件の一つとみなされるきっかけになったと考えられる。NLBのCEOであったMarko Voljcは、『1998年版定期報告書』において政府が国有銀行民営化の開始を決定していないことが否定的に評価されていたことが、政府の（1999年7月の）銀行民営化開始決定に影響した要因の一つであるのは確実であると述べている[49]（BBC Monitoring Europe Economic, 28th August 1999）。

　1999年以降の定期報告書においても、国有銀行民営化の進展の必要性が繰り返し指摘されている。『1999年版定期報告書』では、1999年4月の二大国有銀行の民営化計画が決定したことが紹介されるとともに、「機能する市場経済」基準に関しては、二大国有銀行の民営化が銀行部門の統合に重要であることが指摘されており、またこの基準に関する結論部分で、金融部門の改革の必要性が指摘され、特に二大国有銀行を含む国家資産の売却の加速の必要性が指摘されている（European Commission, 1999: p.27）。また「競争への対応能力」基準に関しては、二大国有銀行の民営化が改革アジェンダの主要な要因であることが指摘されており、経済基準に関する「総合評価」においても、二大国有銀行を含む国家資産の売却が構造改革のなかの優先課題と

すべきであることが示されている。また「結論」の経済基準の評価では、スロヴェニアは機能する市場経済を持ち、「計画された改革が予定通りに実行されれば」との条件付きで、「中期的には」EU内部での競争圧力や市場諸力に対応することができるとされている。さらに「結論」では、「二大国有銀行を含む国有資産の民営化を優先すべき」と指摘されている。

『2000年版定期報告書』では、1999年4月の二大国有銀行の民営化計画の決定が紹介されるとともに、金融部門の民営化過程でわずかな進展しかなかったことが指摘されており、経済基準に関する「総合評価」では、国有銀行の金融部門の支配の継続が発展と競争を抑えていると指摘されている。「結論」の経済基準の評価では、スロヴェニアは機能する市場経済を持ち、「計画された改革が予定通りに実行されれば」との条件付きで、「近いうちには」EU内部での競争圧力や市場諸力に対応することができるとされている。さらに「結論」では国有銀行による金融部門の支配が続いていることが指摘されている。

『2001年版定期報告書』では、2000年12月の新政権の連立合意で構造改革のタイムテーブルが設定され、また2001年5月以降に政府がNLBとNKBMの新民営化計画を採用したことが紹介されている。またNLBについては、外国投資家を招くことに慎重で、規模が小さく未発達の国内株式市場で増資を行うことを予定していると指摘している。また金融機関の民営化が、完全な資本流入の自由化の必要条件であることが指摘されている。そして経済基準に関する「総合評価」では、政府当局は直ちに公表された構造改革および銀行部門などの民営化を進展すべきであるとしている。「結論」の経済基準の評価では、スロヴェニアは機能する市場経済を持ち、「計画された改革が予定通りに実行されれば」との条件付きで、「近いうちには」EU内部での競争圧力や市場諸力に対応することができるとされている。さらに「結論」では金融部門の民営化などの構造改革の必要性が指摘されている。

『2002年版定期報告書』では、「銀行部門は引き続き2つの国有銀行に支配されている…銀行部門の民営化過程は現在開始されたばかりであるが、問

題がないわけではない。なぜなら、政府は一方の銀行の民営化過程を停止し、もう一方の民営化過程をその過程の最終段階で変更したからである」とNLBとNKBMの民営化の過程で生じた問題を指摘している。「機能する市場経済」基準に関しては、民営化の進展が一般に遅いことが指摘されている。またNKBMの民営化過程が、政治的な抵抗の増大と（NKBM民営化の）条件が満たされないと判断されたために政府により停止されたこと、またNLBの民営化は進展したものの、民営化過程の途中で政府により条件が変更されたために、外国からの入札者一社が撤退したことが指摘されている。「競争への対応能力」基準に関しては、今後の課題としてさらなる金融部門の民営化と統合が指摘されている。そして欧州委員会の『2002年版定期報告書』は、交渉終了について欧州理事会に最終的な意見を行う位置づけとなっているが、上記のような問題が指摘された一方で、スロヴェニアの経済基準に関する「総合評価」では、機能する市場経済を持ち、現在の改革の経路が続けばEU内部での競争圧力や市場諸力に対応できるとして、スロヴェニアの経済基準の達成を認めている。また銀行民営化に関しては「金融部門の民営化などの構造改革の進展により、経済競争力が支援される」としており、『2002年版』の時点では銀行民営化は経済基準の達成を認めたうえでの推奨事項にすぎなくなっていることをうかがわせる。

　2003年の『包括的モニタリング報告書』は、『2002年版報告書』で指摘された事項のその後の改善の実施について報告されている。この報告書では、これまでの報告書で「経済基準」という加盟の3条件の一つを表していた項目名が、「経済問題」と変更されている。銀行部門の民営化はこの「経済問題」の項目に含まれており、そのなかの「経済発展」の項目で、NLBとNKBMの民営化に進展がないことが指摘され、「改善のための推奨事項の実施」という項目で、「政府は経済競争力を支援するために金融部門のさらなる民営化などの構造改革を実施すべき」と記述されている。これらから、銀行民営化は、すでに基本的には経済基準に関する問題は終了し、推奨事項として残されていることがうかがえる。また報告書全体の「結論」では、Acquisの項

目の１つに関しては加盟に間に合うように深刻な懸念と政府の行動の必要性が表明されている一方で、スロヴェニアの銀行民営化の進展の不十分さについては「残る課題として金融部門のさらなる民営化などの構造改革を実施すべき」との指摘されるのみであり、加盟への障害として残っているとの認識はされていない。

　このようにEU加盟への欧州委員会の定期報告書の記述から、EU加盟交渉における銀行民営化の位置づけは、1998年の時点では加盟交渉のなかで重要な位置を占めていたものと考えられる。一方ですでに実質的に加盟が決定した2002年末以降は、EU加盟における障害としては位置づけられているようにはみえない。

　東野（2004）によれば、EUの東方拡大に向けて、加盟候補国との交渉開始を決定した1999年12月のヘルシンキ欧州理事会の時点では、最終的な拡大実現に向けたシナリオ、すなわち加盟交渉の終結と拡大の時期、拡大での受入国数、最終的な加盟交渉の合意内容といった問題について、確固たるビジョンやEU内部での合意は存在していなかった。しかし加盟候補国との交渉が進展して2002年末の交渉終結が計算できるようになり、まず拡大の「時期」の問題が、2000年12月のニース欧州理事会で方向性が作られ、2001年６月のイエテボリの欧州理事会で「2002年末までの交渉終了」・「2004年の新規加盟実現」が既定路線となり、2001年12月のラーケン欧州理事会においてそれが確定された。また拡大の「規模」の問題は、2001年12月のラーケン欧州理事会において、2002年末までに10カ国の加盟候補国が交渉を終了する可能性があることに合意する議長総括を出すに至った。このように交渉終結にむけて問題が段階的に解決していくなかで、EUは「最終的な加盟交渉の合意内容」についても2002年12月のコペンハーゲン欧州理事会で合意し、必ず10カ国との交渉の終了を宣言しなければならないという心理的圧力のもとにおかれることとなったという（東野, 2004: pp.96-109）。

　また東野（2000）によれば、当時の欧州委員会のEU拡大問題担当が指摘したところによれば、1997年の『アジェンダ2000』でスロヴェニアが拡大の

第一陣に加えられたことには、旧ユーゴを構成していた諸国に、安定を確保すればEU加盟への可能性が開けるとのきわめて重要な政治メッセージを送るものであったという[50]。このようにスロヴェニアは加盟候補国のなかでも政治的に重要な位置づけをもっていた可能性がある。吉井（2005）は、ルーマニアが2004年にコペンハーゲン経済基準を満たしていると認められたことについて、「ルーマニア（とブルガリアの）EU加盟を2007年のスケジュール通りに行うための政治的判断であった、と評価することもできよう」と述べている（p. 9）。スロヴェニアが1998年以降、欧州委員会の『定期報告書』において銀行民営化の遅れを再三指摘され、2002年末時点でも銀行民営化が未完のままにとどまっていたにも関わらず、『2002年版定期報告書』でコペンハーゲン経済基準を満たしていると認められたことについても、同様の政治的判断が働いたものと推測することができる。

　以上のように、スロヴェニアの大銀行民営化はEU加盟交渉（表3－4）において争点の一つとされていたが、政権交代や民営化への抵抗などにより銀行民営化計画に遅れが生じている間にEUとEU加盟候補国の交渉全体が大きく進展し、銀行民営化が不十分な状態であることは、結果としてEU加盟交渉の争点ではなくなっていたと推測される。

　本章第3節までは、中東欧諸国で唯一、外国銀行の支配となっていないスロヴェニアの銀行部門について、銀行部門民営化過程を分析するとともに、主に政治経済的要因とEU加盟交渉の2点から政府の国有大銀行の民営化における選択について考察した。

　スロヴェニアの二大銀行であるNLBとNKBMの民営化では、2001－2002年に計画された民営化では、主にSFFI方式が民営化方式として計画されていたが、NLBの民営化においては政府が民営化計画を途中で一部変更し、また「主要投資家」に決定した外国銀行は過半数所有を握ることを制約する条件がつけられた。NKBMの民営化でも、戦略的投資家への売却を予定していた民営化計画が一時中止となった。

　このように政府が大銀行の外国銀行への売却を停止した理由は、スロヴェ

表3－4　スロヴェニアのEU加盟交渉、政治経済、銀行民営化関連年表

年	EU	スロヴェニア-EU関係	政治経済、銀行民営化関連
1996		・6月、スロヴェニアが欧州協定に調印、同日EU加盟申請。	
1997	・7月、「アジェンダ2000」。 ・12月、中東欧5カ国（ルクセンブルクグループ）との加盟交渉の開始を承認。	・7月、「アジェンダ2000」。 ・7月、欧州協定を批准。	
1998		・3月、加盟交渉正式開始。 ・11月、欧州委定期報告書（第1回）。	
1999	・12月、中東欧5カ国（ヘルシンキグループ）との加盟交渉の開始を承認。	・2月、欧州協定実施。 ・5月、政府がEU加盟に向けた国家プログラムを採択。 ・10月、欧州委定期報告書（第2回）。	・7月、政府がNLB、NKBMの民営化計画を承認。
2000		・11月、欧州委定期報告書（第3回）。	・4月、内閣不信任案可決でドルノフシェク政権崩壊。 ・6月、バユク内閣が発足。 ・11月、ドルノフシェク政権発足。
2001	・11月、欧州委報告書で2002年末までに加盟交渉終了の可能性がある10カ国明記。 ・12月、欧州委報告への合意が議長総括に盛り込まれる。	・11月、欧州委定期報告書（第4回）。	・5月、二大銀行の新民営化計画を承認。 ・12月、NKBM第2回入札の結果、戦略的投資家の最終候補に三者が残る。 ・12月、NLBの民営化計画の一部変更が発表され、投資家候補が辞退。主要投資家の最終候補にKBCが残る。
2002	・10月、欧州委が10カ国のEU加盟を推薦。 ・10月、欧州理事会が10カ国のEU加盟を承認。 ・12月、欧州理事会が10カ国との交渉終結を承認。	・10月、欧州委定期報告書（第5回）。 ・10月、欧州理事会がEU加盟を承認。 ・12月、EU加盟交渉終結。	・3月、NKBM民営化監督委員会は民営化の一時中止を決定、政府に報告。 ・4月、政府はNKBMの民営化の一時中止を決定。 ・4月、NLB民営化監督委員会はKBCへの株式売却を決定、政府も承認。 ・8月、中央銀行がNLB株式売却承認。 ・11月、ドルノフシェクが大統領に当選、新首相にロップが就任。
2003		・11月、欧州委包括的モニタリング報告書。	
2004	・5月、EU東方拡大で10カ国が新規加盟。	・5月、スロヴェニアがEUへ加盟。	

ニア国内では外国資本への大銀行の売却への抵抗が大きく、二大銀行の民営化に対する連立政権内部、マスコミ、大衆からの強い反対が生じたことがあげられる。また、二大銀行の民営化の遅れはスロヴェニアのEU加盟交渉において争点の一つとなっていたが、政権交代や民営化への抵抗などにより銀行民営化計画に遅れが生じている間に、EUとEU加盟候補国の交渉全体がすでに大きく進展しており、結果として銀行民営化が不十分な状態であることは加盟交渉終了段階では必ずしも争点ではなくなっていたと思われる。

第4節　中欧4カ国の銀行システム比較 ―体制移行下の銀行システム像

　中東欧諸国では銀行中心型の金融システムが形成され、またその金融システムの中核となる銀行部門は、スロヴェニアを除き、大部分が国有銀行から外資系銀行へと所有が転換された。本節ではこれまでのまとめとして、ハンガリー、チェコ、ポーランド、スロヴェニアの4カ国の銀行部門の市場構造と、パフォーマンスを確認する。

1．市場構造に関する指標

（1）銀行部門の所有

　図3－1は、1993年から2008年までの銀行部門における所有別の資産比率を各国別に表している。

　所有のカテゴリーは、「国有銀行」（国家所有比率が50％以上）、「外資系銀行」（外国資本所有が50％以上）、「その他」（国家所有および外国資本所有がともに50％未満）の3種類に分類している。「その他」に分類される銀行は、主に国内資本の銀行であるが、2002年の民営化後のNLBのように、国家、外国資本、国内資本ともに50％以上ではない銀行も含む。2008年時点でスロヴェニア以外の3カ国は、外資系銀行の比率が60％を超えているのは、既述のとおりである。ここではこのグラフから4カ国の銀行民営化と外国資本の増加

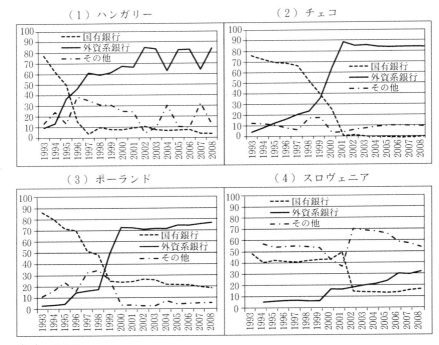

図3－1　銀行部門の所有別資産比率（％）

（1）ハンガリー　　　　　　　（2）チェコ

（3）ポーランド　　　　　　　（4）スロヴェニア

出所：EBRD

について確認することとする。

　グラフの変化については、緩やかな変化は、競争の結果としての各行の資産シェアの変動と新規参入と退出、小規模銀行の被買収などを反映していると考えられる。一方で、国有銀行の資産比率の急速な低下は通常の競争の結果とは考えにくく、主に大規模国有銀行の民営化の影響によるものと推定できる[51]。また外国銀行、その他の大幅な変動も、主に大規模銀行の所有の移転によるものと考えられる。

　ハンガリーをみると、国有銀行の比率が1993年時点で80％に近く、そして1995－1997年の期間に、国有銀行の資産比率の急速な低下と外資系銀行の比率の急速な上昇が生じている[52]。チェコも1993年時点で国有銀行の比率が80％

近くであり、それが1998－2001年の期間に急速に低下し、また外資系銀行の比率は同じ期間に急上昇し、2001年には90％近くにまで達している。ハンガリーとチェコでは、国有銀行の比率の急低下と外資系銀行の比率の急上昇が同時期に発生し、ほぼ対をなしている。これは国有銀行が外国資本に売却されたことと関係している。

　ポーランドでは1993年時点で90％近くあった国有銀行の比率が徐々に低下し、1997－2000年の期間に大きく低下している。一方、外資系銀行の比率は1996年から上昇しはじめ、1998－2000年の期間に急速に上昇している。ポーランドでは国有銀行の比率の急低下と外資系銀行の比率の急上昇の時期がややずれているが、これは一部の国有銀行が民営化でその他のカテゴリーとなり、その銀行がやがて外国所有となったと考えられる。スロヴェニアは、国有銀行の比率が1993年時点で50％弱程度と他の3カ国に比べて低く、それが2002年に急低下している。一方でその他の銀行の比率が2002年に急上昇し、2008年時点で50％を超えている。外資系銀行の比率は2000年から上昇しはじめたが、2008年時点でも30％程度と、他の3カ国と比べて低いままに留まっている。

　またチェコ、ポーランドにおいて国有銀行の比率が大きく低下し、外国銀行の比率が大きく上昇した時期、またスロヴェニアにおいて国有銀行の比率が低下した時期は、1990年代末から2002年までの期間、すなわち各国が早期のEU加盟を目指して国内改革に鎬（しのぎ）を削っていた時期に相当する。

（2）銀行数

　表3－5は1993年から2008年までの各国の総銀行数と外国銀行数を表している。総銀行数は4カ国ともこの期間に減少している。特にスロヴェニアでは1993年の45行から2008年の24行へと47％減、チェコでは1993年の52行から2008年の37行へと29％減と、大きく減少している。一方で外国銀行数は、この期間に4か国とも増加している。特にポーランドの外国銀行数は1993年の10行から2008年の60行へと6倍に増えている。またスロヴェニアを除き、各

表 3 － 5　銀行数

ハンガリー　（年）	1993	1994	1995	1996	1997	1998	1999	2000	2001
総銀行数	42	43	43	42	45	44	43	42	41
（外資系銀行数）	(16)	(18)	(21)	(26)	(30)	(28)	(29)	(33)	(32)
	2002	2003	2004	2005	2006	2007	2008		
	38	38	38	38	40	40	39		
	(28)	(29)	(27)	(27)	(28)	(27)	(25)		
チェコ　　（年）	1993	1994	1995	1996	1997	1998	1999	2000	2001
銀行数	52	55	55	53	50	45	42	40	38
（外資系銀行数）	(18)	(21)	(23)	(24)	(25)	(27)	(26)	(26)	(26)
	2002	2003	2004	2005	2006	2007	2008		
	37	35	35	36	37	37	37		
	(26)	(26)	(26)	(27)	(28)	(29)	(30)		
ポーランド　（年）	1993	1994	1995	1996	1997	1998	1999	2000	2001
銀行数	87	82	81	81	81	83	77	73	69
（外資系銀行数）	(10)	(11)	(18)	(25)	(28)	(31)	(39)	(46)	(46)
	2002	2003	2004	2005	2006	2007	2008		
	59	58	57	61	63	64	70		
	(45)	(46)	(44)	(50)	(52)	(54)	(60)		
スロヴェニア（年）	1993	1994	1995	1996	1997	1998	1999	2000	2001
銀行数	45	44	39	36	34	30	31	28	24
（外資系銀行数）	(5)	(6)	(6)	(4)	(4)	(3)	(5)	(6)	(5)
	2002	2003	2004	2005	2006	2007	2008		
	22	22	22	25	25	27	24		
	(6)	(6)	(7)	(9)	(10)	(11)	(11)		

出所：EBRD

表3－6　銀行部門の集中度（五大銀行の資産比率）

	ハンガリー	チェコ	ポーランド	スロヴェニア
2003年	48.1	64.5	49.2	68.1
2007年	55.9	72.2	45.3	65.3

出所：Raiffeisen Research, CEE Banking Sector Report, 2004, 2008

国とも総銀行数に占める外国銀行数の割合が2008年時点で6割を超えている。

（3）集中度

　表3－6は、2003年と2007年の銀行の総資産に対する五大銀行の資産の比率から銀行部門における集中度を示している。集中度はチェコとスロヴェニアで60%を超えており、EU平均よりも高くなっている[53]。さらにチェコでは集中度がいっそう増加している。一方でハンガリーとポーランドの集中度は、相対的に低い。

2．銀行部門のパフォーマンスに関する指標
（1）金融仲介の発展度

　図3－2は銀行部門の金融仲介の発展の程度に関して、1991年から2008年までの銀行部門の対国内信用（GDP比）を表している。1990年代の初めのころは、ハンガリー（約100%）とチェコ（約80%）は、スロヴェニアとポーランド（約40%）を大きく上回っていた。スロヴェニアとポーランドは、1990年代半ば以降から上昇し続けている。ハンガリーとチェコでは、この指標は1990年代を通じて低下し続けた。ハンガリーは2001年まで大きく落ち込んだが、その後は上昇に転じ、またチェコでも2002年には下げ止まり、近年は上昇に転じている。また4カ国とも、2000年代半ば以降、この指標が急速に上昇している。2008年時点では、スロヴェニアでは80%を超え、次いでハンガリーが約80%、ポーランドとチェコが約60%となっている。

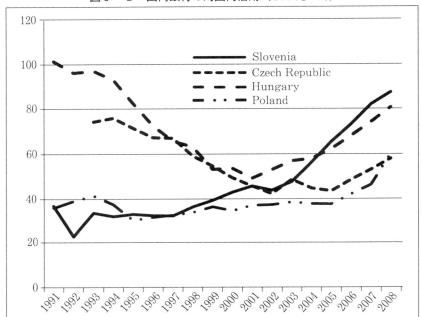

図 3 - 2 国内銀行の対国内信用（GDP比：%）

出所：World Development Indicators, World Bank Homepage
〈http://data.worldbank.org/topic/financial-sector〉（2010年10月23日アクセス）
原出所：IMF, International Financial Statistics、並びにWorld BankおよびOECDの
GDP推計。

（2）効率性・収益性

　図 3 - 3 は、銀行部門の金融仲介の効率性について、1990年から2008年ま
での貸出利子率から預金利子率を差し引いた利子率スプレッドを示している。
4 カ国ともこの期間を全体としてみると低下傾向にある。2008年時点で利子
率スプレッドがもっとも低い――すなわち金融仲介がもっとも効率的な――
国はハンガリーで、次いでスロヴェニア、ポーランド（2006年時点）、チェコ
の順となっている。

　チェコは1990年代半ばには約 7 ポイントと、この 4 カ国のなかで利子率ス
プレッドがもっとも低かったが、それから2008年まであまり大きな低下はし

図3－3　利子率スプレッド（貸出利子率－預金利子率）（％）

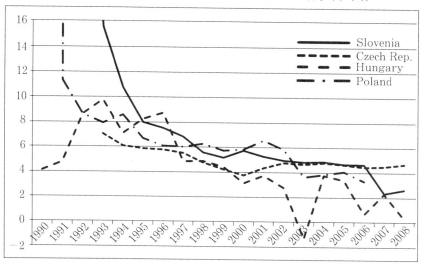

出所：World Development Indicators, World Bank Homepage
　　　〈http://data.worldbank.org/topic/financial-sector〉（2010年10月23日アクセス）
原出所：IMF, International Financial Statistics

ていない。スロヴェニアとポーランドは1997年から2000年ころまでは4カ国
のなかで相対的に高かったが、ポーランドは2003年頃に、スロヴェニアは
2007年に大きく低下している[54]。

　表3－7は、2007年の各国の銀行部門の損益計算書から収益性と費用効率
性を示している。ハンガリーとポーランドは、純金利収入・非金利収入が総
資産比でみてチェコとスロヴェニアよりも高い。また総資本利益率（ROA）
はポーランドが最も高く、チェコ、ハンガリー、スロヴェニアの順となって
いる。自己資本利益率（ROE）は、チェコが最も高く、ポーランド、ハンガ
リー、スロヴェニアの順である。収益に関する指標では、4カ国とも概して
EU15カ国の平均を上回っているが、スロヴェニアのROA、ROEは、EU15
カ国の平均と大きな差がない。また総費用を総資産と総収益との比較でみる
と、もっとも費用面で効率的であるのはチェコ、次いでスロヴェニアで、ポ

表 3 - 7　銀行部門の収益性・費用効率性（2007年末）

	HU	CZ	PL	SI	EU-15
純金利収入（対総資産比：％）	3.7	2.4	3.1	2.1	1.2
非金利収入（対総資産比：％）	1.8	1.4	2.3	1.4	1.0
ROA（税引後利益）（対総資産比：％）	1.20	1.31	1.72	0.91	0.69
ROE（税引後利益）（対Tier 1：％）	19.3	25.0	22.8	15.8	15.4
総費用（対総資産比：％）	3.3	1.9	3.0	2.0	1.2
総費用（対総収益：％）	59.9	51.0	56.5	55.6	55.4

注：HU：ハンガリー、CZ：チェコ、PL：ポーランド、SI：スロヴェニア、EU-15：2004
　　年以前からのEU加盟国15カ国。
出所：ESCB Banking Supervision Committee, Consolidated banking data, ECB Home-
　　page〈http://www.ecb.int/stats/money/consolidated/html/index.en.html〉.
　　（2010年10月23日アクセス）

ーランド、ハンガリーの順となっている。費用に関する指標では、4カ国と
も概してEU15カ国の平均を下回る結果となっているが、チェコの総費用の
対収益比においては、EU15カ国の平均を上回る結果となっている。

（3）安定性
　表3-8は、2000年から2008年までの銀行総資産に占める不良債権の比率
を示している。この期間の4カ国の不良債権比率は低下傾向にある。ハンガ
リーとチェコでは、不良債権比率が低い数値となっており、新たな不良債権
の発生が抑えられていることがうかがえる。またポーランドは2003年までは
不良債権比率が20％台と高かったが、その後は大きく低下し、2008年には4.4
％にまで低下している。
　表3-9は、2007年の銀行部門の自己資本比率を表している。4カ国とも
10％を超えており、スロヴェニアが若干低いものの、ほぼEU15カ国の平均
に並んでいる。またTier 1の比率では、ポーランドとチェコはEU15カ国の
平均を上回っている。一方でスロヴェニアはやや低い数値となっている。

表3－8　国内銀行部門の不良債権比率（％）

	2000	2001	2002	2003	2004	2005	2006	2007	2008
ハンガリー	3.0	2.7	2.9	2.6	2.7	2.5	2.5	2.5	3.0
チェコ	29.3	13.7	8.1	4.9	4.0	3.9	3.7	2.8	3.3
ポーランド	15.5	N.A.	21.1	21.2	14.9	11.0	7.4	5.2	4.4
スロヴェニア	6.5	7.0	7.0	3.7	3.0	2.9	2.5	1.8	1.6

出所：World Development Indicators, World Bank Homepage
〈http://data.worldbank.org/topic/financial-sector〉（2010年10月23日アクセス）
原出所：IMF, Global Financial Stability Report

表3－9　自己資本比率（2007年末）

	HU	CZ	PL	SI	EU-15
自己資本比率（対総資産比：％）	11.8	11.0	12.1	10.6	11.6
自己資本（Tier 1）比率（対総資産比：％）	8.8	9.8	11.8	7.3	9.3

注：HU：ハンガリー、CZ：チェコ、PL：ポーランド、SI：スロヴェニア、EU-15：2004
　　年以前からのEU加盟国15カ国。
出所:ESCB Banking Supervision Committee, Consolidated banking data, ECB Home-
　　page〈http://www.ecb.int/stats/money/consolidated/html/index.en.html〉
　　（2010年10月23日アクセス）

　表3－10は、2006年の貸出に占める外貨建て貸出の割合を表している。外貨建て貸出は、為替相場の変動により大きなリスクを伴う。ハンガリーでは、2006年には外貨建て貸出の割合が45％近くにまで達している。これは表3－11で示されているように、国内通貨建てと外国通貨建てで利子率の格差が大きいことによる（Darvas and Szapár, 2008）。ポーランドの外貨建て貸出の比率は27％と、ハンガリーよりも低いが大きい。それらに比べてチェコでは10％と低い比率となっている。中東欧諸国の外貨建て貸出では多くがユーロ建てであるが、これらの諸国ではスイス・フラン建ても多く使われている。またスロヴェニアの外貨建て貸出の比率は2006年に57％ともっとも大きい比率となっているが、多くはユーロ建てであり、スロヴェニアが2007年にユーロに加盟したことによってこれらは国内通貨に変わっている。

表3－10　外貨建貸出の割合（対総貸出比、％）（2004年および2006年）

	家　　計		非金融企業		総　　計	
	2004	2006	2004	2006	2004	2006
ハンガリー	12.9	42.7	43.4	45.7	31.9	44.5
チェコ	0.3	0.2	18.7	18.6	11.2	10.2
ポーランド	27.2	30.9	23.7	22.1	25.4	27.1
スロヴェニア	3.0	43.0	n.a.	n.a.	32.0	57.0

出所：Darvas and Szapár（2008），p.22，Table.4より抜粋。

表3－11　家計向融資の年間実質利子率（％）
（2004－2007年の平均、総負担割合。過去のインフレ調整済）

	国内通貨建て		ユーロ建て	
	住宅ローン	消費ローン	住宅ローン	消費ローン
ハンガリー	7.4	21.1	0.9	5.6
チェコ	2.9	12.0	n.a.	n.a.
ポーランド	4.7	18.9	3.0	6.1

出所：Darvas and Szapár（2008），p.40，Table.7より抜粋。

補　論　スロヴェニアの社会主義時代の銀行部門：移行期における銀行部門の初期条件

　旧ユーゴスラヴィアは、社会主義主義時代には他の旧東欧諸国とは異なる独特の銀行制度をとっており、スロヴェニアの体制移行開始後の銀行部門の初期条件としてその影響が継承されている。

　以下では、社会主義時代の旧ユーゴスラヴィアおよびその構成国であるスロヴェニアの銀行部門について説明する。

　社会主義成立期の旧ユーゴの銀行制度ではモノバンク・システムが形成されたが、1960年代の銀行制度改革の結果、中央銀行と商業銀行が分離した二層式銀行システムが創出された。しかし1970年代の改革で形成された銀行は債務者や政治の影響を受けやすく、銀行に不良債権が累積することとなった。

　社会主義以前の時期、第二次世界大戦での占領軍支配下においては、ユーゴスラヴィアには600行にも上る商業銀行が存在していたが、第二次大戦終結後、それらは共産党政権により全面的に国有化された。ソ連と同様の集権的計画化に対応したモノバンク・システムが短期間で形成され、民間銀行は国立銀行や国立投資銀行に吸収された（田中, 1990; 小山, 1983）。しかしその後のユーゴスラヴィアは、他のソ連・東欧諸国とは異なる独自の銀行システムを形成することとなった。

　1950年代末には、連邦レベルでは国立銀行の他に、ユーゴ投資銀行、ユーゴ外国貿易銀行、ユーゴ農業銀行の特殊銀行3行が存在し、地方レベルでは協同組合貯蓄銀行、都市貯蓄銀行、郵便貯蓄銀行、共同体銀行の4タイプの銀行が存在した。また1952年以降、投資活動は国家財政から切り離されて設立された社会投資ファンドから賄われた。投資の意思決定は政府そのものからは分離され、さらに地方に分権化されたが、依然として政府機関が間接的な影響力を持っており、銀行の役割は連邦・共和国・地方政府・基礎自治体（コミューン）など各級の政府機関への奉仕にとどまっていた（小山, 1983）。

　1961年の新銀行法の採択と1965年の銀行・信用法および国立銀行法による銀行制度改革の結果、二層式銀行システムが創出された（小山, 1983; 2002; 田中, 1990）。国有の6つの共和国銀行と2つの自治州銀行が設立され、それと同時に中央銀行であるユーゴスラヴィア国立銀行は企業との直接取引が禁止され、商業銀行とのみ取引することとなった（田中, 1990）。また3つのタイプの事業銀行、すなわち、1）投資銀行、2）商業銀行、3）貯蓄銀行が導入され、それまでの共同体銀行は事業銀行に転換された（小山, 1983; 田中, 1990）。スロヴェニアでは1967年にリュブリャナ信用貯蓄銀行（後のリュブリャナ銀行）が設立された（Zajc, 2002）。

　1977年の「信用・銀行制度の基礎に関する法律」にもとづき、銀行制度の再編成が行われた。この法律では金融機関は銀行と貯蓄・信用機関に分けられ、そのうち銀行は、1）内部銀行、2）基礎銀行、3）連合銀行の3層に分けられた（小山, 1983）。このうち基礎銀行が、西側の商業銀行に対応する、金

融仲介を主要な業務とする銀行である[55]（小山, 1983; 2002; 田中, 1990）。

　基礎銀行には自主管理企業に奉仕する金融機関としての性格が与えられた。基礎銀行は、自主管理企業などがプールした資金を元に設立され、基礎銀行の最高意思決定機関である銀行総会は設立メンバーである自主管理企業の代表から構成されていた。また地方の政治サークルが銀行の頭取人事に事実上大きな影響力を持っていた。これらのため、基礎銀行に対しては設立者かつ債務者である企業と、地方の政治サークルが影響力を及ぼしており、基礎銀行は債務者によって管理されるに等しい状態が作り出された（小山, 1983; 2002）。その結果として、多くの貸出は事実上の贈与となり、また銀行は単一の貸し手に過度の信用供与を行い、さらに不良債権が累積した[56]（Zajc, 2002）。

　連合銀行は、信用取引・国際決済において海外からの信用を高めるため、また大規模な開発プログラムに必要な資金を国内あるいは外国から集中させて共通の利益を実現するなどの目的のために、複数の基礎銀行が自主管理協定を締結することにより設立するものである（小山, 1983; 田中, 1990）。スロヴェニアでは連合銀行として「リュブリャナ銀行—連合銀行」が設立され、一部を除き、スロヴェニアの22の基礎銀行がこのリュブリャナ銀行—連合銀行に統合された。このリュブリャナ銀行—連合銀行と基礎銀行は、「リュブリャナ銀行システム」と総称される。リュブリャナ銀行システムは、スロヴェニアの全銀行部門資産の78％を占めていた（小山, 1983; *The Banker*, Aug. 1994, Aug. 1995）。またリュブリャナ銀行システムで最大の基礎銀行であるリュブリャナ銀行（LB: Ljubljanska banka Ljubljana）は、1980年代には1行でスロヴェニアの全銀行部門資産の50％を占め、全金融取引の4分の3近くを扱う独占的状態となっていた[57]（Borish *et al.*, 1996.）。

　このように旧ユーゴおよびその一部としてのスロヴェニアの銀行部門は、社会主義期には独自の社会主義路線のもとで1960年代にすでに中央銀行と商業銀行が分離され、分権的となった二層式銀行システムが形成されていたという点で、ハンガリー、チェコ、ポーランドなどの旧東欧諸国とは異なっていた[58]。ただしこの二層式銀行システムは、西欧諸国のそれとは異なり、自主

管理型の社会主義として知られる旧ユーゴ特有の経済システムに対応したものであり、銀行の意思決定に問題を抱えていた。

注

1）Levine（1996）、Weill（2003）などの例外がある。

2）本章の補論を参照のこと。

3）ただし一部の銀行はLBddの優良資産の後継銀行であるNLB傘下にとどまり、またそのうちの多くは段階的にNLBに吸収された。

4）小山（2006）はFDIが少ないことの他の理由として、民営化が企業内部者優先であったこと、行政障壁の存在、スロヴェニアの市場が小さいことなどをあげている。またスロヴェニア人はFDIの流入に慎重な人が多く、そのような姿勢は、独立不羈の精神と高い国際競争力により説明されるとしている（pp. 147-178）。

5）ただし国有銀行の非効率性が利子マージンの大きさ（貸出利子率の高さ、預金利子率の低さ）として国内部門に負担を強いている可能性はある。スロヴェニアでは居住者の外国からの借入れが制度上禁じられており、また預金利子率上限規制があったことから、特に1998年まではこのような状況であった可能性がある。

6）*Slovenia Business Week*（SBW），June 4th, 2001。

7）Lindstrom and Piroska（2007）によれば、1997年にNLBとNKBMの銀行再建プログラムが終了し、それぞれの監査役会が設置されたとき、NLBの監査役会の指名権は（当時第1党の）自由民主党が、NKBMの監査役会の指名権は（当時第2党の）人民党が、それぞれ獲得したという（p.132、注7）。つまり、自由民主党と人民党は、NLBとNKBMにそれぞれ強い影響力を持っていたことがうかがえる。

8）ただし、なぜスロヴェニアの国内資本銀行が（欧米の大規模多国籍銀行に比べて小規模であるにもかかわらず）外国資本により買収されないのか、という論点は残る。実際、SKB、Koperなどは買収されているが、いくつかの中小銀行が残っている。この点については別稿に譲ることとして、本書では扱わない。

9）佐藤（2009）、Boehmer *et al.*（2005）などを参考にしている。

10）スロヴェニアの経済と旧国有企業の経営が好調で、旧国有銀行にソフトな予算制約の面での問題があまりみられなかったと考えられることも理由の一

つと考えられるが、本章では上述以上に詳しくは扱わない。

11）小山（2006）はスロヴェニアの民営化の遅れは政府の怠慢ではなく賢明な戦略によるものであり、国内経済が先進国の経済植民地にならないよう、独自のテンポで民営化、外資導入を進めていると述べている。

12）スロヴェニアでは、1996年に中小銀行Komercialna Banka Triglavが、高い預金利子率を設定することにより資金を集め、急速に資産を拡大した後に破綻した。これを受けて、設立資本金規制の強化や預金利子率上限規制が設けられるなど、競争制限的な規制が強化された。この規制は、1999年2月には銀行部門に競争を導入する新銀行法が施行されるまで続いた。

13）この新銀行法はEU法体系の一部である銀行指令への対応を目指したものである。外国銀行の子会社だけではなく支店の設立も認可されるようになった。また資本準備規制と新しい預金保険制度が導入された。国際的な金融取引の自由化も開始され、居住者の外国からの借入れも許可されるようになったほか、預金利子率上限規制が廃止された（OECD, 2009；日本貿易振興会海外調査部, 2000；Bank of Slovenia, 1999）。

14）日本貿易振興会（2001）によれば、これらの外国銀行の参入も、国有銀行の民営化を後押しした。

15）自主管理型の社会主義として知られている。小山（1983）などを参照のこと。

16）本章末の補論を参照のこと。

17）この利子8％、30年物のドイツ・マルク建ての政府債は、後に銀行の資産と負債のミスマッチの解消のため、より短く多様な満期で、より低い利子率の国内通貨建て債券と交換された（Kraft, 1997；Bank of Slovenia 1997）。

18）またスロヴェニアの独立後、スロヴェニアの銀行を通じて集められ、ユーゴスラヴィア国立銀行に預けられた外貨預金が封鎖された。Bonin et al.（2005b）、Dimova（2006）は、再建プログラムの目的として、この独立時に生じた銀行における貸出と預金の間の通貨のミスマッチ問題の解決を挙げている。

19）この時独立したのは次の4行である。Splosna Banka Celje、Splosna Banka Koper、Gorenjska Banka Kranj、Dolenjska Banka Novo Mesto。

20）Lindstrom and Piroska（2007）によれば、ドルノフシェク首相と議会の間で銀行民営化の最終決定をめぐり論争があったという。スロヴェニアでは銀行民営化のために特別な法律を議会は成立させていないが、それにより首相府が銀行民営化の計画と実施においてより大きな自由を与えられたという（Lindstrom and Piroska, 2007: p.132、注6）。

21）新スロヴェニア・キリスト教人民党（SLS＋SKD）のバユク新首相の承認、およびその後のバユク内閣の承認を指している。

22）スロヴェニア国立銀行によれば、2001年の新民営化計画における政府の銀行民営化の目的は、1）競争的で効率的な銀行・銀行部門の形成、2）公的債務の支払いに十分な民営化収入を政府にもたらすことであった（SBW, June 4th, 2001）。

23）2000年にNLBの10％の国家持分がKADとSODに移転されている（European Commission, 2000：p.25）。

24）NLBの民営化計画では、合併予定の3つの中小銀行の株主に12％、そして現時点のその他の投資家の所有を7％から15％に増加させる予定であった。また国内の金融投資家への割当ては当初の政府案では10％の予定だったが、14％に増加された（NLBホームページ；SBW, *Government Gives a Green Light to NLB and NKBM Privatisation Programmes*）（SBW, No.23/2001 June 4th, 2001）。

25）SBW, *Largest Slovenian Bank Prepares for Privatisation*（SBW, No.24/2001 June 11th, 2001）

26）EBRDは、旧ソ連・東欧の旧社会主義諸国の体制移行を支援することを目的として設立された国際金融機関である。2002年7月、政府は、NLBの国家所有株の5％をEBRDに売却する契約を締結した。また政府とEBRDは2006年まではその持分を売却しないことで合意した（SBW, May 22nd, 2006）。EBRDはNLBの民営化に参加した目的について、民営化を援助し、銀行のコーポレート・ガバナンスの強化、サービスの範囲の拡大、地域的拡大によりNLBの事業を発展させることを挙げている（EBRD ホームページ：http://www.ebrd.com/russian/pages/news/press/2008/080702a.shtml, 2010/10/28アクセス）。

27）民営化計画の変更の内容は、民営化計画の第2段階の一部を変更し、国内金融投資家への売却の割合を増やすことであった。

28）スロヴェニアでは国会の決定により、銀行の外国への民営化または売却については スロヴェニア国立銀行の許可を得ることが要件とされている（Bandelj, 2008：p.680）。

29）NLBの民営化計画第2段階の残りの8.7％をEBRDが買い取ることも検討されたが、中央銀行がEBRDの所有が10％を超えることに否定的な意見を持っていた。結局、政府は売れ残った残りの8.7％分を当面売却しないことを決定し

た（BBC Summary of World Broadcasts, October 29, 2002, March 13, 2003）。

30）KBCは、監査役会には関係者を残したものの、NLBの経営陣に派遣していた関係者を引き揚げた（SBW, May 15th, 2006）。またKBCは2010年現在、NLBの持分の売却先を求めている。

31）Peteza Nalozbeはスロヴェニア国内資本の金融会社で、2008年にEBRDからNLBの4.5％の持分を約1億3千万ユーロで購入した。なおPeteza Nalozbeはこの投資の負担が経営の重荷となり、2010年7月に破綻している（http://www.ebrd.com/russian/pages/news/press/2008/080702a.shtml, 2010/10/28アクセス；http://www.sta.si/en/vest.php?s=a&id=1531927, 2011/2/1アクセス）。

32）NLBは2013年末に資本注入により国有化された。NLBは2017年末までに民営化される予定である（http://www.reuters.com/article/slovenia-privatisation-idUSL8N13S27N20151203）。

33）SBW（June 4, 2001；July 23, 2001）.

34）NKBMの国家持分のうち10％は2000年にKADとSODに移転されている（European Commission, 2000: p.25）。

35）Lindstrom and Piroska（2007）によれば、Aktivaグループはスロヴェニアの民営化で影響力をもった人物のひとりであるDrako Horvatが創設者であり所有者でもある。AktivaグループはイスラエルのGandenグループ、スロヴェニアのFactor Banka、オーストリアの投資銀行EPICと国際コンソーシアムを形成してNKBM民営化の入札に参加している（Lindstrom and Piroska, 2007: p.132、注5）。

36）SBW, *None of the Bidders for NKBM Meets the Required Criteria, Commission Says*（SBW, March 25th, 2002）。Lindstrom and Piroska（2004）は、NKBMの民営化監督委員会の委員長であったDarko Tolarへのインタビューとして、NKBM監督委員会は入札価格とNKBMの将来計画という2点を主な基準として評価した、入札価格ではUniCredit、Bank Austria、Activa Groupの順で、将来計画では、NKBMの独立性を維持し、南東欧地域での活動を増加させるというActiva Groupの計画がもっとも魅力的であったと伝えている。

37）NKBMについては幾度か新たな民営化計画が立てられた。2004－2005年の民営化計画ではNKBMの33％の国家持株が売却されることとなっていた（SBW, Oct 18th, 2003）。しかし実際には実行されなかった。

38) NKBMは2013年末に資本注入により国有化された。NKBMは2015年になって米国のファンドApolloに株式の80％が、EBRDに20％が売却された（http://www.reuters.com/article/us-slovenia-nkbm-idUSKCN0PA25Q20150630）。

39) SBW, June 4th, 2001。

40) Lindstrom and Piroska（2007）によれば、1997年にNLBとNKBMの銀行再建プログラムが終了し、それぞれに監査役会が設置されたとき、NLBの監査役会の指名権は（当時第1党の）自由民主党が、NKBMの監査役会の指名権は（第2党の）人民党が、それぞれ獲得したという（p.132, 注7）。つまり、スロヴェニア自由民主党とスロヴェニア人民党は、NLBとNKBMにそれぞれ強い影響力を持っていたことがうかがえる。

41) 2001年11月にベルギーの多国籍ビール企業Interbrew社がスロヴェニアの二大ビール会社のひとつUnion社に対する過半数株式の取得を目指した公開買付を試みた。これに二大ビール会社のもう一社であるLasko社が競争的な公開買付で対抗した。Interbrew社とLasko社の間での買収合戦は両者の間の法廷闘争にまで発展して、「ビール戦争」とよばれた（Bandelj, 2003: pp.384-385; Lindstrom and Piroska, 2007: p.127）。

42) ドルノフシェク首相は2002年12月に大統領に転出し、ロップが後任の首相になった（齋藤, 2005）。

43) スロヴェニア議会の総議席数は90議席である。

44) Lindstrom and Piroska（2007）p.126。

45) 2000年には連立政権の一角を占めていたスロヴェニア人民党が野党のキリスト教民主党との合同のために連立政権を離脱し、当時のドルノフシェク政権が崩壊した（齋藤, 2005）。

46) Ialnazov（2003）参照。

47) 例えば民営化に関しても、1992年にJ.Sachsがスロヴェニアを訪問し、IMFの支持する民営化計画を提案したが、政府が実際に採用したのは、当時副首相であったJ.Mencingerなど国内の経済学者の支持する計画であった（Lindstrom and Piroska, 2007: p.121; 小山, 2006: pp.146-147）。また国によってはOECDへの加盟が対外開放などきっかけとなる場合がある（Buch, 2002: p.58）。ただしスロヴェニアのOECDへの加盟は2010年である。

48) さらにこの2つの基準にいくつかの副基準が設定されている。1998年報告書の『コンポジット・ペーパー』によれば、「機能する市場経済」に不可欠な要素としては、次のものが挙げられている。（a1）需要と供給の均衡の存在が

市場諸力の自由な相互作用により確立されていること。取引だけではなく価格が自由化されていること、(a2)市場の参入(企業の新規設立)と退出(破綻)に対する重大な障壁がないこと、(a3)(所有権に対する規制を含む)法システムが存在すること、法と契約が強制されうること、(a4)(適度な価格安定性、持続的な国家財政と対外収支を含む)マクロ経済の安定性が達成されていること、(a5)経済政策の本質的要素に関する幅広い合意、(a6)金融部門が貯蓄を生産的な投資につなぐのに十分によく発展していること、が指摘されている。また「EU内部での競争圧力や市場諸力に対応できる能力」に不可欠な要素としては、次のものが挙げられている。(b1)(安定的で予測可能性を持った雰囲気で経済主体が意思決定を行うことができるような十分な程度のマクロ経済安定性をそなえた)機能する市場経済が存在すること、(b2)十分な量および適度な費用の、人的資本および物理的資本(インフラストラクチャー——エネルギー供給、電気通信、輸送など—、教育および研究、将来のこの分野の発展を含む)、(b3)政府の政策および法が競争力に影響する程度(貿易政策、競争政策、国家補助金、中小企業支援、など)、(b4)拡大前にEUとの間で達成する貿易統合の程度および速度(すでに加盟国との間で取り引きしている財の量および性質の両方に適用する)、(b5)中小企業の割合(中小企業は市場アクセスの改善からより多くの利益を得ることと、大企業の支配は調整に対してより多くのためらいを示すため)。

49) "SLOVENE GOVERNMENT BEGINS PRIVATIZATION OF NOVA LJUBLJANSKA BANK", *BBC Monitoring Europe Economic* (28th August 1999)〈http://www.lexisnexis.com/lnacui2api/results/docview/docview.do?docLinkInd=true&risb=21_T11060540035&format=GNBFI&sort=RELEVANCE&startDocNo=1&resultsUrlKey=29_T11060540038&cisb=22_T11060540037&treeMax=true&treeWidth=0&csi=10962&docNo=1〉(アクセス2010年7月7日)。ただしこの記事の引用元とされている雑誌*Slovenia Business Week*の、インターネット版の記事("Marko Voljc on Privatisation of NLB"〈http://www.gzs.si/sbw/head.asp?idc=3215〉(アクセス2010年7月7日))をみると、Voljcの発言のうち該当部分 "One of the factors influencing the government's decision to start the privatization was certainly last year's report of the European Commission, which negatively assessed the fact that the government had not adopted the decision to start privatizing national banks, Voljc said, adding that he believes the government's decision to

be a genuine one and not only a cover to buy time from the EU." が存在しない。

50）1999年以降のコソボ問題の深刻化という事態への対応として、1999年12月のヘルシンキ欧州理事会ではEU拡大について新たな行動指針が策定された。これは安全保障上の観点から、EUが欧州内部での紛争の調停に主導的な役割を果たしうる状況を創り出すために、市場経済化、民主化が遅れてこれまで加盟交渉の対象国とならなかった南東欧諸国に対してEU統合への道を開くことで、遅れていた南東欧諸国の改革を支援し、これがひいては欧州の安定化に貢献するというとの考えがあった（家本, 2004: pp.43-44）。

51）国有銀行の資産比率の急速な低下は、大規模国有銀行の民営化のほかに、大規模国有銀行の清算が行われたことを表している可能性がある。ただしこれら4カ国では、大規模国有銀行が清算された例はない。

52）EBRDのデータにおけるハンガリーの外資系銀行およびその他のグラフにおいて2002年以降に20パーセントポイント近くに及ぶ一定の大きさの変動が連続する理由は不明である。資産シェアから考えると、国内で資産最大のOTP銀行にほぼ相当することから、市場での取引により分散所有であるOTPの外国資本の割合が所有構成の50％近辺で変動していることが第一に考えられる。しかしOTPのAnnual Reportをみる限りではこの仮説は当てはまらない。OTPの所有構成に占める外国資本の割合は、2002年末に80.8％とはじめて50％以上となり、2003年末が同じく80.8％、2004年末および2005年末が85.9％、2006年末で87.6％、2007年末で85.4％と50％を大きく超えている。また政府の投票優先株（黄金株）は2007年4月に廃止されている。

53）Schardax and Reininger（2001）によれば、五大銀行の資産比率は、EU平均で60％（1999年）である。

54）スロヴェニアの低下は、ユーロの導入と関係があると考えられる。

55）基礎銀行は、1978年末時点では旧ユーゴ全体で160行が存在していた（小山, 1983）。

56）また外貨不足を補うために政府が奨励した外貨建て預金により、銀行のバランスシートに大きな通貨のミスマッチが生じ、インフレーションの加速による国内通貨の急速な減価とともに銀行に巨額の損失を生じさせた（Zajc, 2002）。

57）社会主義時代のスロヴェニアの銀行部門については、一定程度の市場競争や市場的行動がみられていた（OECD, 1997b; Kraft,1997）、また国際銀行業の経験を積んでいた（Kraft, 1997）との評価もある。

58）移行期における二層式銀行システムの形成は、ハンガリーでは1987年、チェコでは1990年、ポーランドでは1989年であった。

第 4 章

中東欧地域の2008－2009年金融危機と外国銀行

　近年、外国銀行の参入に関する数多くの研究がなされているが、そのなかで外国銀行の参入が受入国の銀行部門に与える影響に関して、外国銀行が安定性をもたらすのか、あるいは不安定性の原因となるのかについては一つの大きな論点となっている。多くの研究が受入国の危機の際にも外資系銀行の貸出が安定していることを主張している。また一方で、外資系銀行は本国の経済状況や親銀行の経営状況の影響を受け、また受入国の危機の際に撤退するなど、条件次第では不安定性をもたらす可能性があることが指摘されている。

　2008−2009年に中東欧地域で生じた金融危機はこの論点についての格好の考察の材料を提供している。2007年以降、米国のサブプライムローン（低所得者向け住宅ローン）を裏づけとした債券の問題から米国および西欧の銀行で発生した危機は、2008年9月の米リーマン・ブラザーズ破綻のショックをきっかけとして、大恐慌以来最悪ともいわれる世界的な金融危機に発展した。近年高い経済成長が続いていた欧州新興国[1]にも危機は波及した。ハンガリー、ラトヴィアなど一部の国ではIMF主導の緊急融資を受けることとなったものの、この地域の危機的状況は2008年末までにいったん沈静化したとみられた。しかし2009年に入り各国で予想を超えた急速な実体経済の悪化が進行していることが明らかとなり、さらに2009年2月に格付会社の報告書が発した警告により、欧州新興国の銀行が深刻な危機に直面しているという認識が急速に拡大した。欧州新興国各国からは国外に資金が流出し、新たな世界的危機の震源地として注目されるようになった。その後の国際機関ならびにEUによる欧州新興国への支援策が次々とまとめられ、2009年4月上旬までには危機は当面のところ収束したものとみられるようになった。

　この欧州新興国の危機の進行のなかで議論となったのが、危機の範囲とEUからの救済策の内容である。危機の範囲については、危機的状況にあるのが欧州新興国のすべての国か、あるいは一部の国のみであるのかが議論され、またEUからの救済策の内容については、上述の議論と絡み、欧州新興国全体へのパッケージとすべきか、個別国の救済とすべきかが議論された。

またこのたびの欧州新興国の危機で特に注目されているのが、西欧銀行とその欧州新興国子会社の関係である。近年活発化した西欧銀行の欧州新興国への進出に伴い、西欧銀行はこの地域への国境を越えた貸出を拡大するだけではなく、新規設立または買収により設けた支店や子会社を通じて、この地域への金融サービスの提供を拡大した。それが世界的な危機の発生以降の欧州新興国の急速な景気減退により、この地域への貸出を拡大した西欧銀行の資産の質に懸念が生じることとなった。

　この金融危機においては、外国銀行進出の受入国である中東欧諸国と同時に、進出している外国銀行の本国も危機にさらされることとなった。このような形での金融危機は、これまでの銀行部門の安定性における外国銀行の役割に関する先行研究には存在していない。さらに中東欧地域に進出している外国銀行は大部分が西欧諸国の銀行であり、中東欧地域は比較的少数の西欧銀行のグループの寡占ともいえる状況が形成されている。このような形で中東欧地域の銀行部門が西欧に統合されつつあることも、外国銀行の役割に関する議論の想定外といえる。このような西欧銀行による中東欧地域の銀行部門の支配は、金融危機の進展と各国の銀行部門にどのような影響を及ぼしたのであろうか。

　本章では、2008－2009年に発生した欧州新興国の危機の進行の過程をまとめるとともに、欧州新興国、なかでも特に中東欧諸国において、外国銀行が金融危機にどのように影響したのかを検討する。

　以下では、最初に欧州新興国における危機の進行について概略を説明するとともに、危機の進行のなかで議論となった危機の救済策についてまとめる。次に中東欧諸国を中心に、各国の銀行部門構造を通じた西欧銀行と欧州新興国の結びつきについて説明する。最後に、外国銀行の親銀行―子会社の関係に注目し、西欧銀行の欧州新興国への進出が金融危機と各国の銀行部門の安定性に与えた影響について考えることとする。

第1節　欧州新興国の危機の進行についての概略

　本節では、2009年2月以降の欧州新興国の危機の進行と、EUなどによる危機へ政策的対応について概略を述べる[2]。

1．危機の発生と深刻化

　米国・西欧でのサブプライム危機の発生後も、欧州新興国の企業・銀行では証券化商品などに関連した不良資産も少なく、危機の波及は限定的なものであった。2008年前半までは欧州新興国は比較的順調に外国からの資金の流入が続いていた。しかし2008年9月の米リーマン・ブラザーズの破綻をきっかけとした世界的な信用収縮の発生により、この地域からも急速な資金の流出が発生するなど、信用の流れが枯渇し、金融危機が発生した。また資本逃避により変動相場制の諸国の通貨が下落した。また通貨価値が下落するなかで、拡大していた中小企業向け融資や住宅ローン等における外貨建て融資が不良債権化する懸念が高まった。2008年11月初旬には、対外債務の借り換えに困難が生じていたハンガリーに対するIMF主導の大幅な支援が正式に決まり、年末までにこの地域の危機的状況はいったんは沈静化したものとみられた。

　欧州新興国の危機が特に深刻なものとして受け止められるようになったのは、2009年に入ってからであった。西欧諸国では金融危機が経済の低迷に転化し、西欧諸国への輸出依存度の高い欧州新興国では、輸出の急減により予想を超えた速さで実体経済の悪化が進行していることが次々と明らかとなった。2009年1月8日に発表されたハンガリーの2008年11月期の工業生産高成長率（対前年同月比）はマイナス10.1％であった。また2009年1月14日に発表されたチェコの2008年11月期の工業生産高成長率（対前年同月比）はマイナス17.4％であった[3]。為替相場もユーロ（EUR）などに対して大きく下落した。ハンガリー・フォリント（HUF）（終値）は1月20日には1EUR＝HUF287.15と、2008年10月の1EUR＝HUF284.00を超えてこれまでの最安値を

更新し、1月末には1EUR＝HUF299.08を記録して、1カ月間で12.1％も下落した。また同期間にポーランド・ズウォティ（PLN）は7.4％、チェコ・コルナ（CZK）は3.7％下落した。

　また欧州新興国の経済成長見通しは先進国および当該地域の景気悪化を反映して、大きく、また臨時に下方修正された。国際通貨基金（IMF）の中東欧地域11カ国（トルコを含む）、CIS 6カ国の2009年の実質GDP成長率見通しは、2008年10月時点でそれぞれ中東欧地域3.4％、CIS諸国5.7％とされていたが、同年11月にはそれぞれ2.5％、3.2％と下方修正され、2009年1月にはさらに両地域ともにマイナス0.4％へと大きく下方修正されている[4][5]。また欧州復興開発銀行（EBRD）は中東欧・CIS地域30カ国（中央アジア、トルコを含む）の2009年の経済成長見通しについて、2008年11月には2.5％と予想していたが、2009年1月には0.1％へと2.4ポイント下方修正した[6][7]。

　危機が欧州新興国全体に発展するきっかけとなったのは、格付け会社の報告書であった。2009年2月17日に発表された米大手格付け会社ムーディーズの特別報告書[8]では、欧州新興国の景気後退の深刻化により欧州新興国地域の銀行とその親会社である西欧銀行の格付けを引き下げる可能性があることが示されており、これにより欧州新興国の銀行が深刻な危機に直面しているという認識が急速に拡大した[9]。報告書では、マクロ経済に大きな不均衡を抱える欧州新興国は他の地域と比べて景気後退がより深刻化する見通しで、その影響を受けた欧州新興国の銀行が資産の質の低下と流動性ポジションの脆弱性により経営が悪化すると予想されている。また西欧銀行（親銀行）が欧州新興国の銀行（子会社）の大部分を所有することに注目し、欧州新興国の銀行の経営状況の悪化が西欧の親銀行に負の影響をもたらすことを指摘するとともに、また経営の悪化した欧州新興国の子会社への親銀行による支援が継続するかどうかが問題にされた。さらに欧州新興国に進出している西欧銀行の所在地はオーストリア、イタリア、フランスなど少数の国に集中しており、またさらに西欧銀行のなかでも少数の銀行グループに集中しているとして、欧州新興国で活動している主要な銀行グループ名を挙げている。

　この報告書の発表が報道で注目されたことを受けて、欧州の欧州新興国関連の金融株が急落した。オーストリアではライファイゼン銀行とエアステ銀行が記録的な安値をつけ、フランスではソシエテ・ジェネラルが十数年ぶりの水準に下落した。またユーロは対ドルで 2 カ月ぶりの安値に下落した[10]。欧州新興国では、ポーランド・ズウォティが対ユーロで 5 年ぶりの安値となり、チェコ・コルナは 3 年ぶりの安値、ハンガリー・フォリントは記録的な安値をつけるなど変動相場制の各国の通貨が急落した[11]。またポーランド、チェコでは株価指数が過去 5 年間で最低水準に下落し、ハンガリー、クロアチア、ルーマニアでも過去数年来で最低水準に株価指数が落ち込むなど、欧州新興国の株式市場は軒並み下落した[12]。また各国の通貨価値の急落は、外貨建て債務を持つ欧州新興国の銀行、企業、家計の信用度を低下させ、さらに通貨の信認が損なわれるというスパイラルを引き起こした[13]。また景気が急速に悪化している局面で通貨が急落しているため、金融当局は通貨防衛を目的とするか、景気回復を目的とするか、金融政策の判断が難しくなった[14]。またこのような状況のなかで、業績が悪化している先進国の銀行は、欧州新興国での事業を縮小して、本国市場に事業を集中させていると報道された[15]。

2．EUと国際機関の危機への対応

　このような欧州新興国に広がる不安に対し、EU内部ではその対応への意見が分かれた。またそれに対して国際金融機関を中心として、欧州新興国の救済への積極的な対応もみられた。

　2009年に入り欧州新興国全体に対する懸念が広がりつつあったなかで、欧州復興開発銀行（EBRD）総裁のミロー（T. Mirow）は 1 月25日付けの英 *Financial Times* 紙[16]に寄稿し、深刻化している欧州新興国の問題は西欧とも深く結びついており、その解決には国際金融機関とEUおよび各国政府が協調して行動し、欧州新興国全体への包括的なアプローチを実施する必要があることを訴えている。また進行中の危機とこの地域の回復には銀行部門が非常に重要であり、実際の手順として親銀行およびその子会社に対する規制へ

の取り組みと金融支援の双方において緊密に協力しなければならないと述べている。

　またEU諸国のなかでは、中東欧諸国との経済関係が特に深いオーストリアの政府がいち早く欧州新興国救済構想を表明した。2009年1月28日には、12月にオーストリア首相に就任したばかりのファイマン（W. Faymann）がドイツを公式訪問し、ドイツの首相メルケル（A.Merkel）にEUによる欧州新興国救済パッケージの構想を説明した。メルケル首相はそれに対して支持するサインを送ったものの、拘束力のある声明は出さなかった[17]。そして2月上旬のEU財務相会合において、オーストリア財務相プレル（Josef Pröll）がEUによる1,500億ユーロの欧州新興国救済プランを提案したものの、ドイツの財務相シュタインブリュック（P. Steinbrück）により拒否されたと報道されている[18][19]。

　先述のムーディーズの報告書が発表された後の2009年2月18日には、EUの欧州委員会・経済通貨政策担当委員のアルムニア（J.Almunia）が東欧の銀行に対する懸念を表明し、EUが支援する用意があると述べた。ただしその支援の内容については明確にしなかったという[20]。また19日には、メルケル独首相が、（EUから直接ではなく）主にIMFを通じて、金融危機によって打撃を受けた欧州新興国を（個別に）支援する用意があるとの立場を記者会見で示した。また同じ記者会見で、EUの欧州委員長バローゾ（J.Barroso）は、欧州委員会は「あらゆるシナリオを検討」しており、150億ユーロの支援資金があると述べた[21]。同じ19日には、世界銀行のゼーリック総裁（R.Zoellick）が*Financial Times*紙のインタビューに応えて、中東欧諸国で社会主義体制が崩壊して2009年で20年になることに触れ、「欧州の再分裂を許すことになれば悲劇だ」と語り、EUが中東欧諸国を経済支援する国際的取り組みを主導すべきであると訴えた[22]。

　EUからの中東欧諸国全体への包括的な支援策についての合意が得られないなかで、中東欧諸国は通貨危機に対して一致した行動をとることを表明した。2009年2月23日、チェコ、ポーランド、ハンガリー、ルーマニアの中央

銀行は、過度な通貨安に対する懸念を表明し、各国の通貨防衛のために行動を起こす用意があるとの声明を共同で発表し、介入の可能性を示唆した。[23)]

　国際金融機関から欧州新興国の危機に対する包括的な支援策が発表されたのは、2009年 2 月27日のことであった。世界銀行、EBRDおよび欧州投資銀行（EIB）は、欧州新興国の金融危機の影響を受けた銀行および中小企業などに対して、2009－2010年に最大で245億ユーロの支援を行う共同行動計画を共同で発表した。[24)] このように国際金融機関が共同で支援策を発表することは異例のことであった。

　2009年 3 月 1 日にはEUの緊急首脳会議が開催され、中東欧地域への支援策について協議が行われた。ハンガリーのジュルチャーニ首相（F.Gyurcsany）は中東欧地域全体への1,800億ユーロの救済パッケージを提案したが、ドイツのメルケル首相などの反対により否決された。[25)] 一方で、この緊急首脳会議では、通貨急落などに見舞われた非ユーロ圏の加盟国を救済する緊急融資の特別融資枠[26)]の上限を、それまでの250億ユーロから500億ユーロに倍増することを決定した。また2009年 4 月のG20金融サミットの準備のために開催された 3 月20日のEU首脳会議では、IMFに対して750億ユーロの融資を行い、危機に直面した中東欧諸国への支援を強化することで合意した。

　2009年 3 月13、14日にはG20財務相・中央銀行総裁会議がロンドンで開催され、IMFの融資財源を2,500億ドルから 2 倍の5,000億ドルに引き上げることへの支持が示された。 3 月24日には、IMFは、新興国が危機を回避するための予防的な融資枠「フレキシブル・クレジット・ライン」の創設を発表した。[27)] さらに 4 月 2 日のG20金融サミットでは、IMFの資金を 3 倍の7,500億ドルに増額し、欧州新興国諸国などの新興国や途上国への支援を拡大することが決定された。[28)]

　またIMF主導の個別国への支援については、2008年 9 月以降、欧州新興国からは、同年 9 月にグルジア、11月にウクライナ、ハンガリー、12月にラトヴィア、2009年 1 月にベラルーシ、セルビア、 3 月にアルメニア、 5 月にルーマニア、 7 月にボスニアへの支援が決定しており、そのほか欧州では2008

年11月にアイスランドへの緊急融資が決定している[29]。

　さらに2009年3月にはルーマニアとセルビア、同年5月にはハンガリー、同年6月にはボスニア・ヘルツェゴヴィナ、同年9月にはラトヴィアを対象として、それらの国に進出しているEUを本国とする多国籍銀行の公的および民間部門の利害関係者間の対応の調整を図る会合が開催された。これはウィーン・イニシアティブ（欧州銀行協調イニシアティブ）と呼ばれている会合である。参加者は、進出している欧州の主要な多国籍銀行グループ、IMF、EBRD、EIB、世界銀行、欧州委員会および多国籍銀行グループの本国・受入国の関係機関である。多国籍銀行グループはそれらの受入国における全体の融資残高と受入国子会社への関与を維持することを公式に表明し、これによりこの地域から外国銀行が撤退する恐れがないことが確認された[30]。

　このように欧州新興国全体に広がった金融危機への対応をみると、EBRD、世界銀行などの国際金融機関は比較的早くから欧州新興国の危機を訴え、積極的に欧州新興国「全体」への支援に取り組む姿勢をみせた。他方で、EUには大規模かつ緊急性を要するような危機に対応できるような仕組みがなく、危機が進行するなかで合意形成に時間を費やした。EUの内部では意見が対立し、オーストリアやハンガリーが提案した欧州新興国全体への支援の構想はドイツなどの反対にあい、EU本体による対応は危機に陥った各国への「個別」の支援とIMFなどの国際機関を通じての支援の強化にとどまることとなった。

　2009年3月から4月にかけて、国際機関やEUが欧州新興国への支援の拡大を発表したことにより、当面の危機の懸念が後退した。また世界的に景気底入れの期待感が広がったことなどから、欧州新興国では3月以降は株価が急回復し、また通貨価値も回復しつつある。2009年には欧州新興国経済はポーランドとアルバニアを除くすべての国でマイナス成長を記録したが、2010年にはルーマニアなど一部を除き経済は回復基調にある。

　欧州新興国では、いくつかの銀行破綻は生じたものの、大きな銀行危機は発生していない。また多数の国がIMFの救済を受けたものの、国債のデフ

ォルトにまで至った国はない。これまでのところ欧州新興国は危機をうまく乗り切ったかにみえる。一方、2009年 6 月にはラトヴィアで通貨危機の問題が浮上し、また2009年11月以降のドバイ危機、ギリシャの債務問題が生じた際にも欧州新興国への懸念が再燃するなど、この地域の脆弱性への不安は完全には払拭されていない。2010年上半期にギリシャの債務危機がEU全体を揺るがすまでの大きな懸念となり、また2010年 6 月には、ハンガリーの政府高官がギリシャ同様の債務危機の状態に自国があることを認めるという騒ぎがあったものの、 7 月の欧州の銀行に対して実施されたストレステストの結果などを受けて懸念もようやく一段落を迎え、2010年12月末時点での状況は、ポーランドなど中欧諸国の回復から欧州新興国が再度危機に陥るとの懸念は大きく後退したとする見方がある。ただ一方で、西欧諸国ではギリシャに続きアイルランドにも債務危機が拡大し、ポルトガルやスペインへの危機の飛び火も懸念されている。またバルト諸国、南東欧諸国などの一部の諸国では景気停滞の長期化や通貨減価による外貨建て住宅ローンのリスクにより、今後も銀行の不良債権が増加していくなど金融システムの脆弱性が長期にわたるという見方もある。[31]

第 2 節　中東欧地域の銀行部門構造と外国銀行

　本節では、まず欧州新興国の危機発生以前の経済状況について検討する。次に欧州新興国、なかでも中東欧諸国経済に対する西欧銀行の影響力の大きさについて検討するとともに、その西欧銀行と欧州新興国経済の結びつきが西欧銀行に新たなリスクを生じさせていることを明らかにする。

1 ．欧州新興国の金融危機の発生以前の状況

　かつて社会主義体制をとっていた欧州新興国では、体制転換後、政治経済が安定するにつれて外国からの直接投資が増加し、多くの国で輸出が急増した。この直接投資の進出元となり、また輸出先となった国は、多くの場合、

西欧諸国である。また中東欧諸国では、旧社会主義時代から引き継いだ国有銀行の民営化やEUの東方拡大などを契機として、外国銀行、特に西欧諸国の銀行の子会社によって銀行部門の大部分が占められることとなった。

岩田（2010）は、このような西欧銀行の進出の背景を次のように説明している。2000年のITバブル崩壊後の不況でEU域内主要国の銀行の収益率が低下し、預金と貸出の利鞘に依拠した伝統的なビジネスモデルから高い収益が期待できなくなったことから、西欧銀行は二つの活路を見出した。一つは「トレーディング勘定」から高収益を上げる「投資銀行」化であり、もう一つがEUの新規加盟国である中東欧・バルト諸国への展開であった（岩田, 2010: p.44）。

2005年以降、欧州新興国への外国銀行を通じた貸出などの信用は急速に拡大した（表4−1）。バルト諸国、ルーマニア、ブルガリア、ロシア、ウクライナでは2004−2007年の間に年平均30％近くかそれ以上の成長率で民間部門への信用の拡大が続いた。2007年時点ではエストニア、ラトヴィアで信用残高がGDP比で90％以上、クロアチア、ハンガリー、ウクライナ、リトアニアでも同じくGDP比で60％を超えている。外国銀行およびその子会社は、成長地域である欧州新興国において特に消費者向けの貸出を拡大し、国内消費の拡大に貢献した。また多くの国でGDP比5％以上の外国直接投資の流入が続いており、特にブルガリア、エストニアでは2004−2007年の平均でGDP比10％を超えている。

外国からの直接投資と外国銀行を通じた貸出に支えられて輸出と国内消費が拡大したことにより、欧州新興国はここ数年、高い経済成長率を維持していた。GDPの実質成長率をみると、バルト諸国では年平均で8％を超えており、ウクライナ、ロシア、スロヴァキアでは7％以上、他の国もハンガリーを除きおおむね5％を超える高い成長であった。しかしこのような高い経済成長と資金流入・信用拡大の裏で、多くの国が対外的な脆弱性を抱えていた。バルト諸国とルーマニア、ブルガリア、セルビアでは2007年の経常収支赤字がGDP比で10％を超え、ラトヴィアとブルガリアでは20％以上である。

表4－1　欧州新興国の主要経済指標

	GDP成長率 1)	外国直接投資 2) /GDP	対民間部門信用成長率 3)	国内信用残高 4) /GDP	株式価格上昇率 4)	経常収支 4) /GDP	対外債務残高 4) /GDP	外貨建融資比率 5)	為替レート 6) 低下率
	2003 -2007	2004 -2007	2004 -2007	2007	2004 -2007	2007	2007	2007	2008.6 -2009.3
中 欧									
ポーランド	5.1	4.6	13.9	46.8	30.4	－4.4	55.5	24.2	37.0
ハンガリー	3.7	5.4	15.8	74.4	21.7	－4.9	121.1	57.2	25.5
チェコ	5.5	5.9	15.4	52.9	30.3	－1.8	42.6	9.1	12.0
スロヴァキア	7.1	5.9	7.3	51.6	21.1	－5.5	59.1	―	―
バルト									
エストニア	8.8	12.9	29.5	93.4	34.0	－17.7	118.7	80.0	0.0
ラトヴィア	9.8	6.3	41.1	94.8	21.2	－23.9	143.4	86.3	0.7
リトアニア	8.4	4.7	45.4	61.1	41.3	－13.7	78.5	54.8	0.0
南東欧									
ルーマニア	6.4	7.6	47.2	35.0	n.a.	－13.7	n.a.	54.3	17.2
ブルガリア	6.1	18.2	36.8	59.2	51.6	－22.0	107.4	50.0	0.0
クロアチア	4.8	6.4	14.2	82.9	31.2	－8.7	95.4	61.4	2.7
セルビア	5.6	n.a.	25.7	n.a.	13.9	－15.3	n.a.	n.a.	20.0
CIS									
ロシア	7.2	2.9	34.4	25.2	30.6	5.9	35.9	n.a.	22.8
ウクライナ	7.8	6.0	50.2	61.7	67.6	－3.7	58.6	n.a.	47.0

注：n.a.は、データの欠如を示す。スロヴァキアは2009年1月にユーロに加盟。
　1）2003－2007年の年平均実質成長率、IMFのデータより。
　2）EBRDのデータより。
　3）2003－2007年の年平均実質成長率。消費者物価でデフレート。IMFのデータより。
　4）IMFのデータより。
　5）総融資に対する比率。オーストリア中銀、その他各国中央銀行のデータより。
　6）2008年6月から2009年3月までの国内通貨の対ユーロでの低下率。欧州中央銀
　　行のデータより。エストニア、ラトヴィア、リトアニアブルガリアは対ユーロ
　　での固定相場制。
出所：OECD（2009）*Economic Survey : Austria*；EBRD, *Structural change indicators*
　　（EBRDホームページより）

対外債務残高のGDP比は、ラトヴィア、ハンガリーでは120％を超え、エス
トニア、ブルガリア、クロアチアでも80％を超えている。また融資に占める
外貨建ての比率については、変動相場制の諸国のなかでみると、クロアチア、
ハンガリー、ルーマニアが5割を超えている。

このように近年の欧州新興国の経済は、国により程度は異なるものの、多くの国が急速に信用を増加させ、経済成長を謳歌しながら、対外的な脆弱性を抱えている状況にあった。

2. 欧州新興国における多国籍銀行

　近年の欧州新興国、とりわけ中東欧地域の銀行部門では、旧社会主義時代から引き継いだ国有銀行の民営化やEUの東方拡大などを契機として、銀行部門の大部分を外国銀行が占める、"外国銀行による銀行部門の支配"の傾向が顕著となっている。

　中東欧地域の各国銀行部門に外国銀行が占めている割合（2007年末時点）を銀行資産からみると、16カ国中10カ国で外国銀行資産が80％以上となっている。また60％以上80％未満が5カ国と、中東欧諸国ではスロヴェニア以外のすべての国で銀行部門資産の6割以上を外国銀行が占めている（図4-1）。

　ここでは欧州新興国に進出している多国籍銀行グループについて、上位のものを取り上げ、欧州新興国の銀行部門の少数の銀行グループへの集中の程度について確認する。

　表4-2は、欧州新興国に進出している外国銀行のうち上位20行を取り上げている。上位から、ウニクレディト（UniCredit、イタリア）、ライファイゼン・インターナショナル[32]（Raiffeisen International、オーストリア）、エアステ銀行（Erste Bank、オーストリア）、ソシエテ・ジェネラル（Société Générale、フランス）、KBC（ベルギー）、OTP（ハンガリー）、インテーザ・サンパオロ（Intesa Sanpaolo、イタリア）、ING（オランダ）、スウェドバンク（Swedbank、スウェーデン）、バイエルン州立銀行（BayernLB、ドイツ）が上位10行となっている。

　これら上位10行の欧州新興国での資産の合計が2008年で約5,827億ユーロとなる。これは欧州新興国の銀行部門資産の総額1兆7,720億ユーロと比べると約3分の1であり、ロシアを除く欧州新興国の銀行部門資産の総額1兆960億ユーロと比べると5割を超える規模となっている[33]。また上位20行では、

図 4 - 1　欧州新興国の銀行資産に占める外国銀行のシェア（2007年）（単位：%）

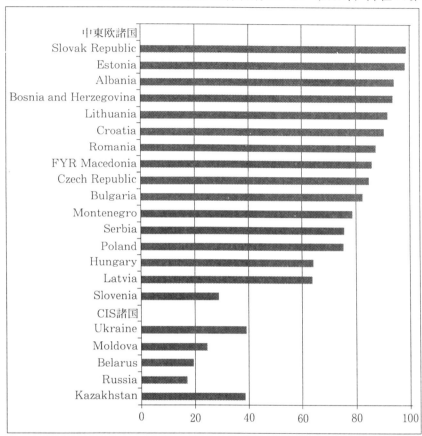

出所：EBRD, Structural change indicators（EBRDホームページより）

資産の合計が7,337億ユーロとなり、これは欧州新興国全体の約 4 割、ロシアを除く欧州新興国全体の約 3 分の 2 となっている。

表4－2　欧州新興国における多国籍銀行の進出状況（資産上位20行）

資産 順位	銀行グループ名 （所在国名）	資産* （十億ユーロ）		進出* 国数	支店数*
	（年）	2008	2005	2008	2008
1	UniCredit（Italy）	108.7	72.4	16	3,033
2	Raiffeisen International（Austria）	85.4	41.7	16	3,231
3	Erste Group Bank（Austria）	79.2	48.7	7	2,099
4	Société Générale（France）	67.1	30.0	14	2,852
5	KBC（Belgium）	66.6	38.5	7	1,411
6	OTP（Hungary）	43.2	23.5	9	1,573
7	Intesa Sanpaolo（Italy）	42.2	22.1	10	1,780
8	ING（Netherlands）	32.2	19.0	8	543
9	Swedbank（Sweden）	29.3	12.7	5	496
10	BayernLB（Germany）	28.8	(9.1)	9	452
11	Commerzbank（Germany）	28.1	12.1	6	256
12	Citibank（United States）	24.7	17.6	8	358
13	Nova Ljubljanska Banka（Slovenia）	17.7	12.3	7	526
14	Volksbank（Austria）	14.2	4.2	9	610
15	AIB（Ireland）	13.9	7.7	n.a.	n.a.
16	EFG Eurobank（Greece）	13.7	2.9	5	1144
17	GE Money**（United States）	11.9	6.8	n.a.	n.a.
18	BC Portugues（Portugal）	11.3	－	n.a.	n.a.
19	National Bank of Greece（Greece）	8.4	2.9	5	728
20	Alpha Group（Greece）	7.1	－	6	598

注：*欧州新興国における数字。ここでの欧州新興国には、バルト諸国、中欧諸国、南東欧諸国（コソボを含む）、ウクライナ、ロシア、ベラルーシ、カザフスタンが含まれる。
出所：Raiffeisen Reserarch, *CEE Banking Sector Report*, July 2009, p.50, 53; September 2006, p.55.

　また上位行の特徴をみると、国籍ではイタリア、オーストリア、フランス、ベルギー、オランダ、スウェーデン、ドイツなどが並び、後でみる国際与信統計の上位の国とほぼ対応している。またハンガリーのOTP、スロヴェニアのNLBといった欧州新興国の地場銀行2行が多国籍化して周辺地域に拡大している。また国としては、ドイツやフランスといったEU内の主要国だけでなく、オーストリア、ギリシャなど小国が多く含まれている。また上位行

のなかには他の多国籍銀行との合併や買収により規模を拡大してきたものも多い。例えば、2007年のインテーザとサンパオロの合併によるインテーザ・サンパオロ、2005年のウニクレディトによるヒポ・フェラインス銀行（HVB：Hypo-Vereinsbank）およびバンク・オーストリア・クレディタンシュタルト銀行（BA-CA：Bank Austria-Creditanstalt）の買収などがある。[34]

　また買収された銀行のなかには、その欧州新興国での経験を生かし、銀行グループのなかでの欧州新興国事業での中核子会社（ハブ）と位置づけられる場合もある。例えば、ウニクレディトにおけるバンク・オーストリア、バイエルン州立銀行におけるハイポ・グループ・アルプ・アドリア（HGAA：Hypo Group Alpe Adria）などが挙げられる。

　また欧州新興国に進出している多国籍銀行グループの全体としての資産規模に占める欧州新興国の資産の割合は、もともと欧州新興国の地場銀行であるOTPとNLB、ライファイゼン銀行グループの欧州新興国事業子会社（当時）であるライファイゼン・インターナショナル以外では、オーストリア、ギリシャ、スウェーデンなど比較的小国の銀行で欧州新興国の資産の割合が高くなっている（表4－3）。これらのうち多くは、本国に近い欧州新興国の一部について、本国に準じた位置づけを行い、飽和しつつある本国市場に代わり、欧州新興国のなかでも限定地域内で近年貸出を急拡大させてきた。オーストリアの銀行は中欧・南東欧、ギリシャの銀行は南東欧、スウェーデンの銀行はバルト諸国がそのような地域に当たる。表4－4は多国籍銀行子会社の欧州新興国の各国における順位を示しており、ここからもそれを読み取ることができよう。

表 4 － 3　多国籍銀行の資産における「東欧」地域の資産の割合
（2008年 9 月末）

順位	銀行グループ名 （子会社名）	所属国名 （子会社所属国名）	「東欧」地域* の資産の割合
1	OTP	Hungary	100%
2	Raiffeisen International	Austria	100%
3	Nova Ljubljanska Banka	Slovenia	93.4%
4	Erste Group Bank	Austria	53.0%
5	Oesterreichische Volksbank	Austria	26.9%
6	KBC	Belgium	20.9%
7	Swedbank	Sweden	17.8%
8	EFG Eurobank	Greece	16.7%
9	BC Portugues	Portugal	12.0%
10	Alpha Group	Greece	11.3%
11	UniCredit (Bank Austria)	Italy (Austria)	10.4%
12	GE Money**	United States	8.4%
13	National Bank of Greece	Greece	8.3%
14	AIB	Ireland	7.6%
15	BayernLB (Hypo Group)	Germany (Austria)	6.8%
16	Intesa Sanpaolo	Italy	6.6%
17	Société Générale	France	5.9%
18	Commerzbank	Germany	4.5%
19	ING	Netherlands	2.4%
20	Citibank	United States	1.8%

注：*ここでいう「東欧」地域には、バルト諸国、中欧諸国、南東欧諸国（コソボ
　　を含む）、ウクライナ、ロシア、ベラルーシ、カザフスタンが含まれる。
　　**2007年の数字。
出所：Raiffeisen Reserarch, *CEE Banking Sector Report*, July 2009, p.50.

表 4 － 4　欧州新興国の銀行部門における多国籍銀行子会社の順位

順位	銀行グループ	欧州新興国の銀行部門における順位（資産シェア）															
		PL	HU	CZ	SK	SI	HR	RO	BG	RS	BH	RU	UA	BY	ES	LT	LI
1	UniCredit	②	⑦	④	⑤	④	①	⑤	①	⑥	③	⑩	⑤		⑥	⑨	⑩
2	Raiffeisen	⑩	⑤	⑤	③	⑩	④	④	④	④	②	⑨	②	③			
3	Erste		⑥	①	①		③	①									
4	Société Générale			③		⑤	⑥	②	⑧	⑨		⑥					
5	KBC	⑧	②	②	④												
6	OTP		①					⑧	②				⑦				
7	Intesa Sanpaolo		③		②	⑥	②			①	⑥						
8	ING	④			⑦												
9	Swedbank														①	①	②
10	BayernLB		④			⑧	⑤			⑤	①						

注：①②‥○の中の数字が子会社の資産シェアでの当該国における順位。ただし10位以内のみ（国によってはデータの都合で 9 位以内のみ）。
　　PL：ポーランド、HU：ハンガリー、CZ：チェコ、SK：スロヴァキア、SI：スロヴェニア、HR：クロアチア、RO：ルーマニア、BG：ブルガリア、RS：セルビア、BH：ボスニア、RU：ロシア、UA：ウクライナ、BY：ベラルーシ、ES：エストニア、LT：ラトヴィア、LI：リトアニア。
出所：Raiffeisen Reserarch, *CEE Banking Sector Report*, July 2009, p.50より作成.

第 3 節　外国銀行と欧州新興国の危機

　第 1 節であげたEBRDのミロー総裁の発言やムーディーズの報告書は、西欧銀行が欧州新興国の銀行の大部分を所有することに注目し、欧州新興国の銀行の経営状況の悪化が西欧の親銀行に負の影響をもたらすことを認識するとともに、また親銀行が経営の悪化した欧州新興国の子会社への支援を継続するかどうかを問題にしている。

　欧州新興国における西欧銀行の支配は、危機にどのような影響を与えたのであろうか。

　吉冨（2003）によれば、アジア危機は、外貨建てで借りた資金を自国通貨建てで運用する通貨面でのミスマッチと、短期借りの資金を長期投資で運用する満期上のミスマッチというダブル・ミスマッチがバランスシートに発生したことを特徴とする“資本収支危機”であった。海外からの短期資金を中

心とした資本流入による投資ブームが続いた後で、投資ブーム崩壊に伴い銀行の不良債権が急増する。そのような状況で何かの出来事をきっかけとして大量の資本流出が発生し、通貨価値の切り下げを余儀なくされる通貨危機が発生するとともに、海外から外貨建てで短期借入を行っていた企業・銀行が流動性危機に陥り、銀行取付けが発生し、システミックな銀行危機が発生するという、通貨危機と銀行危機の両者が同時期に生じる「双子の危機」が生じた。

　一方で、バーグロフほか（2009）は、今回の欧州新興国の危機においては、危機がこのような危険な領域にまで達しなかったことを指摘している。また2008年第4四半期と2009年第1四半期に欧州新興国を襲った金融ショックは大規模であったものの、他の新興国、先進国金融市場を襲ったショックと比べるとそれほど深刻なものではなかったと主張している。また（一部の国はその寸前の状態まで追い込まれたものの）管理できないような通貨危機に見舞われた国はない、大手銀行の破綻と国有化は、Parex銀行（ラトヴィア）、BTA銀行（カザフスタン）などで生じたが、このような破綻は西欧諸国でも生じていると指摘している。バーグロフほか（2009）は、欧州新興国が示したこのような危機への抵抗力に関する説明として、公的部門の比較的健全な財政状態に加えて、この地域に特有の構造的要因として、1）EUへの近さと2）国際的な銀行グループの役割をあげている。EUとの近さとは、欧州新興国がEUとの政治的関係を育んできたことであり、このような関係によりウィーン・イニシアティブにおける複数の欧州機関を通じた金融支援の提供と調整が得られた。また他の新興国に比べて金融部門における外国資本の比率が著しく高く、外国銀行の現地支店・子会社の存在が、危機において銀行融資の安定性をもたらしたと主張している（バーグロフほか，2009）。

　本節では、バーグロフほか（2009）が欧州新興国の危機への抵抗力として説明している外国銀行の役割とウィーン・イニシアティブについて、欧州新興国の危機との関連について検討する。

1．銀行部門安定性における外資系銀行の役割

（1）銀行部門の安定性における外国銀行の影響

　近年、外国銀行の参入とその効果に関する研究は数多くなされているが、第1章でみたように、外国銀行の参入が受入国の銀行部門の安定性に与える影響は、一つの大きな論点となっている。銀行部門の貸出の安定性に関連して、外国銀行は次のような効果をもつことが示されている。1）受入国の危機の際における外資系銀行の安定化効果、2）親銀行の危機の際の外資系銀行の不安定化効果、3）受入国の危機の際の外資系銀行の撤退の可能性。

　実証研究の多くは、外資系銀行が受入国の危機からの影響を受けにくいことを支持している。すなわち、外国銀行の参入は、次のように受入国の危機の際に銀行部門に安定化効果をもたらす（受入国の危機の際における、外資系銀行の安定化効果）。

・受入国の危機の際に、外資系銀行の貸出の増加は地場銀行よりも安定的である[35]。

・受入国の危機の際に、財務状態のよい（不良債権が少ない）場合には、地場銀行も外資系銀行も同様にふるまう[36]。

・（アジア危機の際に）外国銀行を地域的に集中している銀行（リージョナルバンク）と地域外にも分散している銀行（ノンリージョナルバンク）に区分すると、ノンリージョナルバンクは地場銀行よりも安定的であった一方で、リージョナルバンクの安定性は地場銀行と変わらなかった[37]。

・1993－2000年の中東欧諸国において受入国の危機の時期にも、外資系銀行は資金供給を維持しており、地場銀行に比べて安定的であった[38]。

　このように受入国の危機の際にも外資系銀行の貸出が安定している理由としては、外資系銀行は本国の親会社からの資金供給を受けるとともに、親会社の評判の効果があるため、危機の時期にも資金調達が比較的安定していることが指摘されている（IMF 2000, p.163）。

　外資系銀行は受入国の危機の影響を受けにくい一方で、本国の経済状況や親銀行の経営状況の影響を受けることが指摘されている。すなわち、外国銀

行の参入は外部からのショックを受入国の銀行部門に伝えることがある（親銀行の危機の際の外資系銀行の不安定化効果）。

・本国の危機あるいは経済成長が、受入国における外資系銀行の貸出に影響を与える[39]。

・本国の親銀行の財務状態の健全性が、受入国における外資系銀行の貸出に影響を与える[40]。

　また受入国の危機の際に、政治介入を伴う場合には、外資系銀行は撤退する可能性があるとの指摘もある（受入国の危機の際の外資系銀行の撤退の可能性[41]）。また受入国の危機の際に、外国銀行による国境を越える貸出は減少する[42]。

　以上のように、外資系銀行の貸出は受入国の危機の際にも安定的である一方、本国の経済状況や親銀行の経営状況の影響を受け、また受入国の危機の際には外資系銀行が撤退する可能性もある。

　De Haas and Van Lelyveld（2010）は、外国銀行の本国と国外子会社の間での親銀行―子会社間の関係を、銀行内の「内部資本市場」という観点からとらえて、危機の際の銀行部門安定性における外国銀行の役割について検討している。外国銀行の本国と国外子会社（外資系銀行）の間には、「国境を越えた、銀行内の内部資本市場」が存在しており、外部の資本市場が不完全ななかで、外国銀行が国外子会社に内部的に配分する資本が受入国での信用の拡大に影響している。そして受入国に金融ショックが発生したとしても、外国銀行子会社は内部資本市場からの追加的な資本配分に支えられてショックの影響を緩和できる（「支援効果」）。また多国籍銀行である親銀行は、内部資本市場を通じて、収益率の低い国の子会社から収益率の高い国の子会社へと資本を再配分する（「代替効果」）。そのため急速に成長している経済では、外国銀行子会社は地場銀行以上に貸出を拡大する。ただし財務状態の悪い多国籍銀行では、内部資本市場を通じた資金配分を行う余裕がないため、その国外子会社はそれほど貸出を拡大できない。De Haas and Van Lelyveld（2010）はこの研究の含意として、親銀行の健全性が非常に重要であることを強調し

ている。

（2）外国銀行と金融危機の伝染の経路

　外国銀行の親銀行―子会社間の相互関係は、受入国の銀行部門の安定性に効果を持つ一方で、外国銀行の本国と受入国の間での金融危機の伝染の経路になる可能性もある。

　Arvai *et al.*（2009）は、外国銀行の進出による親銀行―子会社間の相互関係が、金融危機の伝染の経路になる可能性に焦点を当てている。Arvai *et al.*（2009）は、Sbracia and Zaghini（2001）のいう「共通の貸し手」を通じた危機の伝染が、欧州のなかでの西欧諸国と欧州新興国の間の相互関係により発生しうるとしている。この経路は一般に次のものに依存している。（ⅰ）西欧本国（「共通の貸し手」）の持つ、問題のある受入国（「トリガー国」）に対する債権額の大きさ、（ⅱ）欧州新興国の西欧本国（「共通の貸し手」）からの資金への依存度の高さ。これらが大きいとき、地域的な伝染の発生の恐れが高くなる。図4－2は、地域的な伝染の経路について、図により説明したものである。

　金融の伝染の第1の経路は、多数の諸国の主要な資金源となっている「共通の貸し手」の存在によって危機が伝わるというものである。A国のある外資系銀行（子会社）に影響したショックは、B国の親銀行に流動性・健全性の圧力として伝わり、それが親銀行を通じてA国とは直接関係の無いC国の外資系銀行に影響する。

　金融の伝染の第2の経路は、親銀行が子会社である外資系銀行に対して突然のリスクの再評価を行うことにより、受入国の外資系銀行に流動性問題が発生するというものである。A国の親銀行がB国の子会社への預金あるいは融資を引き上げ、その流動性問題がB国内の別の外資系銀行に拡大し、それがその外資系銀行の親銀行への流動性問題として影響する。

図 4 − 2　地域的な金融伝染（Financial Contagion）の起こりうる経路

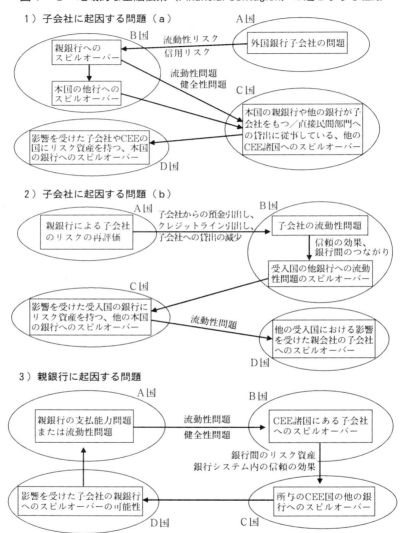

1 ）子会社に起因する問題（a）

A国
外国銀行子会社の問題

B国
親銀行への
スピルオーバー

本国の他行への
スピルオーバー

流動性リスク
信用リスク

流動性問題
健全性問題

C国
本国の親銀行や他の銀行が子
会社をもつ／直接民間部門へ
の貸出に従事している、他の
CEE諸国へのスピルオーバー

影響を受けた子会社やCEEの
国にリスク資産を持つ、本国
の銀行へのスピルオーバー

D国

2 ）子会社に起因する問題（b）

A国
親銀行による子会社
のリスクの再評価

B国
子会社の流動性問題

子会社からの預金引出し、
クレジットライン引出し、
子会社への貸出の減少

信頼の効果、
銀行間のつながり

受入国の他銀行への流動
性問題のスピルオーバー

C国
影響を受けた受入国の銀行に
リスク資産を持つ、他の本国
の銀行へのスピルオーバー

流動性問題

他の受入国における影響
を受けた親会社の子会社
へのスピルオーバー

D国

3 ）親銀行に起因する問題

A国
親銀行の支払能力問題
または流動性問題

B国
CEE諸国にある子会社
へのスピルオーバー

流動性問題
健全性問題

銀行間のリスク資産
銀行システム内の信頼の効果

影響を受けた子会社の親銀行
へのスピルオーバーの可能性

所与のCEE国の他の銀
行へのスピルオーバー

D国　　　　C国

出所：Arvai, Driessen, & Otker-Robe（2009）のDiagram.1を翻訳、改変。

　金融の伝染の第 3 の経路は、親銀行の問題が子会社に影響するというものである。A 国の親銀行における流動性または健全性の問題は、その B 国における子会社に影響する。そして受入国である B 国内の銀行部門の信頼の低下やリスク資産の影響が、B 国内の別の外資系銀行に拡大し、それが C 国のその親銀行に影響する、というものである。

　また外国銀行と金融危機の伝染の経路についていえば、Arvai *et al.* (2009) は、BIS の「国際与信統計」(June 2008, Table 9B) を用いて、オーストリア、イタリア、ドイツの銀行を「共通の貸し手」と想定して、西欧諸国を通じて欧州新興国で地域的な伝染が発生する潜在的な危険性を計算している。それによると、クロアチア、ボスニア・ヘルツェゴヴィナ、スロヴァキアでは、オーストリア（またはイタリア）の銀行の影響を受けやすい。また、スウェーデンの影響を最も強く受けやすいのは、エストニア、ラトヴィア、リトアニアである。これらの欧州新興国のうち一国で危機が発生した場合、他の周辺国に危機が伝染する可能性がある。

2．ウィーン・イニシアティブ

　既述のように、ウィーン・イニシアティブは、2009 年 1 月に設立された[43]多国籍銀行の公的および民間部門の利害関係者間の対応の調整を図る会合である。ウィーン・イニシアティブの目的は、欧州新興国からの非協調的な外国銀行の退出という結果となる可能性についての懸念があるなかで、欧州新興国に進出している欧州の主要な銀行グループ、国際金融機関、欧州委員会および銀行グループの本国・受入国の関係機関などの主要な利害関係者間の対話を促進し、それによって非協調的な結果となる可能性を減少させることであった（IMF, 2010: p.52）。また参加者間での責任と負担の共有について、次のような合意を確立している（EBRD, 2009；田中, 2010）。

・受入国政府は、銀行の所有に関わらず、銀行に預金保険と流動性支援を与えることを保証し、また支援的なマクロ経済政策を行う。

・EU を拠点とする親銀行は、中東欧諸国における子会社への資本再構成、

再融資を誓約する。このことはIMFが支援するプログラムを伴う国においては、IMFが支援するプログラムが順調に進む限り融資残高を維持することを誓約する主要銀行による公式文書の形式をとる。

・本国政府は、銀行グループに、受入国の子会社への資金拠出の制限なしに、それらの事業全体に対する国家の支援対策へのアクセスを認める。

・国際金融機関は、各機関の権限の範囲内で融資パッケージを公表する（EBRD、EIB、世界銀行グループは、2009－2010年における250億ユーロの共同行動計画を2009年2月に公表した）。

　2009年3月にはルーマニアとセルビア、同年5月にはハンガリー、同年6月にはボスニア・ヘルツェゴヴィナ、同年9月にはラトヴィアを対象として、問題が生じた国別の特別会合が開催され、多国籍銀行グループはそれらの国における全体の融資残高と子会社への関与を維持することを公式に表明し、これらの国から撤退しないことが確認された（IMF, 2010: p.52）。IMF（2010）は、ウィーン・イニシアティブは、中東欧諸国でIMFが支援するプログラムの文脈において真に実効的なツールであり、民間部門関与（PSI）に必要な枠組みを与えたと評価している。

　日本銀行金融市場レポート（2009）は、国際金融機関による金融支援プログラムについて、次のように「協調促進装置」として機能し、流動性危機を回避したと評価している。取引相手に関する情報の不確実性が拡大した場合、ある銀行が資金を回収し始めると、他の銀行は自分の知らない情報をもとに資金回収が始まっているのではないかと思い、我先に資金回収に走るようになる。このように市場の流動性は、不確実性の高まりを背景とした銀行間の相互不信によって枯渇しうる。こうした協調の失敗による流動性危機に対して、IMFなどの国際金融機関による金融支援プログラムは、銀行や投資家に対する「協調促進装置」として機能する。欧州新興国のリスクに対する意識が高まるなかで、個々の欧州系銀行にとって融資の早期回収は先々の不良債権の増大を回避する一つの選択肢であるが、欧州系銀行が一斉に資金回収を始めると、欧州新興国経済に大きなダメージを及ぼすだけでなく、残存す

る債権の急激な不良化をもたらすことになる。国際金融機関による支援プログラムは、新興国経済のさらなる不安定化を回避することを通して、欧州系銀行が、新興国向け融資残高を急激に削減しないよう、協調を促進した側面があった。

　このようにウィーン・イニシアティブは、国際金融機関の主導のもとに欧州の多国籍銀行グループを関与させ、協調を促進することによって、欧州新興国から外国銀行が退出し、流動性危機が発生するのを防いでいる。

3．欧州新興国の危機と西欧銀行の与信活動

　外国銀行を通じた欧州新興国への与信活動[44]は近年急速に増加していた（図4－3）。国際決済銀行（BIS）の「国際与信統計」[45]（Consolidated banking statistics）によると、BIS報告銀行の欧州新興国に対する外国債権総額[46]は、2004年末時点では約4,040億ドルであったが、2005年以降大きく増加し続け、2008年6月末時点では約1兆7,450億ドルと、2004年末の4倍以上となった。

図4－3　欧州新興国に対する外国債権総額（1993年末－2008年末）
（単位：十億ドル）

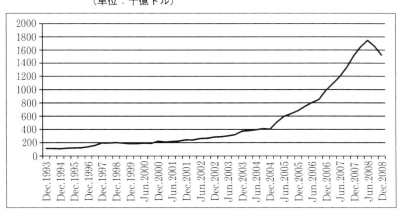

注：データは1999年までは半期ごと、2000年以降は四半期ごと。「外国債権」とはBIS報告銀行が持つ、この地域への国境を越える債権とそれらの銀行の海外支店・子会社の持つこの地域向けの債権の合計。
出所：BIS, *International Banking Statistics*, Table 9A（BISホームページより）

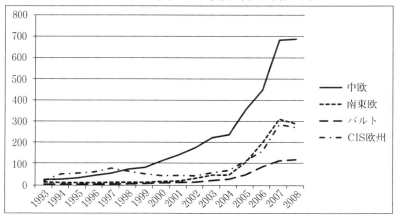

図 4 - 4 　欧州新興国への外国債権総額 （地域別）
（1993年末 - 2008年末、単位：十億ドル）

注：データは各年末。
出所：BIS, *International Banking Statistics*, Table 9A （BISホームページより）

　その後は金融危機の影響を受けて減少し、2008年12月末時点では約 1 兆5,230
億ドルと、ピークから 1 割以上減少している。
　また「国際与信統計」から欧州新興国のなかでの地域別に外国債権の額の
推移をみると、各地域とも2005年以降急速な拡大をみせている。中欧地域が
いち早く増加をみせており、金額的にも2008年12月末で計7,000億ドル近く
と最も多くなっている。南東欧、バルト地域も2002年頃から上昇傾向であっ
たが急拡大したのは2005年以降のことで、CIS欧州地域も1997年をピークに
低迷していたが、2005年以降は急速な拡大をみせている（図 4 - 4 ）。
　表 4 - 5 は、「国際与信統計」のデータから、2008年末時点で欧州新興国
に対して、どの国の銀行が多く与信活動を行っているかを示している。まず
欧州新興国全体でみると、オーストリアの銀行の与信が 1 番多く、地域全体
の17.5％を占める。 2 番目に多いのがドイツの銀行で13.5％、 3 番目がイタ
リアの銀行で13.0％となり、これら上位 3 カ国の銀行だけで、新興欧州地域
全体への外国銀行の与信活動の44％を占めている。次いでフランス、ベルギ
ー、オランダ、スウェーデンの順となり、これらを合わせた上位 7 カ国の銀

表4－5　外国銀行の国別でみた欧州新興国に対する外国債権総額に占める割合
（2008年末）

貸し手 借り手	外国債権* 総額 （百万＄）	Austria	Germany	Italy	France	Belgium	Nether- lands	Sweden	7カ国 合計	欧州銀** 合計
新興欧州*** （東欧諸国）	1,523,380	17.5%	13.5%	13.0%	9.5%	7.9%	7.0%	6.9%	75.2%	91.4%
中　欧										
Poland	273,967	5.7%	19.4%	15.0%	6.8%	7.9%	12.5%	2.8%	70.1%	91.6%
Hungary	153,860	24.0%	21.9%	19.2%	6.9%	11.8%	3.1%	0.2%	87.1%	93.9%
Czech Rep.	165,621	32.8%	6.9%	7.8%	18.0%	24.3%	4.1%	0.1%	93.9%	96.9%
Slovakia	93,106	39.9%	4.1%	22.9%	5.9%	13.8%	3.7%	0.7%	91.1%	93.5%
Slovenia	40,729	23.9%	32.0%	18.8%	7.1%	6.0%	2.4%	0.0%	90.1%	95.4%
中欧諸国計	727,283	21.1%	15.8%	15.5%	9.3%	13.1%	6.9%	1.2%	82.9%	
南東欧										
Croatia	79,910	29.0%	21.0%	36.9%	7.3%	0.5%	0.2%	0.0%	95.0%	97.6%
Romania	121,089	34.8%	3.5%	10.6%	13.0%	1.0%	8.6%	0.1%	71.6%	95.8%
Bulgaria	41,832	12.5%	6.5%	18.3%	8.6%	4.5%	1.6%	0.0%	52.0%	92.3%
Serbia	22,938	25.7%	13.3%	19.9%	9.0%	0.2%	0.2%	0.0%	68.3%	98.6%
Bosnia	11,329	36.0%	30.0%	31.7%	0.1%	0.1%	0.7%	0.1%	98.7%	99.6%
Albania	5,797	46.2%	0.8%	5.8%	12.8%	0.2%	0.1%	0.0%	65.9%	98.5%
Montenegro	3,522	3.7%	31.2%	61.4%	0.8%	0.4%	0.4%	0.0%	97.9%	98.3%
Macedonia	2,467	11.9%	8.7%	0.9%	…	0.2%	0.0%	0.0%	21.7%	96.8%
南東欧諸国計	288,884	28.9%	10.9%	21.0%	9.7%	1.2%	3.9%	0.0%	75.8%	
バルト										
Estonia	35,358	0.7%	3.0%	1.1%	0.4%	0.2%	0.0%	81.0%	86.4%	99.5%
Latvia	40,528	1.0%	10.7%	2.3%	0.6%	0.0%	0.0%	57.3%	72.0%	97.5%
Lithuania	42,515	0.6%	7.6%	1.7%	1.1%	0.2%	0.3%	64.2%	75.5%	99.3%
バルト諸国計	118,401	0.7%	7.3%	1.7%	0.7%	0.1%	0.1%	66.8%	77.6%	
CIS欧州										
Russia	219,908	10.2%	18.7%	10.8%	12.2%	3.8%	9.5%	4.8%	70.0%	84.4%
Ukraine	46,808	23.2%	9.1%	8.0%	19.6%	0.8%	6.7%	11.7%	79.0%	94.3%
Belarus	4,086	56.0%	18.7%	7.2%	2.2%	2.3%	3.5%	0.2%	90.0%	96.9%
Moldova	574	62.9%	7.7%	23.2%	0.2%	1.4%	0.5%	0.0%	95.8	98.1%
CIS欧州計	271,376	13.3	17.0%	10.3%	13.3%	3.2%	8.9%	5.9%	71.9%	

注：＊「外国債権」とは、BISに報告している銀行が直接この地域に貸出を行ったクロス
　　ボーダー債権に、それらの銀行の現地子会社の貸出による債権を加えたものである。
　　＊＊「欧州銀」とは、欧州諸国の国内所有銀行のことであり、ここでは以下の18カ国の
　　国内所有銀行の合計を指す。Austria, Belgium, Denmark, Finland, France,
　　Germany, Greece, Ireland, Italy, Luxembourg, the Netherlands, Norway,
　　Portugal, Spain, Sweden, Switzerland, Turkey and the United Kingdom.
　　＊＊＊「新興欧州」は、この表の「東欧」諸国のうちスロヴェニアを除き、トルコを加え
　　たものになる。
出所：BIS, *International Banking Statistics* （June 2009） Table 9Bより、筆者の計算。
参考：Arvai, Driessen, and Otker-Robe （2009）

行で４分の３を占めている。さらに外国銀行のうち欧州の銀行が９割以上を占めており、欧州以外の地域からの新興欧州地域に対する与信活動は１割にも満たないことになる。

　また表４－５から西欧各国別に欧州新興国の外国銀行の与信活動に占める割合をみると、オーストリアの銀行は、ポーランドを除き中欧全般で高く、中欧諸国計で21％、また南東欧全般でも高く、計29％を占めている。またウクライナで２割以上など、CIS欧州計でも13％を占めている。次にドイツの銀行の割合は、ポーランド、ハンガリー、スロヴェニア、クロアチアなどで高く、中欧諸国計で16％、南欧諸国計で11％を占めている。またドイツの銀行はロシアで２割近くを占めるなどCIS欧州計では17％と各国のなかで最大となっている。またイタリアの銀行の割合は、中欧・南東欧全般で高く、中欧諸国計で16％、南東欧諸国計で21％を占めている。またスウェーデンの銀行は、エストニアで８割を超えるなど、１国の銀行がバルト諸国全体の67％を占めている[47]。

　以上のように、欧州新興国の銀行活動の大部分は外国銀行によって行われており、またその外国銀行のうち大部分が西欧銀行となっている。またこの地域への与信活動は、特定の少数の諸国（オーストリア、ドイツ、イタリアなど）の銀行が大部分を占めている。また比較的小国にもかかわらず、欧州新興国における与信活動がもっとも活発であるのはオーストリアの銀行である。

　ここまで欧州新興国への外国銀行の与信活動は、国別にみるとオーストリアを筆頭として、ドイツ、イタリア、フランス、ベルギー、オランダ、スウェーデンといった少数の国が大部分を占めていることを確認した。ここにはEU内の主要国だけでなく、オーストリアなど小国も含まれている。また欧州新興国における外国銀行の活動は、少数の銀行グループに集中している。ウニクレディト、インテーザ・サンパオロ（以上、イタリア）、ライファイゼン・インターナショナル、エアステ銀行（以上、オーストリア）、ソシエテ・ジェネラル（フランス）、KBC（ベルギー）などである。またOTP、スロヴェニアのNLBという欧州新興国の地場銀行２行が多国籍化して周辺地域に拡

大している。

4．危機と外国銀行、ウィーン・イニシアティブの役割

　バーグロフほか（2009）は、今回の欧州新興国における2008年第4四半期と2009年第1四半期の金融ショックは、他の新興国、先進国金融市場を襲ったショックと比べるとそれほど深刻なものではなかったと主張している。その根拠として、地域別のクロスボーダー銀行融資の変化率（図4－5）において、他の発展途上地域および新興市場地域に比べると、欧州新興国における銀行融資の引き揚げ（銀行資産ストックに対する融資引き揚げ率）が比較的小規模にとどまったことをあげている[48]。

　バーグロフほか（2009）は、外資系銀行が銀行部門の多数を占めていたことが、欧州新興国の危機への抵抗力の源泉の一つとなったとしている。しかし、外資系銀行の存在がそれだけで危機の際の銀行部門の安定性に寄与する

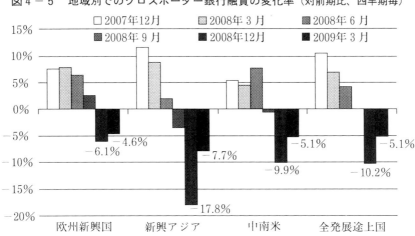

図4－5　地域別でのクロスボーダー銀行融資の変化率（対前期比、四半期毎）

注：BIS報告銀行の対外資産の変化（為替調整後）。
　　欧州新興国はコーカサス、中央アジアおよびモンゴルを除く。
出所：バーグロフほか（2009）p.93。
原出所：BISロケーショナル・データセット6A。

とは必ずしもいえない。先述の先行研究のまとめにあるように、外資系銀行の貸出は通常は受入国の危機の際にも安定的であるが、その貸出が安定している条件としては親銀行の財務の健全性が重要である。今回の欧州新興国の危機は外国銀行の本国が危機に見舞われ、親銀行の経営状態が悪化しているという、まさにその安定性の条件があてはまらないケースに相当する。さらに欧州銀行の欧州新興国への積極的な進出により、この地域の与信活動は、特定の少数の諸国の少数の銀行グループが大部分を占めている。いくつかの欧州銀行はこの地域の多数の諸国で大きなシェアを獲得しており、それらの銀行にこの地域の貸出リスクのかなりの部分が集中しているなかで、この地域の多くの国が危機に見舞われている状態となっている。このように今回の欧州新興国の危機においては、外資系銀行が銀行部門の多数を占めていたことそのものは、必ずしも受入国銀行部門への安定性に寄与しなかったばかりか、さらにいえば結果として大きな信用収縮の危機は回避されたものの、外国銀行にリスクが集中したことから、外国銀行が撤退する可能性、外国銀行の本国から受入国に危機を伝染する可能性など、外国銀行の存在から危機を拡大させる可能性があったことが示唆される[49]。

　ウィーン・イニシアティブについて、バーグロフほか（2009）は危機への抵抗力の源泉の一つとして高く評価している。先述のように、ウィーン・イニシアティブは国際金融機関の主導のもとに欧州の多国籍銀行グループを関与させ、協調を促進することによって、欧州新興国から外国銀行が退出し、流動性危機が発生するのを防いだ。このウィーン・イニシアティブにより、欧州新興国に進出している親銀行である外国銀行の当面の安定性が保証され、またその親銀行の安定性とウィーン・イニシアティブの規定のもとで外資系銀行の貸出の安定性が保たれ、欧州新興国の信用収縮の危機が回避されたと考えることができる。

　また別の観点から欧州新興国における外国銀行の支配とウィーン・イニシアティブの関係についてみると、（欧州新興国の銀行部門における）プレーヤーの数が少ないために、一般に合意と協調行動は実行しやすくなるといえよう。

またEBRDなどの国際金融機関は共同行動計画の一環として、欧州新興国における多国籍銀行グループのネットワークを通じて、中小企業の支援などを目的とした中長期金融などを行っている。例えば、EBRDは、ウニクレディトの欧州新興国 8 カ国12社の子会社を通じて、中小企業の支援などを目的とした 4 億 3 千万ユーロの中長期金融投資を行っている。このように外国銀行グループのネットワークを用いて中東欧地域の銀行を救済することで、各国個別に分散した銀行を救済するのに比べて、EBRDの事務的な負担は少なくなるといえる。

　また欧州新興国における危機の深刻化を防ぐうえで、ウィーン・イニシアティブなどによる流動性危機の回避は重要であったと考えられるが、一方で銀行の健全性を回復する対策は別途必要となる。例えば不良債権処理、資本増強などであり、子会社である欧州新興国の外資系銀行が単独で行う場合もあれば、親銀行である西欧諸国の銀行や受入国の政府の支援が必要となる場合もある。第一義的には、民間部門の自助努力で、すなわち子会社と親銀行で処理することとなると考えられるが、金融危機で経営不振に陥った西欧諸国の親銀行にはそれらの負担は容易ではない可能性がある。また少数の西欧銀行グループによる欧州新興国における支配は、欧州新興国の経済が好調であるときにはそこからの利益が銀行グループに集中することを意味しているが、欧州新興国における景気後退やそれに伴う不良債権の増加などのリスクが、子会社における損失の発生や将来の損失発生への不安を通じて、これらの少数の西欧銀行グループに集中することも考えられる。また危機前には欧州新興国の別々の国に進出することで、リスクが分散されているという見方もあった。しかし欧州新興国の多くは西欧諸国を市場とする多国籍企業の直接投資を受け、同じような輸出志向の産業構造となっていた。欧州新興国各国の輸出依存度にはいくぶん差があるものの、今回の西欧諸国全体の危機による需要の落ち込みで欧州新興国では輸出と工業生産が同じように急減し、必ずしもリスクが分散されていないことが示された。

　欧州新興国における危機の深刻化と外国銀行の大量撤退は回避されたもの

の、一部では西欧銀行傘下の欧州新興国子会社の売却という形での撤退も行われている。ドイツ政府の救済を受けたウエスト州立銀行は、ハンガリーにおける銀行子会社を地場の持株会社に売却している[50]。アライド・アイリッシュ銀行（アイルランド）は、金融危機後の経営難から、ポーランドにおける銀行子会社BZ-WBKの株式の70.36％を29億ユーロで、サンタンデール銀行（スペイン）に売却した[51][52]。これらの背景のひとつには、金融危機で経営不振に陥り、各国政府が実施した救済を受けた銀行に、欧州委員会が救済措置を承認する条件として中核事業以外の売却を指示したことがある。西欧銀行グループの欧州新興国事業は、中核事業でないとの判断から売却の対象とされることがあった。

　また西欧銀行傘下の欧州新興国事業の中核子会社も再編されている。ライファイゼン銀行グループの欧州新興国事業の子会社として独立し上場されていたライファイゼン・インターナショナルは、ライファイゼン銀行と再合併している。ドイツ政府の救済を受けたバイエルン州立銀行（ドイツ）の傘下であり、南東欧地域の事業を行っていたハイポ・アルプ・アドリア・グループ（オーストリア）は、流動性危機に陥ったためにオーストリア政府によって国有化された。

　このようななかで、ドイツ銀行やサンタンデール銀行など、これまで欧州新興国への進出があまりみられなかった欧州の主要銀行が買い手として再編に参加するとの見方もある。すでに欧州新興国の銀行民営化は一部の国を除いて一段落しているが、業績の悪化した他の欧州大手銀行の子会社の売却や親銀行自体のM&Aも含めて、欧州新興国における外国銀行の進出の地図が今後大きく塗り替わる可能性もある。

　また2010年末時点でも、欧州周辺国では債務危機が続いている。ギリシャに続きアイルランドにも危機が拡大し、ポルトガルやスペインへの危機の飛び火も懸念されている。欧州銀行には今後さらに保有する国債のリスクが重くのしかかる可能性がある。欧州の銀行グループに依存した新興欧州国へのリスクの伝染も懸念されている。

第4節　小括

　本章では、最初に今回の欧州新興国の危機の進行過程の概略とEUや国際機関の政策対応を説明した。そして欧州新興国、特に中東欧諸国で生じている西欧銀行への依存について説明し、それが欧州新興国の危機にどのように影響しているのかを検討を試みた。欧州新興国の危機において、外国銀行の本国も同時に危機的状態にあり、外資系銀行は必ずしも銀行部門の安定性に役割を果たせなかった。西欧銀行と欧州新興国の結びつきを考慮したウィーン・イニシアティブなどによる流動性危機の回避は重要であり、それにより西欧銀行およびその子会社の外資系銀行の安定性が保たれ、欧州新興国における危機の深刻化が防がれることとなった。一方で銀行の健全性を回復する対策は今後必要となる。この西欧銀行の親銀行─子会社の関係の今後の変化に注目し、それが危機に与える影響について今後の検討課題としたい。

注

　1）本章で「欧州新興国」とは、中東欧地域およびCISの欧州地域の諸国を指す。ただし用いる資料の定義によっては、カフカス地方など他のCIS諸国、トルコを含むことがある。なお本章で「中東欧諸国」とは、バルト諸国（エストニア、ラトヴィア、リトアニアの3カ国）、中欧諸国（ハンガリー、ポーランド、チェコ、スロヴァキア、スロヴェニアの5カ国）、南東欧諸国（ルーマニア、ブルガリア、クロアチア、ボスニア・ヘルツェゴヴィナ、セルビア、モンテネグロ、旧ユーゴスラヴィア・マケドニア、アルバニアの8カ国。またコソボを含む場合もある）を指す。またEUに関係して中東欧諸国という場合、2004－2007年に中東欧地域からEUに新規加盟した10カ国（エストニア、ラトヴィア、リトアニア、ハンガリー、ポーランド、チェコ、スロヴァキア、スロヴェニア、ルーマニア、ブルガリア）のことを特に指すことがある。また本章で「CISの欧州地域」とは、ウクライナ、ロシア、ベラルーシ、モルドヴァの4カ国を指すが、場合によってはカザフスタンを含む。

　　　また近年の金融危機のなかで、かつて冷戦時代に欧州大陸を東西に分断し

ていた「鉄のカーテン」の東側の欧州の社会主義諸国を指す言葉であった「東欧」（Eastern Europe）という言葉が、再び海外新聞・雑誌の記事などで散見されるようになっている。この「東欧」という言葉は、最近の金融危機のなかで特に危機の影響を強く受けている欧州新興国を指すために用いられており、中東欧諸国に加えて、ウクライナ、ロシアなどのCISの欧州地域が含まれることも多く、中央アジアのカザフスタン等が含まれることがある。これらの多くの国々が「旧共産圏」あるいは「東欧」として一括りにされる傾向が、この地域に危機の「伝染（contagion）」という新たな危機の原因を発生させているという指摘もある（"The whiff of contagion" *The Economist*（電子版）（2009年2月26日）〈http://www.economist.com/world/europe/displaystory.cfm?story_id=13184594〉）。

2）本章の記述は、主に次の文献に依拠している。伊藤（2009a）、竹谷（2009）、*Financial Times*（電子版）各号、*The Daily Telegraph*（電子版）各号、ロイター（電子版）各号、ブルームバーグ（電子版）各号。

3）チェコの2008年11月期の工業生産高成長率は、統計の作成方法が変更された2000年以降で最悪の数字であった。この数字はエコノミストの事前予想の中央値の2倍であり、2008年10月期のマイナス7.6％を大きく超えていた。"Czech November Industrial Output Slumps on Slowdown（Update3）" *Bloomberg*（電子版）（2009年1月14日）〈http://www.bloomberg.com/apps/news?pid=newsarchive&sid=anPFDvlx0DxI〉

4）International Monetary Fund, *World Economic Outlook*, October 2008, *World Economic Outlook UPDATE*, November 2008, January 2009.

5）IMFは2009年4月には、中東欧7カ国およびCIS6カ国の経済成長見通しをマイナス3.7％、マイナス5.1％としている。さらに2009年7月にはマイナス5.0％、マイナス5.8％とさらに下方修正している一方で、2010年における回復の見込みの度合いを若干上方修正している（IMF, *World Economic Outlook*, April 2009; *World Economic Outlook UPDATE*, June 2009.）

6）"EBRD winds back growth forecasts as global crisis deepens" EBRDホームページ（2009年1月27日）〈http://www.ebrd.com/new/pressrel/2009/090127.htm〉。またEBRDは2009年5月には、この地域の経済成長見通しをマイナス5.2％とさらに大きく下方修正している（EBRDホームページ（2009年5月7日）〈http://www.ebrd.com/new/pressrel/2009/090507gdp.pdf〉）。

7）ほかに、世界銀行も、欧州新興国・中央アジアの実質GDP成長率を、2008

年11月時点の予測では2.7%としていたが、2009年 3 月にはマイナス2.0%と大きく下方修正している（The World bank, *Global Economic Prospects 2009*, December 2008; *Global Economic Prospects 2009 Forecast update*, March 2009）。

8 ）Moody's Investors Service, *West European ownership of East European banks during financial and macroeconomic stress*, Special Comment, Report No. 112939, Feb. 2009.〈www.moodys.com〉

9 ）同日、大手格付け会社スタンダード＆プアーズも、中東欧諸国の銀行の格付けを見直す可能性があることを明らかにした（「ムーディーズとS&P、欧州新興国の銀行格付けについて警告」ロイター電子版（2009年 2 月18日）〈http://jp.reuters.com/article/marketsNews/idJPnJS838120520090217〉）。

10）"Austria Default Risk Passes Italy's as East Bet Sours（Update1）" *Bloomberg*（電子版）（2009年 3 月 5 日）〈http://www.bloomberg.com/apps/news?pid=newsarchive&sid=av0_TxrNeFvg〉、「欧州株式市場＝続落、一段の損失懸念背景に銀行株に売り」ロイター電子版（2009年 2 月18日）〈http://jp.reuters.com/article/domesticFunds/idJPnJT838115920090217〉

11）2009年 2 − 3 月の対ユーロでの為替の底値を前年夏のピーク時と比較すると、価値の低下はポーランド・ズウォティで52.2%（ 2 月17日）、ハンガリー・フォリントで38.7%（ 3 月 6 日）、チェコ・コルナで28.4%（ 2 月17日）であった。また同じ底値を2009年の年初以来どれだけ低下したかをみると、ポーランド・ズウォティは17.5%、ハンガリー・フォリントは18.7%、チェコ・コルナは9.7%であった（ECBホームページのデータより、筆者の計算による）。

12）「ムーディーズとS&P、欧州新興国の銀行格付けについて警告」ロイター電子版（2009年 2 月18日）〈http://jp.reuters.com/article/marketsNews/idJPnJS838120520090217〉; "Moody's warns of eastern Europe risk", *Financial Times*（電子版）（2009年 2 月17日）,〈http://www.ft.com/cms/s/0/4e59ac9e-fd03-11dd-a103-000077b07658.html〉; "Eastern Europe triggers rush for safety", *Financial Times*（電子版）（2009年 2 月17日）,〈http://www.ft.com/cms/s/0/06da52fe-fd3c-11dd-a103-000077b07658.html?ftcamp=rss&nclick_check=1〉。

13）"Moody's warns of eastern Europe risk", *Financial Times*（電子版）（2009年 2 月17日）,〈http://www.ft.com/cms/s/0/4e59ac9e-fd03-11dd-a103-000077b07658.html〉

14）「〔焦点〕中・東欧諸国、金融危機受けた通貨急落で利下げ継続が困難になる可能性」ロイター電子版（2009年2月20日）〈http://jp.reuters.com/article/treasuryNews/idJPnTK838615120090220〉

15）「EUは中東欧への経済支援を強化すべき―世銀総裁＝FT紙」ロイター電子版（2009年2月19日）〈http://jp.reuters.com/article/worldNews/idJPJAPAN-36573320090219〉。

16）"Joint initiatives can rescue eastern Europe", *Financial Times*（電子版）（2009年1月25日），〈http://www.ft.com/cms/s/0/a632d10a-eae0-11dd-bb6e-0000779fd2ac.html#ixzz1BXLAarqW〉

17）"Federal Chancellor Faymann pays official visit to Germany", オーストリア連邦首相府ホームページ〈http://www.bka.gv.at/site/infodate_02.02.2009/6632/default.aspx#id33671〉。またメルケル独首相はその共同記者会見で中東欧地域への責任を共有することを表明し、ハンガリーへのIMF等の救済を例にあげた（"East Europe looks to western partners to avert bank crisis", *EUbusiness.com*（電子版）、2009年1月29日）〈http://www.eubusiness.com/news-eu/1233248528.05〉

18）"Failure to save East Europe will lead to worldwide meltdown", *The Daily Telegraph*（電子版）（2009年2月15日）〈http://www.telegraph.co.uk/finance/comment/ambroseevans_pritchard/4623525/Failure-to-save-East-Europe-will-lead-to-worldwide-meltdown.html〉

19）シュタインブリュックはこのように中東欧諸国への緊急援助について慎重な姿勢を示す一方で、オーストリアなどを念頭に問題が持ち上がっていたユーロ圏諸国の救済についてはその可能性を示唆していた（*Bloomberg*（電子版）2009年2月17日）〈http://www.bloomberg.com/apps/news?pid=newsarchive&refer=home&sid=an8El62.Qlds〉。現行のEUの法的枠組みのなかではEUおよびその加盟国が他の加盟国に経済支援を行うことを原則として禁じる"No-Bailout Rule"（金融支援の禁止条項）があり、実際に支援を行う場合にそれを法的にどう裏づけるかが問題となった。一つには、加盟国が例外的な出来事によって困難に直面するか、深刻な脅威にさらされる場合の経済支援について定められていた条項を援用するという立場があった（*Bloomberg*（電子版）（2009年2月17日）〈http://www.bloomberg.com/apps/news?pid=newsarchive&sid=aAog4Vqb6SGQ&refer=uk〉; 参考 田中理「EUがギリシャ支援を表明」*Euro Trends*, 2010年2月12日）。

20）「東欧諸国の通貨相場や銀行に懸念＝アルムニア欧州委員」ロイター電子版
（2009年 2 月19日）〈http://savvisg3nj.jp.reuters.com/article/idJPJAPAN-
36558320090218〉

21）「UPDATE2：ドイツは必要あればIMF通じ東欧諸国支援の用意も＝メルケ
ル首相」ロイター電子版（2009年 2 月20日）〈http://jp.reuters.com/article/
forexNews/idJPnJT838559720090220〉

22）「EUは中東欧への経済支援を強化すべき―世銀総裁＝FT紙」ロイター電子版
（2009年 2 月19日）〈http://jp.reuters.com/article/worldNews/idJPJAPAN-
36573320090219〉。"Zoellick urges EU to help east Europe" *The Financial
Times*（電子版）（2009年 2 月15日）〈http://www.ft.com/cms/s/0/942a7748-
fe08-11dd-932e-000077b07658.html〉

23）「ポーランド月報2009年 2 月」在ポーランド日本国大使館〈http://www.pl.
emb-japan.go.jp/seiji/documents/geppo/2009_2.pdf〉

24）"EBRD, EIB and World Bank Group join forces to support Central and
Eastern Europe" EBRDホームページ（2009年 2 月27日）〈http://www.ebrd.
com/new/pressrel/2009/090227.htm〉

25）ドイツの反対は、ドイツがEU予算への最大の資金拠出国であり、欧州新興
国救済に追加的な財源が必要となった場合にも最も大きな負担を迫られるこ
とが予想され、かつ2009年 9 月に総選挙を控えているためといわれている。
またチェコとポーランドも、自国の経済のファンダメンタルは健全であり、
かつ投資家から経済が脆弱なハンガリーと同一視されることを恐れて反対し
たといわれている。

26）この特別融資枠は、2008年12月に120億ユーロから250億ユーロに増額されて
いたが、このうちすでに、ハンガリーに65億ユーロ、ラトヴィアに31億ユー
ロが使われており、さらにルーマニアへも援助を要請することが予想されて
いた。（EUホームページ "Commission raises overall ceiling in balance-of-
payments assistance facility"（2009年 4 月 8 日）〈http://europa.eu/rapid/
pressReleasesAction.do?reference=IP/09/559〉）

27）「政策運営とファンダメンタルズが健全な国」を対象に、予め融資枠を確保
して問題が発生した際に無条件で融資供与する制度。 5 月にはメキシコに続い
てポーランドがこの制度の適用を受けることが正式に決まった（伊藤, 2009b）。

28）Raiffeisen Research（2009）は、この 4 月のロンドンでのG20サミットによ
って、近い将来における欧州新興国の債務危機がないという市場の信認を得

ることができたとして、重要な転換点であったと評価している。

29）IMFホームページより（July 9, 2009）。〈http://www.imf.org/external/np/tre/activity/2009/070309.htm〉

30）OECD（2009）p.30、EBRD（2009）p.18、田中（2010）。

31）たとえば、2010年第2四半期に、ウニクレディト、エアステ銀行、OTPなどこの地域の主要銀行が貸倒引当金を増加させていることが指摘されている（"A glow from the east: A slow fuse still burns on eastern Europe's foreign-currency debts", *The Economist*, Aug 28th 2010; "UPDATE 3-Rising costs hit Raiffeisen even as bad debts fall", *Reuters*電子版, Aug 31, 2010〈http://www.reuters.com/article/idUKLDE67Q10520100831?type=companyNews〉)。また南東欧諸国で特に不良債権に懸念があるとの指摘もある（"Foreign banks say worst not over for Balkans' bad loan problems", *Reuters*電子版 Sep 16, 2010〈http://www.reuters.com/article/idUKLDE68D1AM20100916〉)。

32）ライファイゼン・インターナショナルは、ライファイゼン銀行グループの"欧州新興国部門専門の子会社"である。報道によれば、ライファイゼン・インターナショナルを含めたライファイゼン銀行グループの総資産に占める欧州新興国の資産シェアは、57％であるという（"Where Austrian Banks Got Hit", *Wall Street Journal*（電子版）（2009年2月19日）〈http://online.wsj.com/article/SB123499539623416645.html〉)。なおライファイゼン・インターナショナルは2010年2月に同じグループのライファイゼン銀行と再合併している。

33）欧州新興国の銀行部門資産の総額は、ロシアを含め約1兆7,720億ユーロであり、ロシアの銀行部門資産の約6,760億ユーロを引くと、1兆960億ユーロとなる（Raiffeisen Research, *CEE Banking Sector Report*, July 2009, p.5, 41のデータより計算）。ただしここでは上位10行の資産からロシアにおける資産を除かないままで計算している。

34）多国籍銀行同士の合併の際に、新興国子会社同士の合併が競争上の問題となるケースも発生している。例えば、ウニクレディトがHVBおよびその子会社のBA-CAを買収した際に、ポーランドで、同国2位のBank Pekao（ウニクレディト子会社）と同国3位のPBK-BPH（BA-CA子会社）が合併することが問題となった。

35）Peek and Rosengren（2000b）、Dages *et al.*（2000）、Martinez Peria *et al.*（2002）、Crystal *et al.*（2002）、Arena *et al.*（2007）。

36）Dages *et al.*（2000）、Arena *et al.*（2007）。

37）Detragiache and Gupta（2006）。

38）De Haas and Van Lelyveld（2006）。

39）Goldberg（2001）、Peek and Rosengren（2000a）、Martinez Peria *et al.*（2002）。

40）De Haas and Van Lelyveld（2005）。

41）Negro and Kay（2002）。

42）Peek and Rosengren（2000b）。

43）2009年1月時点では非公式の会合であった（IMF, 2010: p.52）。

44）債権（与信）には、貸出のほか債券、株式投資も含まれる（伊藤, 2009b）。

45）「国際与信統計」は、BISが世界の主要30カ国・地域（報告国）に本店を持つ銀行の国際的な与信状況を取りまとめた四半期統計であり、報告国に本店を持つ銀行がどの国・地域に向けて与信活動を行っているかを明らかにすることを目的としている（日本銀行ホームページ〈http://www.boj.or.jp/type/exp/stat/exibs.htm〉）。「国際与信統計」では、相手国・地域別に、本支店と現地法人を合計した連結ベースで銀行の外国債権の残高を集計している（伊藤, 2009b）。

46）「国際与信統計」が対象とする取引の範囲は、(a)クロスボーダー与信（国境を越える取引から生じる債権）、(b)海外支店・現地法人による非現地通貨建て現地向け債権、(c)海外支店・現地法人による現地通貨建て現地向け債権などである。(a)＋(b)を「国際債権」（「国際与信」）、(a)＋(b)＋(c)を「外国債権」（「対外与信」）という（Arvai *et al.*, 2009）。

47）「国際与信統計」のデータには表れていないが、ギリシャの南東欧地域への与信活動も大きい。

48）ただしCetorelli and Goldberg（2010）の図1によれば、2009年末時点で欧州新興国への民間資本流入は他の地域以上に低い水準に落ち込んでいる（p.37）。

49）外国銀行に撤退しないことを制約させる「協調促進装置」としてのウィーン・イニシアティブが必要とされたことそれ自体が、外国銀行の受入国銀行部門への安定性への寄与が限定的であった、さらにいえば外国銀行が撤退する可能性が真剣に懸念されていたことがうかがえる。

50）"Hungarian unit of WestLB to be taken over by local group Wallis" *Realdeal.hu*（電子版）（September 21, 2009）〈http://www.realdeal.hu/2009

0921/hungarian-unit-of-westlb-to-be-taken-over-by-local-group-wallis〉

51）"Santander already owns the Polish branch of AIG", *Warsaw Business Journal*（電子版）〈http://www.wbj.pl/article-51081-bz-wbk-sold-to-santander.html〉）

52）このほかに、ハンガリーでは、2014年9月にバイエルン州立銀行が子会社MKBの100％の持分を5,500万ユーロでハンガリー国家に売却した。また2014年12月には、ゼネラル・エレクトロニックが子会社ブタペストバンクをハンガリー政府に売却する取引に署名した。またエアステ銀行は子会社エアステ・ハンガリーの持分をハンガリー政府とEBRDに15％ずつ売却した（Raiffeisen Research, 2015, p.77）。

終　章

　本書では、経済体制の移行を行った中東欧諸国における金融システムの発展について、特に金融システムのなかで重要な位置を占めた銀行部門を中心に考察した。なかでも中東欧諸国に共通して生じた顕著な特徴である、銀行部門の大部分を外資系銀行が占めるという「外国銀行による銀行部門の支配」に関して、その原因について銀行民営化過程から検討するとともに、その影響について金融危機との関連で解明することを試みた。

　各章の要約は、以下のようになっている。

　第1章「中東欧諸国の銀行部門の発展：移行、銀行民営化、外国銀行参入」では、本書の議論の背景となる中東欧諸国の移行に関する議論を概観するとともに、銀行民営化と外国銀行参入に関する先行研究の議論の整理を行っている。第1節では、中東欧諸国の体制移行期における金融システムおよび銀行部門の形成について概観している。第2節では、銀行民営化の先行研究についてまとめており、体制移行諸国では民営化しただけで国有銀行の効率性が改善されるとは限らないこと、一方で体制移行諸国では外国所有の銀行が他の銀行に比べて費用効率的であることが示されている。第3節では、外国銀行の参入に関する先行研究をまとめている。外国銀行参入の原因については、近年は収益獲得機会の追求に関する仮説が支持されているほか、二国間の距離、経済的・文化的関係および制度・規制の類似性の重要性が示されている。また総じて先行研究の多くは外国銀行の意思決定を中心とした視点で検討されており、受入国からの視点は欠落している。外国銀行参入の効果については、体制移行諸国においては地場銀行よりも外国銀行が効率的であること、外国銀行の参入が競争等を通じて地場銀行の効率性の改善につながることが示されている。また外資系銀行は受入国の危機の影響を受けにくく、銀行部門の安定性に効果があること、また一方で本国の経済状況からの影響を受けることが示されている。

　第2章「中欧3カ国の銀行部門における民営化と外国資本の支配」では、市場経済化の改革の先進国であるハンガリー、チェコ、ポーランドの銀行部門民営化過程の比較分析を行うとともに、民営化方法として外国資本家への

売却方式がとられることになった理由について、国有銀行問題、EU加盟交渉、外国銀行の経営戦略の3点から考察している。上記3カ国は体制移行開始当初は異なる銀行民営化政策をとり、銀行部門構造も多様であったが、各国の銀行民営化方式が外国金融投資家への売却方式に収斂したことによって、外国資本が銀行部門の大部分を占めるという共通の特徴がみられるようになった。中東欧地域において発生しているこのような事態は、グローバル化と地域統合が進行するなかで、移行諸国の銀行部門がEU市場という国際的金融市場の一部として統合される過程においてみられたものである。各国政府はEU加盟に向けたなかで、社会主義期の遺産を残した銀行部門を急速にEU基準へと適応させるために、銀行部門の中心である国有銀行を外国銀行に売却することによって問題の解決を図ることに傾いた。また外国銀行の側も、グローバル化と地域統合のなかでの経営戦略によって、西欧銀行を中心として積極的に中東欧諸国の銀行民営化の入札に応じ、その動きを補完することとなった。

　第3章「スロヴェニアの銀行部門における民営化と国内資本の維持」では、中東欧諸国で唯一、外国銀行の支配となっていないスロヴェニアの銀行部門について、銀行部門民営化過程を分析するとともに、主に政治経済的要因とEU加盟交渉の2点から政府の国有大銀行の民営化における選択について考察した。第1節では、スロヴェニアの銀行部門の特徴を確認した。第2節では、スロヴェニアの銀行民営化過程を検討した。第3節では、銀行民営化の過程に影響を与えた要因について、国内政治とEU加盟交渉の2点から検討した。スロヴェニアでは、大銀行の外国資本への売却への国内の反発が強く、連立政権内部、マスコミ、大衆による反対が生じたために、銀行民営化計画が途中で変更された。また銀行民営化計画に遅れが生じている間に、EUとEU加盟候補国の交渉全体がすでに大きく進展し、結果として銀行民営化が不十分な状態であることは加盟交渉終了段階では問題とはならなかった。また第3章第4節では、ここまでのまとめとして、ハンガリー、チェコ、ポーランド、スロヴェニアの4カ国の金融システムおよび銀行部門がどのように

発展しているのかを確認した。

　第4章「中東欧地域の2008－2009年金融危機と外国銀行」では、2008－2009年の欧州新興国における金融危機の展開および危機の救済策と、中東欧諸国の銀行部門における外国銀行の支配の関係について考察した。第1節では欧州新興国における危機の進行について概略を説明するとともに、危機の進行のなかで議論となった危機の救済策についてまとめた。第2節では、中東欧諸国を中心に、各国の銀行部門構造を通じた西欧銀行と欧州新興国の結びつきについて説明した。第3節では、西欧銀行の欧州新興国への進出が危機に与えた影響について検討した。欧州新興国の危機において、近年急速に拡大を続けてきた西欧銀行は、安定的な側面をもつ一方で、リスクをもつことに焦点を当てた。欧州新興国の危機において、外資系銀行は本国も同時に危機的状態にあるという状況のなかで、必ずしも銀行部門の安定性に役割を果たせない状況にあった。しかも外国銀行が多数の中東欧諸国に集中して進出していたことから、受入国の外資系銀行が本国の危機の影響を受けたうえに、多数の受入国のリスクが外国銀行およびその本国に集中する危険性が生じることとなった。またさらにその類推から外国銀行が子会社である外資系銀行に支援を行う余力がなくなり、それを手放すのではないかとの疑念が生じることとなった。そのようななかで、国際金融機関を中心としたウィーン・イニシアティブなどによる流動性危機の回避の取り組みが重要な役割を果たし、それにより西欧銀行およびその子会社の外資系銀行の安定性が保たれ、欧州新興国における危機の深刻化が防がれることとなった。

　本書では、中東欧諸国の銀行民営化における政府の意思決定の問題から、現在の銀行部門の外国支配の構造が生じたことを主張している。国有銀行の民営化における政府の意思決定によって、銀行民営化の過程が実行され、その結果として銀行部門の中核である大規模国有銀行の株式が売却・移転され、銀行の所有構造が決定した。

　移行開始時点の初期条件は重要であった。特に中東欧諸国の銀行部門が国有銀行の寡占状態として出発したことが、外国資本への銀行民営化により極

端な外国銀行による銀行部門の支配が形成される遠因となっている。

　中東欧諸国は、金融システムのなかで中心的な役割を果たす銀行部門、さらにその中核である大規模国有銀行を外国資本の手に渡すことによって、金融システムにおける社会主義から資本主義・市場経済への体制移行を完了させようとしたと考えることができる。体制移行が開始され、銀行部門は大規模国有銀行の寡占状態が形成されたが、その国有銀行は旧国有企業との関係や国家の経営介入、資本・人材・専門知識の不足など、多くの問題を抱えていた。また銀行の周辺においても、国内投資家は急には育たず、国内に存在する資本は不十分であり、また国内金融市場は未整備であった。このようななかで、これらの銀行に不足する経営技術や専門知識、資本を補い、また銀行へのコーポレート・ガバナンスの担い手となる主体を国内でみつけることは困難であった。仮にほかの手段がなければ、問題を抱えつつも国有銀行として維持し続けるか、あるいはかつての西側諸国と同様に、試行錯誤を伴いつつ、時間とコストをかけて国内資本が成長し、また銀行自体が経験を蓄積するのを待たなければならなかったであろう。しかし中東欧諸国の政府には、銀行部門の安定化とコーポレート・ガバナンス問題の解決を早急に達成するために、外国資本に国有銀行の所有の大部分を売却し、その経営と改革をまかせるという選択肢があった。外国資本は自らの利害に基づき、資本と銀行経営の技術や専門知識を自らの子会社となった中東欧諸国の銀行にもたらすことが期待できる。中東欧諸国の各国政府が単に民営化するのみでは解決することが難しい国有銀行問題における最良の選択肢を模索するなかで、民営化における外国資本への売却という選択肢が大きな有効性を持つことがハンガリーなどの経験から徐々に明らかになっていった。

　EU加盟交渉は、中東欧諸国の銀行民営化にもっとも強く影響した要因の一つであった。EUの東方拡大により、中東欧諸国からは2004年に8カ国が、2007年に2カ国が、また2013年に1カ国がEUに加盟した。その加盟までの道のりは長く、また不確実性に満ちたものであった。EUへの加盟の前段階としてのEUとの欧州協定の批准の段階では、まだ中東欧諸国のEU加盟の

実現については未確定であったが、外国への銀行部門の開放が求められていた。またEUに加盟するにあたり、中東欧諸国は国内にEUの制度を整備し、政治面および経済面でEUの定めた基準に到達することが求められた。EUとの加盟交渉のなかでは、各国政府はEUから国有銀行の民営化を求められた。加盟交渉の進捗状況を評価する欧州委員会の定期報告書においても銀行民営化の遅れの問題が指摘された。早期のEU加盟を実現するために、また外国の銀行との競争に耐えられるように自国の銀行の競争力を強化するために、中東欧諸国の各国政府は銀行民営化を実施する必要性に迫られた。

　このように中東欧諸国のEU加盟の過程は、各国の銀行部門の民営化に強い影響を与えることとなった。一方でスロヴェニアでは、銀行民営化の実施が大きく遅れたことにより、銀行民営化が完了する前にEUへの加盟が事実上決定した。このため結果的にではあるが、銀行民営化が不十分であることは、新規加盟のうえで障害となるような真の問題とはみなされなくなった。EU加盟に当たっては加盟前から中東欧諸国の国内政策にEUからの事実上の強制力が働いていたが、一方でそのような強制力は新規加盟の実現への期待が原動力となっていたために、新規加盟の事実上の決定とともに、その効力の大部分を失ったものと考えられる。

　また政治経済的状況に関していえば、国有銀行の外国資本への売却は、中東欧諸国では、一般に反対する動きはそれほど大きいものではなかった。それに対してスロヴェニアでは、外国資本への大銀行の売却に反対が強かったことから銀行民営化計画が途中で変更され、銀行部門の国内資本の所有の維持を目指すこととなった。またスロヴェニア以外の中東欧諸国では外国資本の所有に反対する動きは大きいものではなかったとはいえ、ポーランドでは国内最大の銀行であるPKO　BPなどが国有のまま残されている。またハンガリーのOTP銀行は、所有構成は外国資本による分散所有であるが、経営陣はハンガリー人であり、特にCEOは旧国有銀行の時代から交代しておらず、経営の実質は国内資本に近いとも考えられる。

　中東欧地域への進出に対する外国銀行の経営戦略に関していえば、マクロ

経済や政治の不安定性などのために、体制移行の開始当初は参入形態も合弁などの比較的小規模な形態が主であり、またその活動はFDIに伴う本国の顧客へのサービス提供などのニッチ・マーケットに限られていた。中東欧諸国のSFFI方式での銀行民営化に際しても、国有銀行の不良債権などのリスクのためにあまり積極的な応札はなされなかった。このように外国銀行はこの地域への銀行部門への本格的な参入に当初は及び腰であった。EUにおける統一市場の形成による競争の拡大と本国国内市場の飽和などにより、またこの地域のマクロ経済の安定化、外国直接投資の拡大や企業民営化の進展、さらにEU東方拡大後をにらんだ経営戦略によって、西欧諸国の銀行を中心にこの地域への進出を活発化させ、国有銀行民営化の入札へも積極的に参加するようになり、中東欧諸国におけるSFFI方式での銀行民営化の実施の動きを補完することとなった。

　中東欧地域に進出した銀行の多くは、西欧諸国の銀行であった。ウニクレディット（イタリア）、ライファイゼン銀行、エアステ銀行（以上、オーストリア）、KBC（ベルギー）、ソシエテ・ジェネラル（フランス）などの西欧諸国の銀行が、中東欧地域に積極的に進出した。中東欧諸国の銀行部門の規模が西欧諸国と比べて小さいこともあり、中東欧諸国の銀行民営化がほぼ終了した後では、比較的少数の西欧銀行がこの地域を寡占的に支配する状況となった。このような状況から、中東欧諸国全体が金融危機に見舞われた際には、西欧銀行へのリスクの集中が問題視された。

　銀行部門の外国支配は、中東欧諸国の銀行部門に安定化をもたらした反面、急速な信用の拡大という別のリスクを生じさせた。また一般に外国銀行は親銀行からの支援があるために受入国に安定性をもたらすことがいわれているが、今回の危機では中東欧諸国に危機が拡大する一方で、外国銀行の本国である西欧諸国も同時に銀行部門の危機に見舞われていたことから、安定性は必ずしも完全なものではなかった。

　また国際金融機関などの支援は、中東欧諸国の銀行部門の危機の収束にとって重要であった。国境を越えて多国籍銀行がネットワークを形成するなか

で、多国籍銀行の本国、受入国だけでは十分な危機対策が行えず、またEU
首脳は危機に際して中東欧諸国全体の救済に合意を形成することができなか
った。そのなかで、国際金融機関の主導のもとに欧州の多国籍銀行を関与さ
せ、協調を促進することによって、中東欧諸国の危機の拡大を防ぐこととな
った。

　本書での検討について、理論への含意を簡単に述べる。

　多国籍銀行論、外国銀行参入の研究に対しての含意としては、本書で検討
した中東欧諸国は、社会主義からの体制移行を開始した時点で国有銀行の寡
占状態から出発し、さらにEU加盟という条件が加わるなど、世界のなかで
もかなり特殊なケースといえるが、外国銀行の参入について、外国銀行から
の視点だけではなく、受入国の視点、特に銀行民営化政策についての考慮が
不可欠となっている。中東欧諸国では、国有銀行の大部分が民営化で外国資
本に売却されたことで、銀行部門において外国銀行による寡占状態が生じて
いる。また上記でみたように、国有銀行の問題、EU加盟、外国銀行の経営
戦略、国内政治状況が、銀行民営化の決定に大きな影響を与えている。

　また外国銀行の参入と銀行部門の安定性に関する議論については、2008－
2009年の世界的な金融危機のなかでの中東欧諸国の状況は、外国銀行の本国
と受入国の両方の経済状況が同時に大きく悪化したという、先行研究では類
の無いケースとなった。外国銀行の本国も同時に危機的状態にあるという状
況のなかで、理論の想定の通り、外資系銀行は必ずしも中東欧諸国の銀行部
門の安定性には十分な役割を果たせない状況にあった。また外国銀行がこの
地域に集中して進出していたことから危機の伝染のリスクが生じた。そのな
かで国際金融機関を中心とした政策的取り組みが重要な役割を果たし、危機
の深刻化が防がれることとなった。

　さらに本書では十分に検討していないが、金融と経済発展の研究に対して
のインプリケーションについて考えると、金融と経済発展の研究では国内金
融部門の発展と経済成長の関係がみられているが、国内銀行部門が地場銀行
中心か外資系銀行中心かで経済成長に影響が生じる可能性がある。つまり、

中東欧諸国の銀行部門が極端な外国銀行の支配になったことによって、経済成長に影響が生じる可能性がある。例えば、外資系銀行は中小企業向け金融のような長期的な経済成長に不可欠な分野への金融を地場銀行ほど積極的に行わない可能性がある。一方で外資系銀行は、長期的にみれば地場銀行よりも安定的である可能性がある。また外資系銀行を通じた急速な資本流入が、国内の貯蓄に影響されない形で経済成長に影響する可能性がある。また近年はクロスオーバーの貸出も増加しており、必ずしも国内の金融部門が発達しなくても、国外から企業への金融により経済成長がもたらされる可能性がある[1]。このように、外国銀行の参入、金融のグローバル化の進展により、金融と経済発展の関係は、これまでの金融と経済発展の実証研究が対象としてきた期間（1970年代、1980年代など）に比べて大きく変化している可能性がある。

　またCIS諸国への含意については、本書で検討した中東欧諸国に外国銀行の支配をもたらした要因のうち、初期状態である国有銀行の寡占状態、EUへの加盟交渉などの点で異なることから、その他の状況としては中東欧諸国と重なる要因があるとしても、必ずしも急速に外国銀行の支配の状態にはならないと予想される。ただし近年の金融危機の影響で大規模な銀行部門の再編が行われた結果として、国内銀行部門の整理・統合が行われ、また銀行の国有化とその後の外国資本への売却による民営化が行われる可能性もある。未だ銀行部門の発展度が低く、また不良債権比率の高いCIS諸国の銀行部門にとっては、外国銀行の参入による国内銀行部門の効率化、安定化は大きな利益がある。また外国銀行の側からみても、多くのCIS諸国には政治リスクなどの問題は残るが、すでに外資系銀行の比率が5割近くに達しているウクライナのほか、ロシアなど、特に人口が多く、欧州に近い諸国への参入は、長期的な成長を考えると魅力は高いであろう。

　2008－2009年の中東欧諸国を含む欧州新興国の危機において、銀行部門の中心である外資系銀行は必ずしも常に安定的であるわけではないことが明らかになった。それでは中東欧諸国において、国内所有の銀行の発展は、外資系銀行に代わりうるものであったのであろうか。最後に、国内銀行の可能性

について、次の 2 つの論点について検討する。第 1 に、外国銀行に頼らずとも、国有銀行は市場経済下での銀行としての自行の改革が可能であったのか。また第 2 に、危機に際して国内銀行が外国銀行と比べて安定性において有利な点は何か。

　第 1 に、国有銀行は市場経済下での銀行として自力での自行の改革が可能であったのか、という点については、銀行のおかれた初期条件により可能性が大きく異なるといえる。まずNLBなどスロヴェニアの銀行は、社会主義期から二層式システムのもとで銀行として存在していたという点、また社会主義期から西側との貿易を行っていた国内企業が他の諸国と比べて体制転換後の適応に優れていたという点で、他の中東欧諸国の銀行と比べて有利であった。またスロヴェニア以外の中東欧諸国の銀行のなかでは、社会主義下で国立銀行傘下の専門銀行でありそれが商業銀行化した銀行、特に貯蓄専門銀行や外国貿易専門銀行であった国有銀行は、国立銀行から分かれた銀行と比較して旧国有企業向けの融資が少なく、不良債権の問題が少なかった。また貯蓄専門銀行は、当初から国内に多くの支店網を保有していた[2]。

　このように中東欧諸国の銀行部門のなかでも、国により、また銀行の形成された経緯により、国有銀行に社会主義時代からの遺産として残された問題の程度が異なっていた。スロヴェニアの銀行、貯蓄専門銀行などは、問題が少ない分、自力での自行の改革の可能性は高いといえる。たとえば、スロヴェニアのNLB、ハンガリーのOTP、ポーランドのPKO　BPなどがそれにあたる。

　これらの銀行においても、市場経済下での銀行としての改革を行うにあたっては、過小資本の問題、インフラ構築の問題のほか、経営者と従業員の改革の問題、商品開発の問題などが存在している。過小資本とインフラ構築については国家などから資金を調達することにより解決が可能と考えられるが、経営者と従業員の改革の問題、商品開発の問題については、競争のなかで、より先進的な他の銀行からの模倣と自行内の開発によって、自力で解決しなければならない。すなわち、ベンチマークとなる外資系銀行との競争が特に

重要となると考えられる。特に貯蓄専門銀行に由来する銀行は、既存の支店網を生かしつつ、外資系銀行との競争において優位性を保つことができる可能性がある。ただしこのような国内銀行が改革に成功しても、規模が小さい場合には外国資本の買収の対象となる可能性がある。このため国内銀行同士の合併（例：子会社数行を合併したNLB、UniCreditに買収される前のPekao銀行など）、海外への進出（例：NLB、OTP）により、規模の拡大が目指されることになる。

　第2に、危機に際しての安定性における国内銀行と外国銀行の比較については、まず外資系銀行の有利な点について検討する。外資系銀行は資金調達面で有利である。受入国内での預金や債券などのほか、本国の親銀行から資金を調達することができ、また親銀行の評判により外国市場からの資金調達においても有利となる。このような資金調達における優位性を前提として、受入国における危機の有無にかかわらず安定的な貸出を行うというのが、外資系銀行の安定性における有利な点である。しかし資金調達の容易さから、外資系銀行は信用ブームを発生させることとなった。外資系銀行は、外国からの安価な資金をもとに、消費者向け貸出を中心に、また外貨建て貸出などの形で、本国で培った金融技術を適用して、急速に貸出を伸ばすこととなった。このような信用ブームが、2008年以降の中東欧諸国における危機的状況の一つの原因となった。国内銀行の有利な点としては、このような資金調達の自由度がなく、また外貨建て貸出などの金融技術がなく、また国内の情報により通じていると考えられるために、このようなブームに乗って安易な貸出を急増させることもなく、財務の健全さを保つ可能性があげられる。ただしNLBを例にとれば、これは当てはまらない。NLBは、国内の高いシェアによる収益と高い評判を背景に国外を含め多くの資金調達に成功し、旧ユーゴ諸国の銀行の買収などにより拡大路線を続けてきた。また他の国の銀行も、中東欧諸国全体の信用ブームのなかでは、外資系銀行と同様の行動をとった可能性が高いと考えられる。

　また危機に際して国内銀行が有利と考えられるもう一つの可能性は、政府

当局との関係がある。今回の危機に際しては各国政府が金融システムの維持を目的として銀行部門への支援を行った。国内銀行は外資系銀行のような本国からの支援は期待できないものの、政府からより手厚い支援を得られる可能性がある。ただし政府からの支援に関して逆に考えると、拡張を続けて大規模化した国内銀行が破綻した場合に、中東欧諸国の政府はどれだけ支えることができるのかという、政府の救済能力のキャパシティーの問題が生じることになる。ラトヴィアのParex銀行の破綻に際し、ラトヴィア政府はその救済のために財政破綻寸前の状況に追い込まれ、IMFからの緊急融資を受けることとなった。西欧諸国では、アイスランド、アイルランドなども同様の状況となった。また政府の財政状況が悪化し、救済能力に不安が生じると、国内銀行にとっても大きなリスクとなりうる。よって政府当局からの支援をえられるかどうか、また逆に支援の困難さがリスクとなるかどうかは、各国政府の財政状況と、それを支援するEUおよび国際金融機関の状況にかかっているといえる。

注

1）ただしクロスオーバーの貸出は、危機の際には国内の外資系銀行を通じた貸出よりも不安定であることが知られている。

2）堀林（2009）から示唆を得ている。

3）Bonin and Abel（2000）におけるOTP銀行のケースを参照。地場銀行であるOTP銀行が外国銀行との競争の結果として新商品開発やサービスの向上を果たしていることを示している。

4）中東欧地域での拡大をきっかけに消費者向け金融の技術を向上させた外国銀行もあるといわれている。

参考文献

【外国語文献】

Abarbanell, Jeffery S. and Bonin, John P., "Bank Privatizations in Poland: The Case of Bank Slaski," *Journal of Comparative Economics*, Vol.25, 1997, pp.31-61.

Allen, Franklin and Gale, Douglas, *Comparing Financial Systems*, MIT Press, 2000.

Anderson, Ronald W. and Kegels, Chantal, *Transition Banking*, Clarendon Press Oxford, 1998.

Anderson, Ronald W., Beglöf, Erik and Mizsei, Kalman, *Banking Sector Development in Central and Eastern Europe*, Forum Report of Economic Policy Initiative, 1996.

Andrianova, Svetlana, Demetriades, Panicos and Shortland, Anja, "Is Government Ownership of Banks Really Harmful to Growth?" *DIW Berlin German Institute for Economic Research Discussion Papers*, No. 987, 2010. (http://www.cedi.org.uk/?q=system/files/CEDI_09-05.pdf, 2010/12/1アクセス)

Arena, Marco, Reinhart, Carmen and Vázquez, Francisco," The Lending Channel in Emerging Economies: Are Foreign Banks Different?" *IMF Working Paper*, IMF, 2007. (http://ssrn.com/abstract=969862, 2010/10/1アクセス)

Árvai, Zsófia, Driessen, Karl, and Ötker-Robe, İnci, "Regional Financial Interlinkages and Financial Contagion within Europe," *IMF Working Paper*, IMF, 2009. (http://ideas.repec.org/p/imf/imfwpa/09-6.html, 2010/4/20アクセス)

Bandelj, Nina, "Particularizing the Global: Reception of Foreign Direct Investment in Slovenia," *Current Sociology*, vol. 51, no. 3, May 2003, pp.375-392. (http://csi.sagepub.com/cgi/doi/10.1177/001139210305100301, 2010/1/2アクセス)

Bandelj, Nina, "Economic objects as cultural objects: discourse on foreign investment in post-socialist Europe," *Socio-Economic Review*, vol. 6, no. 4, May 2008, pp. 671-702. (http://ser.oxfordjournals.org/cgi/doi/10.1093/ser/mwn014, 2010/1/2アクセス)

Bandelj, Nina, "How EU Integration and Legacies Mattered for Foreign Direct Investment into Central and Eastern Europe," *Europe-Asia Studies*, vol. 62, no. 3, May 2010, pp. 481-501. (http://www.informaworld.com/ openurl?genre=articleand doi=10.1080/09668131003647846and magic= crossref‖D404A21C5BB053405B1A640AFFD44AE3, 2010/1/2アクセス)

Bank of Slovenia, *Annual Report*, 1997. (http://www.bsi.si/iskalniki/letna_porocila_en.asp?MapaId=711, 2010/8/9アクセス)

Bank of Slovenia, *Annual Report*, 1999. (http://www.bsi.si/iskalniki/letna_porocila_en.asp?MapaId=711, 2010/4/20アクセス)

Bank of Slovenia, *Annual Report*, 2001. (http://www.bsi.si/iskalniki/letna_porocila_en.asp?MapaId=711, 2010/8/9アクセス)

The Banker, 各号.

Barisitz, Stephan, *Banking in Central and Eastern Europe 1980-2006*, Routledge, 2008.

Barth, James R., Caprio, Gerard and Levine, Ross, "Banking Systems Around the Globe: Do Regulation and Ownership Affect Performance and Stability?" *World Bank Working Paper*, no. 2325, 2000.

Barth, James R., Caprio, Gerard and Levine, Ross, *Rethinking Bank Regulation*, Cambridge University Press, 2005.

BBC Monitoring Europe Economic, "SLOVENE GOVERNMENT BEGINS PRIVATIZATION OF NOVA LJUBLJANSKA BANK", 28th August 1999. (http://www.lexisnexis.com)

BBC Summary of World Broadcasts, "Slovenia considering repeating tenders for sale of stake in largest bank" (Text of report by Slovene radio on 25 October, 2002), October 29, 2002. (http://www.lexisnexis.com)

BBC Summary of World Broadcasts, "Government stops privatization of Slovenia's largest bank" (Text of report by Slovene television web site on 13 March, 2003), March 13, 2003. (http://www.lexisnexis.com)

Berger, Allen N. and Humphrey, David B., "Efficiency of financial institutions: International survey and directions for future research," *European Journal of Operational Research*, vol.98, 1997, pp.175-212. (http://linkinghub.elsevier. com/retrieve/pii/S0377221796003426, 2010/11/12)

Berger, Allen N. and Mester, Loretta J., "Inside the black box: What explains differences in the efficiencies of financial institutions?" *Journal of Banking and Finance*, vol. 21, 1997, pp. 895-947.

Berger, Allen N. and Udell, Gregory F., "Relationship Lending and Lines of Credit in Small Firm Finance," *The Journal of Business*, vol. 68, no. 3, January 1995. (http://www.journals.uchicago.edu/doi/abs/10.1086/296668, 2010/12/8)

Berger, Allen N. and Udell, Gregory F., "A more complete conceptual framework for SME finance", *Journal of Banking and Finance*, vol. 30, no. 11, 2006, pp. 2945-2966. (http://linkinghub.elsevier.com/retrieve/pii/S0378426606000938, 2010/9/26アクセス)

Berger, Allen N., Buch, Claudia M., DeLong, Gayle and DeYoung, Robert, "Exporting financial institutions management via foreign direct investment mergers and acquisitions," *Journal of International Money and Finance*, vol. 23, 2004, pp. 333-366.

Berger, Allen N., DeYoung, Robert and Genay, Hesna, "Globalization of Financial Institutions: Comments and Discussion Evidence from Cross-Border Banking Performance," *Brookings-Wharton Papers on Financial Services*, 2000, pp. 23-120.

Berger, Allen N., Klapper, Leora Fand G and Udell, Gregory F., "The ability of banks to lend to informationally opaque small businesses," *Journal of Banking and Finance*, vol. 25, no. 12, 2001, pp. 2127-2167. (http://linkinghub.elsevier.com/retrieve/pii/S0378426601001893, 2010/10/1).

Berglöf, Erik and Bolton, Patrick, "The Great Devide and Beyond: Financial Architecture in Transition," *Journal of Economic Perspectives*, vol.16, no. 1, 2002, pp.77-100. (http://www.atypon-link.com/AEAP/doi/abs/10.1257/0895330027120, 2010/6/14アクセス)

BIS, "Foreign direct investment in the financial sector of emerging market economies." *BIS CGFS Papers*, No 22, March 2004. (http://www.bis.org/publ/cgfs22cbpapers. htm, 2010/9/18アクセス)

BIS, *International Banking Statistics*, each edition.

Blejer, Mario I. and Škreb, Marko eds., *Financial Sector Transformation—Lessons from Economies in Transition*, Cambridge University Press, 1999.

Boardman, Anthony E. and Vining, Aidan R., "Ownership and Performance in Competitive Environments: A Comparison of the Performance of Private, Mixed, and State-Owned Enterprises," *The Journal of Law and Economics*, vol. 32, no. 1, 1989. (http://www.journals.uchicago.edu/doi/abs/10.1086/467167, 2010/11/3アクセス)

Bodie, Zvi and Merton, Robert C., *Finance*, Prentice Hall, 1999. (ボディ、Z.・マートン、R.C.『現代ファイナンス論』大前恵一朗訳、ピアソン・エデュケーション、2001年)

Boehmer, Ekkehart, Nash, Robert C. and Netter, Jeffry M., "Bank privatization in developing and developed countries: Cross-sectional evidence on the impact of economic and political factors," *Journal of Banking and Finance*, vol. 29, no. 8-9, August 2005, pp. 1981-2013. (http://linkinghub.elsevier.com/retrieve/pii/S0378426605000464, 2010/4/16アクセス)

Bonin, John P. and Abel, István, "Retail Banking in Hungary: A Foreign Affair?" *William Davidson Institute Working Paper*, no. 356, 2000.

Bonin, John P. and Leven, B., "Polish Bank Consolidation and Foreign Competition: Creating a Market-Oriented Banking Sector," *Journal of Comparative Economics*, Vol. 23, 1996, pp. 52-72.

Bonin, John P. and Wachtel, Paul, "Lesson from Bank Privatization in Central Europe," *New York University Salomon Center Working Paper series*, 1999.

Bonin, John P. and Wachtel, Paul, "Financial Sector Development in Transition Economies: Lessons from the First Decade," *Financial Markets, Institutions and Instruments*, vol. 12, no. 1, 2003, pp. 1-66. (http://doi.wiley.com/10.1111/1468-0416.t01-1-00001, 2010/10/8アクセス)

Bonin, John P., Hasan, I. and Wachtel, Paul, "Bank performance, efficiency and ownership in transition countries," *Journal of Banking and Finance*, vol. 29, 2005a, pp. 31-53.

Bonin, John P., Hasan, I. and Wachtel, Paul, "Privatization matters: bank efficiency in transition countries," *Journal of Banking and Finance*, vol. 29, 2005b, pp. 2155-2178.

Bonin, John P., Mizsei, Kalman, Szekely, Istvan P., and Wachtel, Paul eds., *Banking in Transition Economies: Developing Market Oriented Banking Sectors in Eastern Europe*, London, Edward Elgar, 1998.

Boot, Arnoud W. A., "Relationship Banking: What Do We Know?" *Journal of Financial Intermediation*, vol. 9, no. 1, 2000, pp. 7-25. (http://linkinghub.elsevier.com/retrieve/pii/S1042957300902821, 2010/9/28アクセス)

Borak, Neven, "Western Rules for Eastern Banking", in *Banking and Financial Stability in Central Europe*, eds. by Green, D. and Petrick, K., 2002.

Borish, Michael S., Ding, Wei and Noel, Michel, "On the Road to EU Accession: Financial Sector Development in Central Europe," *World Bank Discussion Paper*, no. 345, 1996.

Borish, Michael S., Ding, Wei and Noel, Michel, "The evolution of the state-owned banking sector during transition in Central Europe," *Europe-Asia Studies*, vol. 49, no. 7, Nov. 1997, pp. 1187-1208.

Boubakri, Narjess and Cosset, Jean-Claude, "The Financial and Operating Performance of Newly Privatized Firms: Evidence from Developing Countries," *The Journal of Finance*, vol. 53, no. 3, 1998, pp. 1081-1110.

Brissimis, Sophocles N., Delis, Manthos D. and Papanikolaou, Nikolaos I., "Exploring the nexus between banking sector reform and performance: Evidence from newly acceded EU countries," *Journal of Banking and Finance*, vol. 32, no. 12, 2008, pp. 2674-2683. (http://dx.doi.org/10.1016/ j.jbankfin.2008.07.002, 2010/5/17アクセス)

Buch, Claudia M., "Opening up for Foreign Banks − Why Central and Eastern Europe can benefit," *Kiel Working Papers*, no. 763, 1996.

Buch, Claudia M., "Why do Banks go abroad−Evidence from German Data," *Financial Markets, Institutions and Instruments*, vol. 9, no. 1, 2000, pp. 33-67.

Buch, Claudia M. "Governance and Restructuring of Commercial Banks," in *Banking and Monetary Policy in Eastern Europe*, ed. by Winkler, A., 2002.

Buch, Claudia M., "Information or Regulation: What Drives the International Activities of Commercial Banks?" *Journal of Money, Credit, and Banking*, vol. 35, no. 6, 2003, pp. 851-869. (http://muse.jhu.edu/content/ crossref/journals/journal_of_money_credit_and_banking/v035/35.6abuch. pdf, 2010/9/10アクセス)

Buch, Claudia M. and DeLong, Gayle, "Cross Border Bank Merger: What Lures the Rare Animal?" *Journal of Banking and Finance*, vol. 28, no. 9, 2004, pp. 2077-2102.

Buch, Claudia M. and Golder, Stefan M., "Foreign versus domestic banks in

Germany and the US : A tale of two markets," *Journal of Multinational Financial Management*, vol. 11, 2001, pp. 341-361.

Byrne, Joseph P. and Davis, E. Philip, *Financial Structure*, Cambridge University Press, 2003.

Caviglia, Giacomo, Krause, Gerhard and Thimann, Christian, "Key features of the financial sectors in EU accession countries," in *Financial Sectors in Transition Countries*, ed. by Thimann, C., European Central Bank, 2002.

Cetorelli, Nicola and Goldberg, Linda S., "Global Banks and International Shock Transmission: Evidence from the Crisis," *NBER Working Paper Series*, 2010.

Claessens, Stijn, "Competitive Implications of Cross-Border Banking," *World Bank Policy Research Working Paper*, 2006, pp. 1-25.

Claessens, Stijn and Van Horen, Neeltje, "Location Decisions of Foreign Banks and Institutional Competitive Advantage," *DNB Working Papers*, no. 172, 2008. (http://ssrn.com/abstract=904332, 2010/9/12アクセス)

Claessens, Stijn, Demirgüç-kunt, Asli and Huizinga, Harry, "How does foreign entry affect domestic banking markets?" *Journal of Banking and Finance*, vol. 25, no. 5, 2001, pp. 891-911. (http://linkinghub.elsevier.com/retrieve/pii/S0378426600001023, 2010/9/7アクセス)

Claessens, Stijn, Van Horen, Neeltje, Gurcanlar, Tugba and Mercado Sapiain, Joaquin, "Foreign Bank Presence in Developing Countries 1995-2006: Data and Trends," *Working paper*, March 2008. (http://ssrn.com/abstract=1107295, 2010/5/17アクセス)

Claeys, Sophie and Hainz, Christa, "Acquisition versus greenfield - the impact of the mode of foreign bank entry on information and bank lending rates," *ECB Working Paper Series*, 2006. (http://www.ecb.int/pub/pdf/scpwps/ecbwp653.pdf, 2010/9/10アクセス)

Clague, Christopher, "Introduction: The Journey to Market Economy," in *The Emergence of Market Economies in Eastern Europe*, eds. by C. Clague and G. C. Rausser, Blackwell, 1992.

Clarke, George R.G., and Cull, Robert J., "Bank privatization in Argentina: A model of political constraints and differential outcomes." *Journal of Development Economics*, vol. 78, no. 1, 2005, pp. 133-155. (http://linkinghub.elsevier.com/retrieve/pii/S0304387805000441, 2010/11/1アクセス)

Clarke, G., Cull, R. and Martínez Peria, María Soledad, "Does Foreign Bank Penetration Reduce Access to Credit in Developing Countries? Evidence from Asking Borrowers," *World Bank Policy Research Working Paper*, No. 2716, 2001.

Clarke, George R.G., Crivelli, J. and Cull, Robert J., "The direct and indirect impact of bank privatization and foreign entry on access to credit in Argentina's provinces," *Journal of Banking and Finance*, vol. 29, no. 1, 2005a, pp. 5-29. (http://linkinghub.elsevier.com/retrieve/pii/S037842660400 113X, 2010/9/17アクセス)

Clarke, George R.G., Cull, Robert J. and Martínez Peria, María Soledad, "Foreign Bank Participation and Access to Credit Across Firms in Developing Countries," *Journal of Comparative Economics*, vol. 34, 2006, pp. 774-795.

Clarke, George R.G., Cull, Robert J. and Shirley, Mary M., "Bank privatization in developing countries: A summary of lessons and findings," *Journal of Banking and Finance*, vol. 29, no. 8-9, 2005c, pp. 1905-1930. (http://linkinghub.elsevier.com/retrieve/pii/S0378426605000440, 2010/4/12アクセス)

Clarke, George R.G., Cull, Robert J., Martínez Peria, María Soledad and Sánchez, S.M., "Foreign Bank Entry: Experience, Implications for Developing Economies, and Agenda for Further Research," *The World Bank Research Observer*, vol. 18, no. 1, 2003, pp. 25-59. (http://wbro.oupjournals. org/cgi/doi/10.1093/wbro/lkg002, 2010/9/7アクセス)

Clarke, George R.G., Cull, Robert J., Martínez Peria, María Soledad and Sánchez, Susana M., "Bank Lending to Small Businesses in Latin America: Does Bank Origin Matter?" *Journal of Money, Credit, and Banking*, vol. 37, no. 1, 2005b, pp. 83-118. (http://muse.jhu.edu/content/crossref/journals/ journal_of_money_credit_and_banking/v037/37.1clarke.pdf, 2010/12/7アク セス)

Cremona, Marise ed., *The Enlargement of the EU*, Oxford University Press, 2003.

Crystal, Jennifer S., Dages, B. Gerard and Goldberg, Linda S., "Has Foreign Bank Entry Led to Sounder Banks in Latin America?" *Federal Reserve Bank of New York Current Issues in Economics and Finance*, vol. 8, no. 1, 2002, pp. 1-6. (http://www.newyorkfed.org/research/current_issues/ci8-1/

ci8-1.html, 2010/9/7アクセス）

Cull, Robert J. and Martínez Peria, María Soledad, "Foreign Bank Participation and Crises in Developing Countries," *World Bank Policy Research Working Paper Series*, no. 4128, 2007.

Czech National Bank homepage (http://www.cnb.cz/en/bd_ukazatele_tab01.php)

Czech National Bank, *Banking Supervision*, 1997, 2000, 2001.

Dages, B. Gerard and Goldberg, Linda S. and Kinney, Daniel, "Foreign and Domestic Bank Participation in Emerging Markets: Lessons from Mexico and Argentina." *Federal Reserve Bank of New York Economic Policy Review*, September 2000, pp. 17-36.

The Daily Telegraph（電子版）各号.

Darvas, Zsolt and Szapáry, György, "Euro Area Enlargement and Euro Adoption Strategies," *European Economy - Economic Papers*, no. 304, Directorate General Economic and Monetary Affairs, European Commission, 2008. (http://ec.europa.eu/economy_finance/publications/publication12093_en.pdf, 2011/2/4アクセス）

De Haas, Ralph, "In defense of foreign banks", EBRD Blog homepage, May 19, 2009. (http://www.ebrdblog.com/2009/05/19/in-defense-of-foreign-banks, 2010/9/10アクセス）

De Haas, Ralph and Van Horen, Neeltje, "The crisis as a wake-up call: do banks tighten screening and monitoring during a financial crisis?" *EBRD Working Paper*, no. 117, 2010. (http://www.ebrd.com/downloads/research/economics/workingpapers/wp0117.pdf, 2010/9/6アクセス）

De Haas, Ralph and Van Lelyveld, Iman, "Foreign Bank Penetration and Private Sector Credit in Central and Eastern Europe," *DNB Staff Reports*, no. 91, De Nederlandsche Bank, 2002. (http://ideas.repec.org/p/dnb/staffs/91.html, 2010/9/10アクセス）

De Haas, Ralph and Van Lelyveld, Iman, "Does Foreign Bank Entry Reduce Small Firms' Access to Credit? Evidence from European Transition Economies," *DNB Working Paper*, no. 50, De Nederlandsche Bank, 2005. (http://ideas.repec.org/p/dnb/dnbwpp/050.html, 2010/9/7アクセス）

De Haas, Ralph and Van Lelyveld, Iman, "Foreign banks and credit stability in Central and Eastern Europe. A panel data analysis," *Journal of Banking and Finance*, vol. 30, no. 7, 2006, pp. 1927-1952. (http://linkinghub.elsevier. com/retrieve/pii/S0378426605001548, 2010/9/10アクセス)

De Haas, Ralph and Van Lelyveld, Iman, "Internal capital markets and lending by multinational bank subsidiaries," *Journal of Financial Intermediation*, vol. 19, no. 1, 2010, pp. 1-25. (http://ideas.repec.org/a/eee/jfinin/v19y2010i1 p1-25.html, 2010/8/23アクセス)

Dědek, Oldřich, "Bank consolidation in the Czech Republic," in *Financial Turbulence and Capital Markets in Transition Countries*, ed. by Holsher, J., Macmillan Press, 2000.

Dell'Ariccia, Giovanni and Marquez, Robert, "Information and bank credit allocation," *Journal of Financial Economics*, vol. 72, no. 1, 2004, pp. 185-214. (http://linkinghub.elsevier.com/retrieve/pii/S0304405X03002101, 2010/9/12アクセス)

Dell'Ariccia, Giovanni, Friedman, Ezra and Marquez, Robert, "Adverse Selection as a Barrier to Entry in the Banking Industry," *The RAND Journal of Economics*, vol. 30, no. 3, 1999, pp. 515-534. (http://doi.wiley.com/10. 2307/2556061, 2010/11/22アクセス)

Detragiache, Enrica and Gupta, Poonam, "Foreign banks in emerging market crises: Evidence from Malaysia," *Journal of Financial Stability*, vol. 2, 2006, pp. 217-242.

Dharwadkar, Ravi, George, Gerard and Brandes, Pamela, "Privatization in Emerging Economies: An Agency Theory Perspective," *The Academy of Management Review*, Vol. 25, No. 3, July 2000, pp. 650-669. (http://www. jstor.org/stable/259316, 2010/4/15アクセス)

Dimova, Dilyana D., "The Benefits of Privatizing Banks to Strategic Foreign Investors: A Survey of Central and Eastern Europe," *Undergraduate Economic Review*, vol. 2, no. 1, Illinois Wesleyan University, 2006. (http:// digitalcommons.iwu.edu/uer/vol2/iss1/1/, 2010/7/5アクセス)

Djankov, Simeon and Murrell, Peter, "Enterprise Restructuring in Transition," *Journal of Economic Literature*, vol. 40, no. 3, 2002, pp. 739-792.

Doukas, John, Murinde, Victor and Wihlborg, Clas G. eds., *Financial Sector Reform and Privatization in Transition Economies*, Elsevier, Amsterdam, 1998.

EBRD, *Transition Report 1998: Financial sector in transition*, EBRD, 1998.

EBRD, *Transition report 1999: Ten years of transition*, EBRD, 1999.

EBRD, *Transition Report 2002: Agriculture and rural transition*, EBRD, 2002.

EBRD, *Transition Report 2003: Integration and regional cooperation*, EBRD, 2003.

EBRD, *Transition Report 2006: Finance in transition*, EBRD, 2006.

EBRD, *Transition Report 2009: Transition in crisis?*, EBRD, 2009.

ECE/UN, *Economic Survey of Europe 1998 No.2*, Economic Commission for Europe, United Nations, 1998.

Estrin, Saul, "Competition and Corporate Governance in Transition," *The Journal of Economic Perspectives*, vol.16, no. 1, 2002, pp. 101-124.

Estrin, Saul, Hanousek, Jan, Kočenda, Evžen and Svejnar, Jan, "The Effects of Privatization and Ownership in Transition Economies," *Journal of Economic Literature*, vol. 47, no. 3, 2009, pp. 699-728. (http://pubs.aeaweb.org/doi/abs/10.1257/jel.47.3.699, 2010/11/22アクセス)

European Central Bank, *EU banking structures October 2008*, 2008. (ww.ecb.int/pub/pdf/other/eubankingstructures2008en.pdf, 2010/9/6アクセス)

European Central Bank, *The New EU Member States Convergence and Stability*, THIRD ECB CENTRAL BANKING CONFERENCE, ECB, October 2004. (www.ecb.int/pub/pdf/other/neweumemberstatesen2005en.pdf, 2010/9/28アクセス)

European Central Bank, *Financial FDI to the EU Accession Countries*, March 2004.

European Central Bank, *EU banking sector stability*, 2004, 2005, 2006, 2007, 2009, 2010, ECB homepage. (http://www.ecb.int/pub/pub/prud/html/index.en.html, 2010/9/6アクセス)

European Commission, *Agenda 2000 - Commission Opinion on Slovenia's Application for Membership of the European Union*, 1997. (http://ec.europa.eu/enlargement/archives/pdf/dwn/opinions/slovenia/sn-op_en.pdf, 2010/9/15アクセス)

European Commission, *Regular Report from the Commission on Slovenia's Progress towards Accession*, 1998. (http://ec.europa.eu/enlargement/archives/key_documents/reports_1998_en.htm, 2010/6/23アクセス)

European Commission, *Regular Report from the Commission on Slovenia's*

Progress towards Accession, 1999. (http://ec.europa.eu/enlargement/archives/key_documents/reports_1999_en.htm, 2010/9/15アクセス)

European Commission, Regular *Report from the Commission on Slovenia's Progress towards Accession*, 2000. (http://ec.europa.eu/enlargement/archives/key_documents/reports_2000_en.htm, 2010/9/15アクセス)

European Commission, *Regular Report from the Commission on Slovenia's Progress towards Accession*, 2001. (http://ec.europa.eu/enlargement/archives/key_documents/reports_2001_en.htm, 2010/9/15アクセス)

European Commission, *Regular Report from the Commission on Slovenia's Progress towards Accession*, 2002. (http://ec.europa.eu/enlargement/archives/key_documents/reports_2002_en.htm, 2010/9/15アクセス)

European Commission, *Comprehensive monitoring report on Slovenia's preparations for membership*, 2003. (http://ec.europa.eu/enlargement/archives/key_documents/reports_2003_en.htm, 2010/9/15アクセス)

Financial Times (電子版) 各号.

Focarelli, Dario and Pozzolo, Alberto Franco, "The patterns of cross-border bank mergers and shareholdings in OECD countries," *Journal of Banking and Finance*, vol. 25, 2001, pp. 2305-2337.

Focarelli, Dario and Pozzolo, Alberto Franco, "Where Do Banks Expand Abroad? An Empirical Analysis," *The Journal of Business*, vol. 78, no. 6, 2005, pp. 2435-2464. (http://www.journals.uchicago.edu/doi/abs/10.1086/497052, 2010/9/12アクセス)

Fries, Steven and Taci, Anita, "Cost efficiency of banks in transition: Evidence from 289 banks in 15 post-communist countries," *Journal of Banking and Finance*, vol. 29, no. 1, 2005, pp. 55-81. (http://linkinghub.elsevier.com/retrieve/pii/S0378426604001153, 2010/5/13アクセス)

Fries, Steven, Neven, Damien, Seabright, Paul and Taci, Anita, "Market entry, privatization and bank performance in transition," *The Economics of Transition*, vol. 14, no. 4, 2006, pp. 579-610. (http://www.blackwell-synergy.com/doi/abs/10.1111/j.1468-0351.2006.00271.x, 2010/9/15アクセス)

Frydman, Roman, Gray, Cheryl, Hessel, Marek and Rapaczynski, Andrzej, "When Does Privatization Work? The Impact of Private Ownership on Corporate Performance in the Transition Economies," *Quarterly Journal of Economics*, vol. 114, no. 4, 1999, p. 1153-1191. (http://www.mitpressjournals.

org/doi/abs/10.1162/003355399556241, 2010/11/4アクセス）

García Herrero, Alicia and Simón, Daniel Navia, "Determinants and Impact of Financial Sector FDI to Emerging Economies: A Home Country's Perspective," *BIS CGFS Publications*, No 22, September 2003, pp. 1-26. (http://www.bis.org/publ/cgfs22cbpapers.htm, 2010/9/18アクセス）

Gerschenkron, Alexander, *Economic Backwardness in Historical Perspective: A Book of Essays*, Harvard University Press, Cambridge, MA, 1962.

Giannetti, Mariassunta and Ongena, Steven, "Financial Integration and Firm Performance : Evidence from Foreign Bank Entry in Emerging Markets," *Review of Finance*, vol. 13, no. 2, 2009, pp. 181-223. (http://rof.oxford journals.org/cgi/doi/10.1093/rof/rfm019, 2010/8/10アクセス）

Goldberg, Linda S., "When Is U.S. Bank Lending to Emerging Markets Volatile?" *Federal Reserve Bank of New York Staff Reports series*, no. 119, January 2001, pp. 1-27. (http://www.newyorkfed.org/research/staff_reports/sr119.pdf, 2010/12/8アクセス）

Green, C.J., Murinde, Victor and Nikolov, Ivaylo, "The Efficiency of Foreign and Domestic Banks in Central and Eastern Europe: Evidence on Economies of Scale and Scope," *Journal of Emerging Market Finance*, vol. 3, no. 2, 2004, pp. 175-205. (http://emf.sagepub.com/cgi/doi/10.1177/097265 270400300205, 2010/9/17アクセス）

Grigorian, David A. and Manole, Vlad, "Determinants of Commercial Bank Performance in Transition: An Application of Data Envelopment Analysis," *Comparative Economic Studies*, vol. 48, no. 3, 2006, pp. 497-522. (http://www.palgrave-journals.com/doifinder/10.1057/palgrave.ces.8100129, 2010/10/17アクセス）

Grubel, Herbert G., "A Theory of Multinational Banking," *Banca Nazionale del Lavoro Quarterly Review*, no. 123, Dec. 1977, pp. 349-363.

Hackethal, Andreas, "How Unique Are US Banks? The Role of Banks in Five Major Financial Systems," *Johann Wolfgang Goethe-Universität Working Paper Series*, no. 60, 2000. (http://www.finance.uni-frankfurt.de//wp/279.pdf, 2010/9/30アクセス）

Hasan, Iftekhar and Marton, Katherin, "Development and efficiency of the banking sector in a transitional economy: Hungarian experience," *Journal of Banking and Finance*, vol. 27, no. 12, 2003, pp. 2249-2271.

Hausner, Jerzy, Jessop, Robert and Nielsen, Klaus eds., *Institutional Frameworks of Market Economies: Scandinavian and Eastern European Perspectives*, Avebury, 1993.

Havrylchyk, Olena, "Efficiency of the Polish banking industry: Foreign versus domestic banks." *Journal of Banking and Finance*, vol. 30, no. 7, 2006, pp. 1975-1996. (http://linkinghub.elsevier.com/retrieve/pii/S0378426 605001561, 2010/9/19アクセス)

Havrylchyk, Olena and Jurzyk, Emilia, "Profitability of foreign banks in Central and Eastern Europe: Does the entry mode matter?" *BOFIT Discussion Papers*, 2006. (http://ssrn.com/abstract=965735, 2010/9/7アクセス)

Havrylchyk, Olena and Nsoul, Saleh M. eds., *A Decade of Transition: Achievements and Challenges*, International Monetary Fund, Washington, D.C., 2001.

Helmenstein, Christian ed., *Capital Markets in Central and Eastern Europe*, London, Edward Elgar, 1997.

Holló, Dániel and Nagy, Márton, "Bank Efficiency in the Enlarged European Union," *MNB working paper*, 2006. (http://english.mnb.hu/Root/Dokumentumtar/MNB/Kiadvanyok/mnbhu_mnbfuzetek/mnbhu_wp2006_3/wp2006_3.pdf, 2010/11/19アクセス)

Ialnazov, D., "Can a Country Extricate Itself from Its Post-Socialist Trajectory? The Role of External Anchors in Bulgaria," 『比較経済体制研究』, 10号, 2003年.

IMF, *Regional Economic Outlook: Europe*, October 2010, 2010..

IMF, *World Economic Outlook*, 各号。

Jemric, Igor and Vujcic, Boris, "Efficiency of Banks in Croatia: A DEA Approach," *Comparative Economic Studies*, vol. 44, no. 2-3, 2002, pp. 169-193. (http://www.palgrave-journals.com/doifinder/10.1057/ces.2002.13, 2010/9/18アクセス)

Jones, G., "Banks as multinationals," in *Banks as Multinationals*, ed. by Jones G., Routledge, London, 1990.

Kikeri, Sunita and Nellis, John, "An Assessment of Privatization," *The World Bank Research Observer*, vol. 19, no. 1, 2004, pp. 87-118. (http://wbro.oupjournals.org/cgi/doi/10.1093/wbro/lkh014, 2010/10/12アクセス)

King, Robert G. and Levine, Ross, "Finance and Growth: Schumpeter may be Right," *The Quarterly Journal of Economics*, vol. 108, no. 3, 1993, pp. 717-737.

Kornai, János, "Resource-constrained versus demand-constrained systems," *Econometrica*, vol. 47, no. 4, 1979, pp. 801-819.

Koutsomanoli-Filippaki, Anastasia, Margaritis, Dimitris and Staikouras, Christos, "Efficiency and productivity growth in the banking industry of Central and Eastern Europe," *Journal of Banking and Finance*, vol. 33, no. 3, 2009, pp. 557-567. (http://linkinghub.elsevier.com/retrieve/pii/S037 8426608002124, 2010/5/24アクセス)

Kraft, Evan, "Bank rehabilitation in Slovenia: Why it was undertaken and what its effects have been," *Post-Communist Economies*, vol.9, no.3, 1997, pp. 359-382. (http://www.informaworld.com/openurl?genre=article&doi=10. 1080/14631379708427891&magic=crossref‖D404A21C5BB053405B1A640AFFD 44AE3, 2010/6/14アクセス)

Kraft, Evan and Tirtiroglu, Dogan, "Bank Efficiency in Croatia: A Stochastic-Frontier Analysis," *Journal of Comparative Economics*, vol. 26, no. 2, 1998, pp. 282-300. (http://linkinghub.elsevier.com/retrieve/pii/S0147596798915177, 2010/9/19アクセス)

La Porta, Rafael, Lopez-De-Silanes, Florencio and Shleifer, Andrei, "Government Ownership of Banks," *The Journal of Finance*, vol. 57, no. 1, 2002, pp. 265-301. (http://www.blackwell-synergy.com/doi/abs/10.1111/1540-6261. 00422, 2010/4/28アクセス)

Laeven, Luc and Valencia, Fabian, "Systemic Banking Crises: A New Database," *IMF Working Paper*, 2008. (http://www.imf.org/external/pubs/ft/wp/2008/ wp08224.pdf, 2010/9/21アクセス)

Lehner, Maria and Schnitzer, Monika, "Entry of foreign banks and their impact on host countries," *Journal of Comparative Economics*, vol. 36, no. 3, 2008, pp. 430-452. (http://linkinghub.elsevier.com/retrieve/pii/S0147 59670800005X, 2010/5/17アクセス)

Lensink, Robert and Hermes, Niels, "The short-term effects of foreign bank entry on domestic bank behaviour: Does economic development matter?" *Journal of Banking and Finance*, vol. 28, no. 3, 2004, pp. 553-568. (http:// linkinghub.elsevier.com/retrieve/pii/S037842660200393X, 2010/9/10アクセス)

Lensink, R, Meesters, A and Naaborg, I, "Bank efficiency and foreign ownership: Do good institutions matter?" *Journal of Banking and Finance*, vol. 32, no. 5, 2008, pp. 834-844. (http://linkinghub.elsevier.com/retrieve/pii/S037842660700235X, 2010/9/12アクセス)

Levine, Ross, "Foreign Banks, Financial Devolopment, and Economic Growth," in *International Financial Markets: Harmonization versus Competition*, ed. by Barfield, C.E., AEI Press, 1996, pp. 224-254.

Levine, Ross, "Financial Development and Economic Growth: Views and Agenda," *Journal of Economic Literature*, Vol. 35, No. 3, 1997, pp. 688-726.

Levine, Ross, "Bank-Based or Market-Based Financial Systems: Which Is Better?" *Journal of Financial Intermediation*. Vol. 11, no. 4, 2002, pp. 398-428.

Levine, Ross, "Finance and Growth: Theory and Evidence," in *Handbook of Economic Growth*, eds. by Aghion, P. and Durlauf S., edition 1, volume 1, 2005, pp. 865-934.

Levine, Ross and Zervos, Sara, "Stock markets, banks, and economic growth," *American Economic Review*, vol. 88, no. 3, 1998, pp. 537-558.

Lindstrom, Nicole and Piroska, Dóra, "The Politics of Europeanization in Europe's Southeastern Periphery: Slovenian Banks and Breweries on S(c)ale," *Queen's Papers on Europeanization*, vol. 4, 2004. (http://www.qub.ac.uk/schools/SchoolofPoliticsInternationalStudiesandPhilosophy/FileStore/EuropeanisationFiles/Filetoupload,38402,en.pdf, 2010/7/18アクセス)

Lindstrom, Nicole and Piroska, Dóra, "The Politics of Privatization and Europeanization in Europe's Periphery: Slovenian Banks and Breweries for Sale?" *Competition and Change*, vol. 11, no. 2, 2007, pp. 117-135. (http://openurl.ingenta.com/content/xref?genre=article&issn=1024-5294&volume=11&issue=2&spage=117, 2010/4/20アクセス)

Martínez Pería, María Soledad and Mody, Ashoka, "How Foreign Participation and Market Concentration Impact Bank Spreads: Evidence from Latin America," *Journal of Money, Credit, and Banking*, vol. 36, no. 3, 2004, pp. 511-537. (http://muse.jhu.edu/content/crossref/journals/journal_of_money_credit_and_banking/v036/36.3bperia.pdf, 2010/10/2アクセス)

Martínez Pería, María Soledad, Powell, Andrew and Hollar, I.V., "Banking on foreigners: The behavior of international bank lending to Latin America, 1985-2000," *World Bank Policy Research Working Paper*, No. 2893, vol. 9, no. 202, 2002, p. 26. 〈http://papers.ssrn.com/sol3/papers.cfm?abstract_id= 636256, 2010/12/8アクセス〉

Mathieson, Donald J. and Roldos, Jorge, "The Role of Foreign Banks in Emerging Markets," in *Open Doors: Foreign Participation in Financial Systems in Developing Countries*, eds. by Robert Litan, Paul Masson and Michael Pomerleano, Brookings Institution Press, Washington, D.C, 2001, pp. 15-55.

Matoušek, Roman and Taci, Anita, "The Assessment of the Costs and Benefits of the Small and Medium Commercial Banks within the Czech Banking Sector—Supplementary Chapter to František Turnovec," in *Financial Turbulence and Capital Markets in Transition Countries*, ed. by Hölscher, J., Macmillan Press, 2000.

Matoušek, Roman and Taci, Anita, "Efficiency in Banking: Empirical Evidence from the Czech Republic," *Economic Change and Restructuring*, vol. 37, no. 3-4, 2004, pp. 225-244. 〈http://www.springerlink.com/index/10.1007/ s10644-005-5059-4, 2010/8/13アクセス〉

Megginson, William L., *The Financial Economics of Privatization*. Oxford University Press, New York, 2005a.

Megginson, William L., "The economics of bank privatization," *Journal of Banking and Finance*, vol. 29, no. 8-9, 2005b, pp. 1931-1980. 〈http:// linkinghub.elsevier.com/retrieve/pii/S0378426605000452, 2010/4/15アクセス〉

Megginson, William L., "Introduction to the special issue on privatization," *International Review of Financial Analysis*, vol. 16, no. 4, 2007, pp. 301-303. 〈http://linkinghub.elsevier.com/retrieve/pii/S1057521907000476, 2010/ 4/12アクセス〉

Megginson, William L. and Netter, Jeffry M., "From State to Market: A Survey of Empirical Studies on Privatization," *Journal of Economic Literature*, vol. 39, 2001, pp. 321-389.

Megginson, William L., Nash, Robert C. and Van Randenborgh, Matthias, "The Financial and Operating Performance of Newly Privatized Firms: An International Empirical Analysis," *The Journal of Finance*, vol. 49, no. 2, 1994, p. 403. 〈http://www.jstor.org/stable/2329158?origin=crossref, 2010/

11/1アクセス)

Mero, Katalin and Valentinyi, Marianna Endresz, "The role of foreign banks in five central and eastern european countries," *MNB Working Papers*, 2003. (http://ideas.repec.org/p/mnb/wpaper/2003-10.html, 2010/4/12アクセス)

Meyendorff, Anna, and Snyder, Edward A., "Transactional Structures of Bank Privatizations in Central Europe and Russia," *Journal of Comparative Economics*, Vol. 25, 1997, pp. 5-30.

Mian, Atif, "Distance Constraints: The Limits of Foreign Lending in Poor Economies," *The Journal of Finance*, vol. 61, no. 3, 2006, pp. 1465-1505. (http://doi.wiley.com/10.1111/j.1540-6261.2006.00878.x, 2010/10/1アクセス)

Mochnie, R. I., Schaffer, M. E. and Bevan, A. A., *Economic Survey of Europe*, 1998 No. 2, Chapter. 2, pp. 33-63, Economic Commission For Europe, United Nations, New York, 1998.

Moody's Investers Service, "Special Comment: West European ownership of East European banks during financial and macroeconomic stress," *Special Comment Report*, no. 112939, Feb. 2009. (www.moodys.com, 2010/5/7アクセス)

Naaborg, Ilko, *Foreign Bank Entry and Performance with a focus on Central and Eastern Europe*, Eburon Academic Publishers, Netherlands, 2007.

National Bank of Hungary, *Annual Report*, 1998. (http://english.mnb.hu/Kiadvanyok/mnben_evesjel, 2011/3/21アクセス)

National Bank of Hungary, *Annual Report*, 1999. (http://english.mnb.hu/Kiadvanyok/mnben_evesjel, 2011/3/21アクセス)

National Bank of Hungary, *Annual Report*, 2000. (http://english.mnb.hu/Kiadvanyok/mnben_evesjel, 2011/3/21アクセス)

National Bank of Poland, *The Polish Banking System in the nineties*, 2001. (http://www.nbp.pl/homen.aspx?f=/en/publikacje/inne/system_bankowy.html, 2010/4/20アクセス)

Neale, C.E. and Bozsik, S., "How the Hungarian State-Owned Banks were Privatised," *Post-Communist Economies*, vol. 13, no. 2, 2001, pp. 147-169.

Negro, Marco Del and Kay, Stephen J., "Global Banks, Local Crises: Bad News from Argentina." *Federal Reserve Bank of Atlanta ECONOMIC REVIEW*, Third Quarter 2002, pp. 1-18. (www.newyorkfed.org/research/

economists/delnegro/delnegro_kay03.pdf, 2010/12/8アクセス)

Nellis, John, "Privatization in Transition Economies-An Update" in *Case-by-case privatization in the Russian Federation: lessons from international experience*, ed. by Broadman, Harry G., 1998.

Nellis, John, "Time to Rethink Privatization in Transition Economies?" *IFC DISCUSSION PAPER*, no. 38, 2000. (http://www.ssrn.com/abstract=176752, 2010/11/3アクセス)

Nikiel, Ewa M. and Opiela, Timothy P., "Customer Type and Bank Efficiency in Poland: Implications for Emerging Market Banking," *Contemporary Economic Policy*, vol. 20, no. 3, 2002, pp. 255-271. (http://doi.wiley.com/10.1093/cep/20.3.255, 2010/9/19アクセス)

NKBM, *Annual Report 2007*, 2008. (http://www.nkbm.si/financial-reports-and-documents, 2010/6/28アクセス)

NKBM, *Annual Report 2009*, 2010. (http://www.nkbm.si/financial-reports-and-documents, 2010/6/28アクセス)

NLB, Summary of the privatization program of Nova Ljubljanska banka, d.d., Ljubljana (NLB) Ljubljana, 31st May 2001.

NLB, *Annual Report 2000*, 2001. (http://www.nlb.si/annual-reports2, 2010/4/23アクセス)

NLB, *Annual Report 2009*, 2010. (http://www.nlb.si/annual-reports2, 2010/4/23アクセス)

OECD, *Economic Surveys: Czechslovakia 1991*, Paris: CCET, 1991a.

OECD, *Economic Surveys: Hungary 1991*, Paris: CCET, 1991b.

OECD, *Economic Surveys: Hungary 1993*, Paris: CCET, 1993.

OECD, *Economic Surveys: Czech Rep. 1994*, Paris: CCET, 1994.

OECD, *Economic Surveys: Hungary 1995*, Paris: CCET, 1995.

OECD, *Economic Surveys: Czech Rep. 1996*, Paris: CCET, 1996.

OECD, *Economic Surveys: Hungary 1997*, Paris: CCET, 1997a.

OECD, *Economic Surveys: Slovenia 1996-1997*, Paris: CCET, 1997b.

OECD, *Economic Surveys: Czech Rep. 1998*, Paris: CCET, 1998.

OECD, *Economic Surveys: Hungary 1999*, Paris: CCET, 1999.

OECD, *Economic Surveys: Hungary 2000*, Paris: CCET, 2000.

OECD, *Economic Surveys: Czech Rep. 2001*, Paris: CCET, 2001a.

OECD, *Economic Surveys: Poland 2001*, Paris: CCET, 2001b.

OECD, *Privatising State-Owned Enterprises: An Overview of Policies and Practices in OECD Countries*, 2003.

OECD, *Economic Survey: Austria 2009*, Paris: CCET, 2009.

OECD, *Economic Surveys: Slovenia 2009*, Paris: CCET, 2009.

Otchere, Isaac, "Do privatized banks in middle- and low-income countries perform better than rival banks? An intra-industry analysis of bank privatization," *Journal of Banking and Finance*, vol. 29, no. 8-9, 2005, pp. 2067-2093. (http://linkinghub.elsevier.com/retrieve/pii/S037842660500049X, 2010/11/1アクセス)

Padoa-Schioppa, Tommaso, "The importance of financial sector developments in EU accession countries," in *THE NEW EU MEMBER STATES CONVERGENCE AND STABILITY*, ECB THIRD ECB CENTRAL BANKING CONFERENCE, ECB, October 2004. (www.ecb.int/pub/pdf/other/neweumemberstatesen2005en.pdf, 2010/9/28アクセス)

Peek, Joe and Rosengren, Eric S., "Collateral damage: effects of the Japanese bank crisis on real activity in the United States," *American Economic Review*, vol. 90, no. 1, 2000a, pp. 30-45. (http://www.jstor.org/stable/117280, 2010/11/29アクセス)

Peek, Joe and Rosengren, Eric S., "Implications of the Globalization of the Banking Sector: The Latin American Experience," *New England Economic Review*, 2000b. (http://www.bos.frb.org/economic/neer/neer2000/neer500c.htm, 2010/5/28アクセス)

Petersen, Mitchell A. and Rajan, Raghuram G., "The Benefits of Lending Relationships: Evidence from Small Business Data," *The Journal of Finance*, vol. 49, no. 1, 1994, pp. 3-37.

Petersen, Mitchell A. and Rajan, Raghuram G., "Does Distance Still Matter? The Information Revolution in Small Business Lending," *The Journal of Finance*, vol. 57, no. 6, 2002, pp. 2533-2570.

Pozzolo, Alberto Franco, "Bank Cross-Border Merger and Acquisitions (Causes, consequences and recent trends)," *Economics and Statistics Discussion Papers*, 2008. (http://www.unimol.it/progetti/repec/mol/ecsdps/ESDP08048.pdf, 2010/9/12アクセス)

Raiffeisen Research, *CEE Banking Sector Report*, Oct. 2004. (www.rzb.at/, 2009/2/10アクセス)

Raiffeisen Research, *CEE Banking Sector Report*, Oct. 2007. (www.rzb.at/, 2009/2/10アクセス)

Raiffeisen Research, *CEE Banking Sector Report*, Sep. 2008. (www.rzb.at/, 2009/2/10アクセス)

Raiffeisen Research, *CEE Banking Sector Report*, Jun. 2009. (www.rzb.at/, 2009/6/30アクセス)

Raiffeisen Research, *CEE Banking Sector Report*, Sep. 2010. (http://www.rb.cz/attachements/pdf/analyzy/banking.pdf, 2010/10/26アクセス)

Raiffeisen Research, *CEE Banking Sector Report*, Jun. 2015. (www.rzb.at/, 2015/9/4アクセス)

Republic of Slovenia, *Report on Slovenia's Progress towards Accession to the European Union*, 2003. (http://www.svrez.gov.si/en/legislation_and_documents/eu_documents/reports_on_slovenias_progress_towards_accession_to_the_european_union/, 2011/3/20アクセス)

Rossi, Stefania P. S., Schwaiger, Markus and Winkler, Gerhard, "Managerial Behavior and Cost / Profit Efficiency in the Banking Sectors of Central and Eastern European Countries," *Oesterreichische Nationalbank Working Paper series*, 2005. (http://www.oenb.at/en/presse_pub/research/020_workingpapers/wp2005/working_paper_96.jsp, 2011/4/21アクセス)

Sbracia, Massimo and Zaghini, Andrea, The Role of the Banking System in the International Transmission of Shocks, *Banca D'Italia, Temi di discussione* (Economic working papers), no. 409, Bank of Italy, Economic Research Department, 2001. (http://www.bancaditalia.it/pubblicazioni/econo/temidi/td01/td409_01/td409/tema_409_01.pdf, 2011/3/20アクセス)

Schardax, Franz and Reininger, Thomas, "The Financial Sector in Five Central and Eastern European Countries: An Overview." *Focus on Transition*, OeNB, 2001. (http://www.oenb.at/en/presse_pub/period_pub/volkswirtschaft/focus_on_transition/focus_on_transition_12001.jsp, 2010/7/9アクセス)

Schmidt, Reinhard H., "Differences between Financial Systems in European Countries: Consequences for EMU," Conference on "The Monetary Transmission Process" organised by the Deutsche Bundesbank, March 1999. (www.wiwi.uni-frankfurt.de/schwerpunkte/finance/wp/550.pdf, 2010/9/30アクセス)

Schmidt, Reinhard H., "The Future of Banking in Europe," *Working Paper*

Series: Finance and Accounting, Johann Wolfgang Goethe-universität, no. 72, 2001. (http://www.finance.uni-frankfurt.de/wp/531.pdf, 2010/9/30アクセス)

Sherif, Khaled, Borish, Michael and Gross, Alexandra, *State-Owned Banks in the Transition: Origins, Evolution, and Policy Responses*, the World Bank, 2003.

Shleifer, Andrei and Vishny, Robert W., "A Survey of Corporate Governance," *The Journal of Finance*, vol. 52, no. 2, 1997, pp. 737-783.

Slovenia Business Week (電子版) 各号.

Stark, David and Bruszt, Laszlo, *Postsocialist Pathways*, Cambridge University Press, 1998.

Stein, Jeremy C., "Information Production and Capital Allocation: Decentralized versus Hierarchical Firms," *The Journal of Finance*, vol. 57, no. 5, 2002, pp. 1891-1921. (http://doi.wiley.com/10.1111/0022-1082.00483, 2010/9/30アクセス)

Stiglitz, Joseph E., "The Design of Financial Systems for the Newly Emerging Democracies of Eastern Europe" in *The Emergence of Economies in Eastern Europe*, eds. by Clague, C. and Rausser, G.C., Blackwell, 1992.

Stiglitz, Joseph E., "WHITHER REFORM? Ten Years of the Transition," *WORLD BANK ANNUAL BANK CONFERENCE ON DEVELOPMENT ECONOMICS*, 1998. (siteresources.worldbank.org/DEC/Resources/84797.../6415739.../stiglitz.pdf, 2010/11/3アクセス)

Summers, Lawrence H., "The Next Decade in Central and Eastern Europe," in *The Emergence of Economies in Eastern Europe*, eds. by Clague, C. and Rausser, G.C., Blackwell, 1992.

Sutela, Pekka, "The Role of Banks in Financing Russian Economic Growth," *Post-Soviet Geography and Economics*, vol. 39, no. 2, 1998, pp. 96-124.

Tadesse, Solomon, "Financial Architecture and Economic Performance: International Evidence," *Journal of Financial Intermediation*, vol. 11, no. 4, 2002, pp. 429-454. (http://linkinghub.elsevier.com/retrieve/pii/S1042957302903529, 2010/10/3アクセス)

Takata, Ko, "Evolution of Banking Sector Structures within Central-European Countries during Transition," *The Journal of Comparative Economic Studies*, vol. 1, July 2005, pp. 103-136.

Tang, Helena, Zoli, Edda and Klytchnikova, Irina, "Banking Crises in Transition Countries: Fiscal Costs and Related Issues," *World Bank Policy Research Working Paper*, 2000. (http://ssrn.com/abstract=632554, 2010/11/19アクセス)

Thimann, C. ed. *Financial Sectors in Transition Countries*, European Central Bank, 2002.

Vesnaver, Luka, "Strengthening the Supply Side of the Securities Market: The Case of Nova Kreditna banka Maribor Public Offering," *9th ANNUAL CONFERENCE-MACEDONIAN STOCK EXCHANGE*, April 2008. (http://www.mse.com.mk/Repository/UserFiles/File/Konferencija%20Sliki/Paneli%20za%20WEB/Panel%205/Luka_Vesnaver-IPO_NKBM.pdf, 2010/8/19アクセス)

Wagner, Nancy L. and Iakova, Dora M., "Financial Sector Evolution in the Central European Economies: Challenges in Supporting Macroeconomic Stability and Sustainable Growth," *IMF Working Paper*, vol. 26, no. 4-5, 2001. (http://www.imf.org/external/pubs/cat/longres.cfm?sk=15353.0, 2010/5/17アクセス)

Walter, Ingo, *Mergers and Acquisitions in Banking and Finance: What Works, What Fails, and Why*, Oxford University Press, 2004.

Weill, Laurent, "Banking efficiency in transition economies. The role of foreign ownership," *The Economics of Transition*, vol. 11, no. 3, 2003, pp. 569-592. (http://www.blackwell-synergy.com/links/doi/10.1111%2F1468-0351.00155, 2010/5/13アクセス)

Weill, Laurent, "Is there a Gap in Bank Efficiency between CEE and Western European Countries?" *Comparative Economic Studies*, vol. 49, no. 1, 2007, pp. 101-127. (http://www.palgrave-journals.com/doifinder/10.1057/palgrave.ces.8100183, 2010/11/15アクセス)

Williams, Barry, "Positive Theories of Multinational Banking - Eclectic Theory versus Internalisation Theory," *Journal of economic surveys*, vol. 11, no. 1, 1997.

Williams, Barry, "The Defensive Expansion Approach to Multinational Banking: Evidence to Date," *Financial Markets, Institutions and Instruments*, vol. 11, no. 2, 2002, pp. 127-203. (http://doi.wiley.com/10.1111/1468-0416.00008, 2010/9/14アクセス)

The World Bank, *World Development Report 1996: From Plan to Market*, Oxford University Press, 1996. (邦訳『世界開発報告1996：計画経済から市場経済へ』、世界銀行、1996年)

The World Bank, *Slovenia: Economic Transformation and EU Accession Volume II: Main Report*, 1999.

The World Bank, *World Development Report 2000/2001*, Oxford University Press, 2001.

The World Bank, *Slovenia: From Yugoslavia to the European Union*, 2004.

The World Bank, *World Development Finance 2008: The Role of International Banking*, 2008.

The World Bank, *EU10 Regular Economic Report*, 2010.

Yildirim, H. Semih and Philippatos, George, "Efficiency of Banks: Recent Evidence from the Transition Economies of Europe, 1993-2000." *The European Journal of Finance*, vol. 13, no. 2, 2007, pp. 123-143. (http://www.informaworld.com/openurl?genre=articleand doi=10.1080/13518470600763687 and magic=crossref‖D404A21C5BB053405B1A640AFFD44AE3, 2010/9/28アクセス)

Zajc, Peter, "Slovenian banks a decade later," *EIB Papers*, Vol. 7, No. 1, 2002, pp. 91-106. (www.bei.europa.eu/attachments/efs/.../eibpapers_2002_v07_n01_en.pdf, 2010/4/20アクセス)

Zinnes, Clifford, Eilat, Yair and Sachs, Jeffrey, "The Gains from Privatization in Transition Economies: Is 'Change of Ownership' Enough?" *IMF Staff Papers*, 2001. (http://www.imf.org/external/pubs/ft/staffp/2001/04/zinnes.htm, 2010/10/30アクセス)

【日本語文献】

青木昌彦「メインバンク・システムのモニタリング機能としての特徴」青木昌彦、ヒュー・パトリック編『日本のメインバンク・システム』東洋経済新報社、1996年、129-166ページ。

赤川元章「チェコスロバキアにおけるバウチャー方式民営化の構造と問題点」『三田商学研究』第47巻3号、2004年。

アマーブル、B.『五つの資本主義』藤原書店、2005年。

荒巻健二『アジア通貨危機とIMF』日本経済評論社、1999年。

家本博一『中欧の体制移行とEU加盟（下）ポーランド』三恵社、2004年。

伊鹿倉正司「途上国銀行セクターの発展と外国銀行」『東北学院大学経済学論集』第160号、東北学院大学学術研究会、2005年12月、71-106ページ。

伊鹿倉正司「金融機関のグローバル化」『東北学院大学経済学論集』第163号、東北学院大学学術研究会、2006年12月、49-76ページ。

池田俊明「チェコおよびスロヴァキア」小山洋司編『東欧経済』世界思想社、1999年。

池本修一「チェコスロバキアにおけるバウチャー方式民営化の構造と問題点」『一橋論叢』114巻6号、1995年。

伊藤さゆり「中東欧の通貨・金融危機～危機の特性と対応の進捗状況」『ニッセイ基礎研究所レポート』、ニッセイ基礎研究所、2009年5月、2009年a。(www.nli-research.co.jp/report/report/2009/05/repo0905-2.pdf, 2009/5/1アクセス)

伊藤さゆり「BIS統計から捉えた欧州の金融危機」『Weeklyエコノミスト・レター』、ニッセイ基礎研究所、2009年5月、2009年b。(http://www.nli-research.co.jp/report/econo_letter/2009/we090515eu.pdf, 2009/7/19アクセス)

今久保圭「国際金融ネットワークからみた世界的な金融危機」『日銀レビュー』、日本銀行、2009年7月。(www.boj.or.jp/research/wps_rev/rev_2009/data/rev09j09.pdf, 2009/9/13アクセス)

岩﨑一郎・菅沼桂子「EUの東方拡大と直接投資」小川英治編『EUスタディーズ2 経済統合』第7章、2007年、147-179ページ。

岩田健治『欧州の金融統合—EECから域内市場完成まで』日本経済評論社、1996年。

岩田健治「世界金融危機とEU金融システム」『日本EU学会年報』第30号、2010年。

上原一慶編『躍動する中国と回復するロシア』高菅出版、2005年。

馬田啓一・木村福成・田中素香編『検証・金融危機と世界経済』勁草書房、2010年。

大田英明「欧州移行諸国における金融危機の影響：IMF支援と資本自由化」『比較経済研究』、第47巻第1号、2010年、59-66ページ。

大津定美・吉井昌彦編『ロシア・東欧経済論』（世界経済叢書第6巻）ミネルヴァ書房、2004年。

大野健一『途上国のグローバリゼーション』東洋経済新報社、2000年。

岡部光明『環境変化と日本の金融—バブル崩壊・情報技術革新・公共政策』日本評論社、1999年。

岡部光明『株式持合と日本型経済システム』慶応義塾大学出版会、2002年。

奥田英信『ASEANの金融システム』東洋経済新報社、2000年。

奥田英信「ASEAN諸国における地場銀行業の比較計量分析」『開発金融研究所報』、2001年。

奥田英信「グローバリゼーションと開発金融 4　グローバリゼーションと途上国の銀行戦略」『経済セミナー』、2002年7月。

奥田英信・黒柳雅明編『入門開発金融』日本評論社、1999年。

奥田英信・斎藤純「外国銀行の進出とASEAN銀行業への影響：タイとフィリピンの比較分析」『国際東アジア研究センターWorking Paper Series』、2004年。(http://www.icsead.or.jp/7publication/workingpp/wp2004/2004-33.pdf, 2010/9/28アクセス)

奥田英信・三重野文晴「東南アジアの金融発展 開発金融パラダイムの変化と多様性」『国際協力論集』12巻1号、2004年8月、57-84ページ。

奥田英信・三重野文晴「東南アジアの金融発展―共通性・多様性と東北アジアとの対比」寺西重郎・福田慎一・奥田英信・三重野文晴『アジアの経済発展と金融システム（東南アジア編）』東洋経済新報社、2008年。

小佐野広『コーポレート・ガバナンスの経済学―金融契約理論から見た企業論―』日本経済新聞社、2001年。

長部重康「EUと中東欧諸国―EU東方拡大の課題」田中素香・長部重康・久保広正・岩田健治著『現代ヨーロッパ経済』有斐閣、2001年。

小野堅・岡本武・溝端佐登史編『ロシア・東欧経済』世界思想社、1994年。

小野堅・岡本武・溝端佐登史編『ロシア経済』世界思想社、1997年。

川本明人『多国籍企業論―銀行のグローバルネットワーク』ミネルヴァ書房、1995年。

川本明人「多国籍銀行ネットワークの形成」『修道商学』第38巻第1号、1997年。

川本明人「金融機関の国際化と国際業務」上川孝夫・藤田誠一・向壽一編『現代国際金融論』有斐閣、1999年。

川本明人「グローバル化のもとでの金融業の国際展開と欧米メガバンク」『修道商学』第47巻第1号、2006年。

貴志幸之佑「欧州におけるM＆A―M＆Aの新潮流」内田勝敏・清水貞俊編著『EU経済論―拡大と変革の未来像』ミネルヴァ書房、2001年。

日下部元雄・堀本善雄『アジアの通貨危機は終わったか』日本評論社、1999年。

百済勇「21世紀に向けてのEUの《拡大》と《深化》：EU加盟条件の整備および『アジェンダ2000』に見るEU機構改革への試み」『駒澤大學外国語部研究紀要』第29巻、2000年、519-562ページ。

クラフチック、M.K.『東欧の市場経済化』九州大学出版会、1999年。

クラフチック、M.K.「EUの拡大と中東欧移行経済における銀行部門の再編成―ポーランド経済を中心として」岩田健治編『ユーロとEUの金融システム』、2003年。

高阪章「〈書評〉寺西重郎・福田慎一・奥田英信・三重野文晴（編）『アジアの経済発展と金融システム―東南アジア編』東洋経済新報社, 2008, 344p.」『東南アジア研究』第46巻第3号、京都大学東南アジア研究所、2008年12月、468-471ページ。

小山洋司「ユーゴスラヴィアにおける銀行制度の変遷」『高知論叢』第16巻、1983年。

小山洋司「旧ユーゴスラヴィアを構成した国々」小山洋司編『東欧経済』世界思想社、1999年。

小山洋司「新ユーゴの銀行制度改革」『新潟大学経済論集』第74巻、2003年。

小山洋司『EUの東方拡大と南東欧―市場経済化と小国の生き残り戦略―』ミネルヴァ書房、2004年。

小山洋司「スロヴェニアの国際競争力と小国の発展戦略」『商経論叢』、神奈川大学経済学会、42号第3巻、2006年。

齋藤厚「スロヴェニアにおける政党政治とポピュリズム―スロヴェニア社会民主党の右派政党化をめぐって―」『スラヴ研究』第52巻、2005年、39-61ページ。

櫻川昌哉「金融成長と経済成長」筒井義郎編『金融分析の最先端』東洋経済新報社、2000年。

櫻川昌哉・浜田宏一「不完全情報, 金融仲介, 経済発展」『季刊理論経済学』vol.43, no.5, Dec. 1992.

佐藤秀典「ケース・スタディの魅力はどこに？―経営学輪講 Eisenhardt（1989）」『赤門マネジメント・レビュー』第8巻第11号、2009年、675-686ページ。(http://www.gbrc.jp/journal/amr/AMR8-11.html, 2010/11/5アクセス)

嶋田巧「EUと東方への拡大―拡大プロセスと中東欧のEU経済への抱摂」内田勝敏・清水貞俊編著『EU経済論―拡大と変革の未来像』ミネルヴァ書房、2001年。

ジョーンズ、J.『国際ビジネスの深化』桑原哲也・川辺信雄・梅野巨利・安室憲一訳、有斐閣、1998年。

ジョーンズ、J.『イギリス多国籍銀行史―1830～2000年』坂本恒夫・正田繁訳、日本経済評論社、2007年。

随清遠『銀行中心型金融システム』東洋経済新報社、2008年。

杉浦史和「移行経済諸国における金融セクターの展開とグローバリゼーション：新規EU加盟国への金融部門FDIを中心に」池本修一、岩﨑一郎、杉浦史和編著

『グローバリゼーションと体制移行の経済学』文眞堂、2008年。

スティグリッツ、J.E.『世界を不幸にしたグローバリズムの正体』鈴木主税訳、徳間書店、2002年。

高田公「スティグリッツの移行論」上原一慶編『躍動する中国と回復するロシア』高菅出版、2005年、249-277ページ。

高田公「金融システムの多様性」溝端佐登史・小西豊・出見世信之編『企業・市場・社会の変動と多様性』ミネルヴァ書房、2010年9月、58-80ページ。

滝川好夫『リレーションシップ・バンキングの経済分析』税務経理協会、2007年。

田口雅弘『ポーランド体制転換論──システム崩壊と生成の政治経済学』御茶の水書房、2005年。

田口雅弘研究室ホームページ（http://www.polinfojp.com/wadai/paiz10.htm, 2011/1/4アクセス）

竹谷隆三「世界と日本　世界の経済危機（4）中・東欧」『経済』、新日本出版社、2009年6月号、No.165、2009年。

田中理「EUがギリシャ支援を表明」『Euro Trends』、第一生命経済研究所、2010年2月。（http://group.dai-ichi-life.co.jp/dlri/hata/pdf/h_1002m.pdf, 2010/3/2アクセス）

田中素香「EUの中東欧への拡大に関する覚書」『比較経済体制研究』、第6号、1999年。

田中素香『拡大するユーロ経済圏』日本経済新聞出版社、2007年。

田中壽雄『ソ連・東欧の金融ペレストロイカ』東洋経済新報社、1990年。

田中宏「東欧」溝端佐登史・吉井昌彦編『市場経済移行論』世界思想社、2002年。

田中宏『EU加盟と移行の経済学』ミネルヴァ書房、2005年。

田中宏「グローバリゼーションとEU新加盟国の金融経済危機」日本国際経済学会関東支部研究会報告資料、2010年7月。

土田陽介「移行期セルビアにおける外国銀行の役割」『比較経済研究』第44巻第2号、2007年。

鶴見誠良「グローバル・バンキング・ネットワークの形成」鶴見誠良編著『金融のグローバリゼーションⅠ──国際金融ネットワークの形成』法政大学出版局、1988年。

中兼和津次『体制移行の政治経済学』名古屋大学出版会、2010年。

日本銀行「流動性危機と中央銀行による流動性供給：協調の失敗と協調の促進」『金融市場レポート』、日本銀行、2009年7月。（http://www.boj.or.jp/research/brp/fmr/data/mkr0907a.pdf, 2010/6/30アクセス）

日本銀行金融研究所編『〈新版〉わが国の金融制度』、1986年。

日本貿易振興会「好調な経済成長を維持（スロヴェニア）」『JETROユーロトレンド』、日本貿易振興会、2001年9月。（http://www.jetro.go.jp/jfile/report/05000505/05000505_001_BUP_0.pdf, 2010/6/17アクセス）

日本貿易振興会海外調査部『貿易・投資制度のEUとの調和（ポーランド、チェコ、ハンガリー、スロヴェニア、エストニア、ラトビア、リトアニア）』、日本貿易振興会、2000年4月。（http://www.jetro.go.jp/world/europe/eu/reports/05000273, 2010/4/20アクセス）

野村宗訓『民営化政策と市場経済―イギリスにおける競争促進と政府介入―』税務経理協会、1993年。

バーグロフ、Y.・コルニェンコ、E.・プレハーノフ、A.・ゼッテルマイヤー、J.「欧州新興国における今回の危機の理解に向けて」『フィナンシャル・レビュー』、財務省財務総合政策研究所、平成21年第5号、2009年。

バコシ、G.「ハンガリーの銀行改革とユーロの導入」『現代社会研究』第7号、2004年。（www.cs.kyoto-wu.ac.jp/bulletin/7/bakos.pdf, 2010/4/12アクセス）

橋本英俊「グローバリゼーションを背景とした 新興市場への外資系銀行参入に関する考察」『経済科学研究所紀要』、日本大学経済学部、第36号、2006年。（www.eco.nihon-u.ac.jp/center/economic/publication/.../36hashimoto.pdf, 2010/9/22アクセス）

花崎正晴『企業金融とコーポレートガバナンス』東京大学出版会、2008年。

バニンコバ・エバ「世界金融危機発生後の中東欧諸国・バルト3国の銀行市場」日本国際経済学会関西支部2011年度第4回研究会報告資料、2012年。

東野篤子「EU東方拡大への道、1995－1997年―欧州委員会、ドイツ、フランス、英国の立場を中心に―」『日本EU学会年報』第20号、2000年。

東野篤子「EU拡大のメカニズム―加盟交渉終結への道、2000－2002年―」『日本EU学会年報』第24号、2004年。

菱川功・内田真人「アジアにおける金融セクター向け直接投資の活発化」『日銀レビュー』、日本銀行、2004年10月。（www.boj.or.jp/research/wps_rev/rev_2004/data/rev04j06.pdf, 2010/12/13アクセス）

フィトゥッシ、J.P.「共産主義崩壊の後、中間の道はまだあるか」コーリン・クラウチ、ウォルフガング・ストリーク編『現代の資本主義制度―グローバリズムと多様性』山田鋭夫訳、NTT出版、2001年。

フォン・ベルタランフィ、L.『一般システム理論』長野敬・太田邦昌訳、みすず書房、1973年。

藤井眞理子「金融システム分析への機能的アプローチの視点」『フィナンシャル・レビュー』財務省財務総合政策研究所、2001年9月、42−67ページ。

藤本光夫「3極経済圏の形成と企業のグローバル化―EC→EUの視点から」藤本光夫・大西勝明編『グローバル企業の経営戦略』ミネルヴァ書房、1999年。

ブルームバーグ（電子版）各号。

堀林巧「資本主義化過程における銀行セクター再編の推移と現在の金融危機：中東欧・CIS諸国の比較分析」、mimeo、2009年3月。

堀林巧『自由主義資本市場の再形成と動揺――現代比較社会経済分析――』世界思想社、2014年。

本間勝・青山繁『東欧・ロシアの金融市場：経済改革とビッグバン』東洋経済新報社、1998年。

マイヤー、G.M.・スティグリッツ、J.E.編『開発経済学の潮流―将来の展望』関本勘次・近藤正規・国際協力研究グループ訳、シュプリンガーフェアラーク東京、2003年。

松井謙一郎「アルゼンチン危機（2001〜02年）の経験〜ギリシャ危機への教訓を探る〜」『国際通貨研究所News letter』第8巻第19号、2010年、1-16ページ。（www.iima.or.jp/pdf/newsletter2010/NLNo_19_j.pdf, 2010/8/12アクセス）

松澤祐介「市場経済移行期のチェコにおける銀行危機の展開」『比較経済体制学会年報』第42巻第2号、2005年。

松村敏弘「H統計量と市場の競争度」『社会科学研究』第56巻第3号、2005年、43-52ページ。

溝端佐登史『ロシア経済・経営システム研究―ソ連邦・ロシア企業・産業分析―』法律文化社、1996年。

溝端佐登史「東欧におけるシステム転換と市場経済移行の構図」小山洋司編『東欧経済』世界思想社、1999年。

溝端佐登史・出見世信之・小西豊編『市場経済の多様化と経営学』ミネルヴァ書房、2010年。

溝端佐登史・吉井昌彦編『市場経済移行論』世界思想社、2002年。

向壽一「多国籍銀行生成の論理」宮崎義一編『多国籍企業の研究』筑摩書房、1982年。

向壽一『多国籍企業・銀行論』中央経済社、1997年。

村瀬英彰『金融論』（シリーズ・新エコノミクス）日本評論社、2006年。

村本孜『リレーションシップ・バンキングと金融システム』東洋経済新報社、2005年。

メイズ、D. G.「EUにおける銀行監督の新展開」岩田健治編『ユーロとEUの金融システム』、日本経済評論社、2003年。

弥永真生「外銀規制と競争政策」『アジア金融セクターの規制緩和に関する法制度研究』、2007年、59-73頁。(http://www.fsa.go.jp/news/19/sonota/20070711-1/02-5.pdf，2010/5/24アクセス)

山口昌樹「中・東欧諸国の銀行部門—外国銀行の進出と金融危機の波及」田中素香編『世界経済・金融危機とヨーロッパ』第4章、勁草書房、2010年。

吉井昌彦『ルーマニアの市場経済移行—失われた90年代？—』勁草書房、2000年。

吉井昌彦「ルーマニアにおける経済政策とEU加盟」『神戸大學經濟學研究年報』、52号、2005年。

吉竹広次「中東欧の銀行民営化と金融グローバリゼーション」青木健・馬田啓一編著『経済検証／グローバリゼーション』、2001年。

吉冨勝『アジア経済の真実』東洋経済新報社、2003年。

吉野直行・高月昭年『入門・金融（改訂2版）』有斐閣、2003年。

ラヴィーニュ、M.『移行の経済学』栖原学訳、日本評論社、2001年。

ロイター（電子版）各号。

渡辺慎一「ハンガリーにおける金融制度の改革と金融規制の展開—ポーランドとの比較において—」堀内昭義・山田俊一編『発展途上国の金融制度と自由化』アジア経済研究所、1997年、209-240ページ。

渡辺慎一「移行経済における銀行危機の特性」渡辺慎一編著『金融危機と金融規制』、アジア経済研究所、1998年。

著者略歴

高田　公（たかた・こう）

京都大学大学院経済学研究科博士後期課程修了。経済学博士（京都大学、2011年）。

現在、和歌山大学経済学部准教授。中東欧経済論、比較経済システム論専攻。

著書に『躍動する中国と回復するロシア』（分担執筆、高菅出版、2005年）、ほか。

論文に、"Evolution of Banking Sector Structures within Central-European Countries during transition." *The Journal of Comparative Economic Studies* Vol.1、2005、ほか。

中東欧体制移行諸国における金融システムの構築
——銀行民営化と外国銀行の役割を中心に——

2017年1月31日　第1版第1刷　定　価＝6000円＋税

著　　者　高　田　　　公　Ⓒ

発 行 人　相　良　景　行

発 行 所　㈲　時　潮　社

174-0063　東京都板橋区前野町4-62-15
電話（03）5915-9046
FAX（03）5970-4030
郵便振替　00190-7-741179　時潮社
URL http://www.jichosha.jp
E-mail kikaku@jichosha.jp

印刷・相良整版印刷　製本・仲佐製本

ISBN978-4-7888-0714-3

時潮社の本

高度成長期日本の国立公園
―自然保護と開発の激突を中心に―
村串仁三郎 著

Ａ５判・上製・432頁・定価3500円（税別）

行財政から環境政策の立案・実施にいたるまでの日本の環境・自然保護運動の変遷と、国策たる各種開発政策の激突を豊富な実例を通じて分析した、国立公園政策研究の精華がここに。

源流の集落の息づかい
岩手県住田町土倉をみつめて
大須眞治 著

Ａ５判・上製・232頁・定価2500円（税別）

通りすぎる車の音も一瞬の内に森の中に消え入ってしまうような深い森を背にして働き生活する人々の思いや悩みを、この農村集落の来し方・行方が見通せるのではないかという思いを込めて聞き取り調査をおこなった。

イギリスの政治制度
倉島 隆 著

Ａ５判・並製・304頁・定価3200円（税別）

イギリスの両院制は近年における一定の議会改革プログラムによって変貌を遂げた。それらの議会改革によってイギリスの議会政治状況が変化した諸局面を、制度的・思想的な複眼的アプローチによって多角的に検証する。

民主主義を相対化する中国
范 力 編著

Ａ５判・上製・268頁・定価3000円（税別）

世界二位の経済力を背景に、アジアインフラ投資銀行（AIIB）の設立を果たした中国が世界市場でさらなる力を手に入れつつあるのは衆目の一致するところだ。そこで（一党）独裁との批判はどこまで的を射ているのか？政治＝統治手法の変遷と内外のパワーバランス、したたかな生存戦略の実像を実践的かつ怜悧に分析する注目の論考集。